Hermann Hildebrand

Die Chronik Heinrichs von Lettland

Hermann Hildebrand

Die Chronik Heinrichs von Lettland

ISBN/EAN: 9783743651814

Hergestellt in Europa, USA, Kanada, Australien, Japan

Cover: Foto ©ninafisch / pixelio.de

Weitere Bücher finden Sie auf **www.hansebooks.com**

Die

Chronik Heinrichs von Lettland.

Ein Beitrag

zu

Livlands Historiographie und Geschichte

von

Dr. Hermann Hildebrand.

Berlin, 1865.

Druck und Verlag von E. S. Mittler und Sohn.

(Kochstrasse 69.)

Meinen Eltern.

Vorwort.

Ueber die Aufgaben, deren Lösung ich in diesem Beitrage zur Geschichte meiner Heimath versucht habe, wie über die hier von der Hand gewiesenen, geben die folgenden Blätter selbst Auskunft.

Nur eine Bemerkung sei vorausgesandt: Noch während des Drucks theilte mir Herr Dr. Arndt für einige wichtige Verhältnisse, die von der bekannten Version wesentlich abweichenden Lesarten der hier zu Anfang (p. 5) als unbenutzt erwähnten Zamoyskischen Handschrift Heinrichs gütigst mit.

In Betreff der Person des Verfassers unserer Chronik habe ich zuerst dem Hansen'schen Beweise wol zu rückhaltslos beigepflichtet; ein anderer, der auf etwas verändertem Wege zu demselben Resultat gelangt, ist deshalb dem zweiten Excurse vorangestellt.

Herrn Professor Georg Waitz, meinem verehrten Lehrer, der auch dieser Arbeit freundliche Theilnahme zuwandte, sage ich meinen besten Dank.

Berlin, im August 1865.

Der Verfasser.

Erster Abschnitt.

Der Verfasser und sein Buch im Allgemeinen.

———

§. 1. Einleitung.

Es war die Wirksamkeit Bischof Albert I., zu Anfang des
13. Jahrhunderts, die vor Allem bedeutungsvoll in die Geschicke der
Ostgestade des baltischen Meeres eingegriffen, ihnen Bahnen für die
Zukunft vorgezeichnet hat, welche bis auf den heutigen Tag nicht
ganz verlassen sind. Die Beziehungen jener Gegenden zu Deutschland sind nicht erst durch ihn eröffnet: ein gewinnreicher Handel
hatte die rüstigen Bürger deutscher Seestädte schon häufig an den
Livenstrand geführt, das Christenthum seine Boten vorher den heidnischen Bewohnern zugesandt, ihnen geistliche Oberhirten in zwei
deutschen Priestern gegeben. Keine andern Plane waren indess
dabei hervorgetreten als dem Evangelium Eingang, dessen Verkün-
dern und den Kauffahrern Sicherheit unter dem rohen Volke zu
verschaffen. Dem nach Grösserm strebenden Sinne Alberts blieb es
vorbehalten, deutscher Sprache, Sitte und Herrschaft hier eine rechte
Stätte zu bereiten. Seine Thätigkeit trägt von Anfang an einen
von der seiner Vorgänger sie unterscheidenden Charakter, eine veränderte Auffassung der Dinge geht sogleich aus seinem Wirken
hervor. Er berief deutsche Krieger in's Land und stattete sie mit
Lehen aus, stiftete die machtvolle Ritterschaft, ward Begründer der
städtischen Entwicklung und des Bürgerthums, ordnete Klöster und
Bisthümer an — kurz, er legte den Grund zu dem grossen deutschen Staat, wie er durch Jahrhunderte blühend bestanden hat.

Ist nun auch seine Schöpfung dem Wandel der Dinge nicht
entgangen, sind immer neue Bildungen auf staatlichem und rechtlichem, kirchlichem und socialem Gebiet an Stelle der alten getre-

ten, so stehen doch alle in so vielfachem Zusammenhang mit jenen ersten, von Albert begründeten, Institutionen, sind theilweise nur mit der Zeit nothwendig eingetretene Umbildungen derselben, dass ein Verständniss aller spätern Perioden bis auf unsere Tage herab unmöglich scheint, ohne eingehende Erforschung jener Zeit mit ihren mannichfachen Schöpfungen.

Der umfassenden Würdigung und Gesammtdarstellung ihrer ganzen Bedeutsamkeit werden aber detaillirtere Untersuchungen über die einzelnen Quellen vorausgehen müssen; jede wird zunächst in ihrer Selbstständigkeit aufzufassen sein, um der historischen Darstellung, die das aus allen Ueberlieferungen gewonnene Gesammtbild vorführen soll, eine sichere Grundlage zu bieten.

Ist auch die Ansicht über das Geschichtswerk des Lettenpriesters Heinrich im Allgemeinen als feststehend zu betrachten, sein hoher Werth niemals verkannt, sind einzelne Punkte (so z. B. die Frage über die Chronologie) selbst erschöpfend behandelt, so möchte eine besondere Betrachtung des Ganzen, an welche wir hier gehen, durch die Wichtigkeit des Buchs noch immer gerechtfertigt erscheinen.

Das Werk hat eine grössere Vergangenheit hinter sich, schon länger in bestimmten Kreisen Einfluss geübt, als gewöhnlich angenommen worden.

Die deutschen Annalisten bis zur Mitte des Jahrhunderts, welche ihren Werken kurze Nachrichten auch über die livländischen Vorgänge einverleibten, Albert v. Stade u. A., standen letztern noch zu nahe, um zu schriftlichem Material zu greifen, während die Späteren, falls sie jene Länder berücksichtigten, nicht mehr in diese frühen Zeiten zurückgingen oder sich untergeordneter Gewährsmänner bedienten. [1]) Nur bei wenigen deutschen Historikern finden sich Spuren einer Benutzung Heinrichs. [2])

---

[1]) So ist beispielsweise die kurze Angabe des Martin. Polon. über die Bekehrung Livlands mehrmals ausgeschrieben; zunächst von Peter v. Dusburg z. J. 1204: De conversione terre Livonie: Anno domini 1204 Livonia terra provincie Rigensis per sollicitudinem Innocentii pape ad fidem Christi est conversa. (SS. rer. Prussic. I. 195, §. 11); dann auch von Heinrich v. Herford: Hujus etiam Innocentii temporibus Livonia pro parte conversa est ad fidem. (Ed. Potthast p. 183.)

[2]) Bei Albert Krantz, Vandalia lib. VI, Cap. 9 ff., wird eine solche allerdings anzuerkennen sein. Die ziemlich genauen Angaben über Meinhard

Desto fleissiger haben die livländischen Chronisten späterer Jahrhunderte ihn zu Rathe gezogen.

Die nächste Zeit war freilich von der Erinnerung an jene Thaten noch lebhaft genug erfüllt, um über sie, zumeist aus der Menschen

lassen sich alle, mit Ausnahme des „Casam extruxit, in qua mansit cum famulo" etc., was als Bemerkung Späterer erscheint, auf unsern Schriftsteller zurückführen, und erscheinen dort in ganz derselben Reihenfolge, H. I. §. 2, 3, 5, 8 entsprechend. Arnold v. Lübeck reicht hier als Quelle nicht aus; die Nachricht vom Einfall der Litauer z. B. (bei Kr. Cap. 10: Inde etiam, quia a Letuanis, effera gente, fiebant incursiones, praesidium firmavere in loco quem hodie vocant Kerkholm etc. aus H. I, 5 ff.) ist ihm fremd. Namentlich sprechen für unsere Ansicht noch Kr. Worte über Berthold: Quumque ille (Meinh.) in pace Christi quiesceret, Bertoldus quidam, Cisterciensium abbas, illi in opere pietatis et episcopatu successit. Lucensem dixere annales conventum unde venerat. Unter diesen Annalen möchte mit grosser Wahrscheinlichkeit H.'s Chronik verstanden werden, wo es II. 1 heisst: Demonstratur de Cisterciensi ordine Lucensis Abbatis Bertoldi reverenda ersons. Die Nachricht von des Bischofs Tode ist ebenfalls die durch H. überlieferte.

Das Folgende ist zu kurz und zu allgemein gehalten, um die Vorlage klar erkennen zu lassen: die Stiftung des Ordens (Cap. 10) und die ersten Mittheilungen über Albert (Cap. 11) erinnern indess an Arnold lib. VII. Cap. IX §. 8 und 7; nur die vom jährlichen Zuströmen und Rückkehren der Pilger wieder an Heinrich.

An dieser Stelle ist dann noch das von Melanchthon herausgegebene Chronicon Carionis zu nennen. Während die erste deutsche Ausgabe (Wittenberg 1531) Livlands überhaupt nicht erwähnt, zeigen die spätern amplificirten lateinischen in den Nachrichten über Meinhard unverkennbare Bekanntschaft mit dem I. Cap. Heinrichs. Vgl. die Ausgabe von 1581, (apud Petrum Santandreanum) Lib. IV. p. 727 ff.: Hisce annis (Henrici VI) Livonia coepit cognoscere et amplecti fidem Christianam ex doctrina et praedicatione Menardi etc. Die genauen und richtigen Angaben von der Tributpflichtigkeit der Liven gegenüber dem Wladimir von Polozk, der damaligen Wirksamkeit des spätern estnischen Bischofs Theodorich, etc. können nur aus Heinrich stammen und entsprechen genau seiner Chronik Cap. I §. 3 u. 10. Vom Tribut spricht freilich auch Arnold v. Lübeck VII. Cap. IX, §. 10, nicht aber vom Uebrigen. — Selbst die falsche Ansicht in jenem Chronicon: hi duo (Meinh. et Theod.) partem Livoniae, quam Esthoniam vocant, subegerunt, erklärt sich aus Heinr. I, 10 u. 13, wo es von Theodorich heisst: postmodum in Estonia Episcopus, und ein mehr zufälliger Zug der mit Meinh. verbündeten Schweden nach der estnischen Küste erwähnt ist.

Diese Kenntniss unsers Autors möchte um so weniger auffällig sein, da der Livländer Eucaedius, der 1564 zu Wittenberg sein „Aulaeum Dunaidum" herausgab, ihn ebenfalls benutzt hat (vergl. Excurs I. No. 2).

1*

Gedächtniss, selbständige Aufzeichnungen zu schaffen, so in der Reim-Chronik, die ihres volksthümlich-ritterlichen Charakters wegen selbst weite Verbreitung fand, hohes Ansehn genoss, vor Allem mittelbar, durch die Ordens-Chronik, die Auffassung dieser ältesten Periode lange beherrscht hat. — Aber schon in der Chronik des Ordenspriesters Hermann von Wartberge — dem einzigen erheblicheren Werke, welches die livländische Geschichtschreibung nach ihren ersten bedeutsamen Ansätzen während langer Zeit hervorgebracht — findet sich Benutzung unsres Buches. Freilich ist dieselbe eine äusserst gewissenlose; in der allerschlimmsten Weise sind die Angaben zu Gunsten der Ordenspartei entstellt. [1]

Erst mit dem 16. Jahrhundert treten wieder grössere Werke hervor, die neben eingehender Darstellung ihrer Zeit, mehr oder minder ausführlich in die ältere zurückgehen, wobei Heinrich als Quelle dient. In fast ununterbrochener Folge bis zum Ende des 17. Jahrhunderts, von Grefenthal und Eucaëdius an, in den Werken der Russow, Brandis, Fabricius, Fuchs, Hiärn, bis hinunter zu der Liefländischen Historia Kelchs, lässt sich unsere Chronik theils als directe, theils als mittelbare Grundlage erkennen, oft ihre wörtliche Benutzung nachweisen. [2] Die vielfache Uebereinstimmung dieser Schriften beruht nicht weniger auf gemeinsamen Quellen, als auf Abhängigkeit von einander. Da andere Hilfsmittel, vorzüglich die Ordens-Chr., nicht minder herangezogen, auch die mündliche Tradition noch hier und da ihre Wirkungen entfaltet hat, ist ein buntes Gemisch des Richtigen und Unrichtigen, der Wahrheit und ihres Gegenbilds entstanden. Kaum lösbar wird die Verwirrung dort, wo (wie bei Brandis) der Versuch gemacht ist, die einander widersprechenden Nachrichten in Uebereinstimmung zu setzen, alles vorhandene Material mit einander zu verschmelzen.

So hatte das Werk schon bedeutenden — man kann nicht sagen wirklich fördernden — Einfluss geübt, als es 1740 nach einer

---

Das Gesagte gilt auch nur von den Nachrichten über Meinh.: die kurzen Albert betreffenden könnten allenfalls Arnold entlehnt sein; dann tritt hier, wie auch bei Vinno, Sagenhaftes hinzu. — Das Versprechen „De his plura suo loco" bleibt unerfüllt.

[1] Vergl. Hermanni de Wartberge Chronicon Livoniae ed. Strehlke (in der Separatausg. Vorw. p. 7.).

[2] S. die Beweisführung in Excurs I.

nicht vollständigen Handschrift von Gruber in Hannover zum ersten
mal dem Drucke übergeben, durch ausführliche Anmerkungen und
angefügte Urkunden erläutert ward. [1]) Diese für ihre Zeit treffliche
Ausgabe rief nach sieben Jahren eine Uebersetzung von J. G. Arndt,
im ersten Theile seiner „Liefländischen Chronik" hervor, die nach
dem Reval'schen Manuscript die Lücke ersetzt, (p. 166—177 bei
Arndt), neue Noten hinzufügt. [2]) Beider Arbeiten sind in der neuerdings im ersten Bande der „Scriptores rerum Livonicarum" veran-
stalteten Ausgabe Heinrichs verwerthet. Mit vielleicht zu grosser
„Pietät gegen die Manen Grubers" ist dessen Text und ganzer bei-
gefügter, mittlerweile aber theilweise antiquirter, Apparat wiedergegeben; dazu die verbesserte Arndt'sche Uebersetzung mit mehre-
ren neuen Erläuterungen und Varianten. [3]) Da eine neue Textes-
bearbeitung hier nicht beabsichtigt war, ist dem Bedürfniss nach
einer kritischen Ausgabe, womöglich mit Zuziehung neuer Handschriften, [4]) bisher nicht genügt.

Die Benutzung ist seit dem Erscheinen im Druck eine allgemeine, die Verwerthung eine richtigere, die Förderung der Geschichte unverkennbar gewesen, wenn auch bei Verwendung
der übrigen Quellen nicht immer das rechte Mass eingehalten, namentlich den der kritischen Untersuchung entbehrenden Chroniken
des spätern Mittelalters eine meist unberechtigte Einwirkung auch
auf die Darstellung der ältesten Zeit verstattet worden.

§. 2. Der Verfasser.

Der Verfasser unsers Geschichtswerks, welcher sich zu Ende
(XXIX. 9) als ein den geschilderten Thaten nahe stehender Zeitge-
nosse und im Laufe der Erzählung (XXIII. 7, XXIV. 5) als ein in

---

[1]) J. D. Gruber: Origines Livoniae sacrae et civilis, seu Chronicon Livo-
nicum vetus etc. Francofurti et Lipsiae 1740.

[2]) J. G. Arndt: Der Liefländischen Chronik erster Theil, von Liefland
unter seinen ersten Bischöfen etc. Halle 1747.

[3]) Scriptores rerum Livonicarum. Bd. 1. Riga u. Leipzig 1853. Nach
dieser Ausg. citiren wir und zwar nach Capp. u. §§.

[4]) Bereits 1862 hat ein Lemberger Journal auf eine im Zamoyskischen
Palais zu Warschau befindliche Pergament-Handschrift Heinrichs aufmerksam
gemacht, welche bisher leider noch nicht ausgebeutet ist.

Estland taufender Geistlicher zu erkennen giebt, ist der Lettenpriester Heinrich. Da bereits Gruber ihn als solchen hinstellt, Hansen dies bestimmt erwiesen hat, [1] konnten wir den Namen bisher
anticipiren.

Die immerhin bescheidene Stellung des Schriftstellers hat es
verhindert, dass ausser den Nachrichten, welche er selbst seinem
Werke einflicht, uns etwas über ihn überliefert ist, dass Urkunden der Zeit auch nur seinen Namen aufbewahrt haben. Die
Art seines Buches dagegen, das so genau auf die Bekehrung des
Landes, auf die Thätigkeit selbst einzelner Priester eingeht, hat es
ermöglicht, auch von der eigenen Wirksamkeit verhältnissmässig
ausführlich zu berichten. Er thut es in der allerverschiedensten
Weise: wo die besondere Thätigkeit geschildert, nennt er wol ausdrücklich seinen Namen „Heinricus sacerdos,“ „Lettorum minister
de Ymera“ u. s. w.; wird sie in Gemeinschaft mit einem Genossen
geübt, so bezeichnet er sich in Johanneischer Weise meist als den
„alter sacerdos“; seine blosse Gegenwart bei einem Ereigniss, etwa
einem Kriegszuge, macht er durch ein plötzliches „nos“ statt des
bis dahin gebrauchten „exercitus,“ durch Anwendung der ersten
Pers. Plur. statt der dritten, kenntlich. Da in einer grössern zusammenhängenden Beschreibung seine Anwesenheit oft nur ein einziges mal derart bezeugt ist, mag er noch manchen Vorgängen bei-
gewohnt haben, ohne es überhaupt anzudeuten.

Während H. lange Zeit als Eingeborner betrachtet worden, man
ihn „den Letten“ genannt hat, ist neuerdings mit Recht darauf
aufmerksam gemacht, wie die ganze Annahme auf der unzweifelhaft
unrichtigen Deutung des nur Ein mal (XVI. 3 Ende) erscheinenden
Ausdrucks „sacerdos et interpres Heinricus de Lettis [2]“ beruhe, dass
dieser aber nach den sich sonst beim Schriftsteller darbietenden

---

[1] Vgl. Einleitung z. Ausg. p. 15, 16.

[2] Nennt H. seinen Namen, so führt er sich als „Lettenpriester“ oder
„Priester von der Ymer“ ein; XI. 7: Heinricus scholaris Episcopi; XII. 6,
drei mal „sacerdos ipsorum“ (Letthorum); XVII. 6: „sacerdotes Alobrandus et
Hinricus“; XVIII. 3: „(Episc. Philippus) remittens cum eis sacerdotem suum,
qui erat prope Ymeram“; XXIV. 1: „Heinricus, Letthorum minister de Ymera“;
XXIV. 5: „Letthorum de Ymera sacerdos.“

— 7 —

Analogien nicht wol etwas Anderes als „von Lettland" heisse[1]),
welches Beiwort wiederum nicht das Vaterland, sondern den Wirkungskreis bezeichne[2]). Einige ziemlich fernliegende Beispiele
waren von Gruber, passendere von Hansen herangezogen (Einleitg.
p. 17), um zu erklären, wie der junge Eingeborne zum christlichen
Priester herangebildet — Möglichkeiten, die nur gelten könnten, falls
die Annahme der lettischen Herkunft selbst nicht auf so schwan-
kenden Füssen stände.

Da nach Abweisung jener unrichtigen Erklärung es keine weiteren Gründe giebt, die entschieden genug der fremden Geburt unsers Verf. das Wort redeten, werden wir nicht anstehen, ihn als
Deutschen in Anspruch zu nehmen, wozu sonstige Umstände, vor
Allem der deutsche Standpunkt, den er überall einnimmt, vortrefflich stimmen. Ein stricter, positiver Beweis, der ihn bestimmt als
Deutschen hinstellte, weil er kein Lette sein k ö n n e, ist allerdings
versucht, doch, wie es in der Sache liegt, nicht wol mit Erfolg
durchzuführen.

Der Beiname „des Letten" wird nun, wie vorgeschlagen, mit
dem eines „Lettenpriesters," oder „von Lettland" zu vertauschen
sein.

Für die Feststellung seiner engeren Heimath giebt H., der fast
immer in Livland gelebt, dessen Erzählung nur selten jene Gegenden verlässt, zwar keine Anhaltspunkte, doch möchten wir kaum
irren, wenn wir ihn dem Niederdeutschen Stamm beizählen, dem
fast ausschliesslich die damals über das baltische Meer dem Osten
zuströmenden Ritter, Priester und Bürger angehörten.

Wahrscheinlich ist es im Frühling 1203 gewesen, da Albert
den noch in jungen Jahren Stehenden mit sich in sein fernes Bisthum nahm. Die Reise der Pilger, ihr Seegefecht mit räuberischen
Oeselern, der freudige und ehrenvolle Empfang, der dem Bischof
von den Seinigen bereitet wird, ist mit besonderer Vorliebe ge-

---

[1]) Vergl. denselben Ausdruck XXIX. 7: (Legatus) venit in Letthorum
provinciam et de Letthis in Saccalam etc.

[2]) I. 12. „Theodoricus de Thoreida" u. s. w.
Vergl. im Allg. P. Jordan: Ueber den sog. Heinrich den Letten,
im „Inland, Wochenschrift für Liv-, Esth- und Curlands Gesch." etc. 1858.
No. 14. — Die nähere Darlegung des Standes der Frage und der damit zusammenhängenden s. in Excurs II.

schildert¹); die bis dahin selbst über hervorragende Ereignisse ziemlich knappen Angaben erweitern sich nun zu einer mehr zusammenhängenden, Alles gleichmässiger in's Auge fassenden Erzählung.

Mit Erlernung der zu seiner künftigen Wirksamkeit nothwendigen Sprachen, der Aneignung aller im geistlichen Stande erforderlichen Kenntnisse beschäftigt, hat er die nächsten Jahre wol am Hofe seines hohen Beschützers verbracht, da er sich späterhin (XI. 7) einen Schüler desselben nennen kann.

Und an Bildungsmitteln scheint es am bischöflichen Sitze von Riga ebensowenig als an den Höfen deutscher Kirchenfürsten gefehlt zu haben²). H. steht hier, wovon sein Buch wol am besten Zeugniss ablegt, seinen geistlichen Zeitgenossen nicht nach. Der Einfluss der heiligen Schrift, an deren Weise sein Werk anlehnt, deren Ausdrücke und Bilder er sich stets bedient, ist vorwiegend, doch Kenntniss des classischen Alterthums wird ihm ebensowenig abzusprechen sein. Das Lateinische handhabt er, wenn nicht correct, so doch geläufig; die Dichter der Blüthe römischer Literatur, Vergil, Horaz, dann die Spätern, sind ihm nicht fremd, ihre Worte zum Theil im Gedächtniss geblieben. Mit der eignen Zeit ist er dabei genügend vertraut: zwar lässt er seinen Blick selten über die nächste Gegenwart, überhaupt die livländischen Verhältnisse, hinausschweifen; wo es geschieht, zeigt er ausreichende Bekanntschaft mit den allgemeinen Zuständen Europas, denen des Kaiserreichs und des Papstthums, der Lage aller Staaten und Völker, zu denen Livland in näherer oder fernerer Beziehung stand. Nirgend ist er der Unwissenheit zu zeihen.

Erst nach Verlauf längerer Zeit, im J. 1208, tritt er als junger Priester uns entgegen, der die Weihen empfangen und nun in Begleitung des älteren Alobrand in's Land der Letten ausgesandt wird, um ihnen die Taufe darzureichen. Sie werden dauernd dem Glauben gewonnen, es erhebt sich bei ihnen ein christliches Gotteshaus, zu dessen Verwalter er bestimmt wird. Hier an der Ymer, der nördlichsten Grenze deutschen Einflusses, und wol noch ausser-

---

¹) VII. 1—4; vergl. auch Jordan l. c.

²) IX. 14, wo von Aufführung der gebräuchlichen Prophetenspiele die Rede.

halb deutschen Herrschergebiets [1]), schlägt er seinen Sitz auf, um unter vielfachen Gefahren seinen Täuflingen „die Glückseligkeit des ewigen Lebens darzulegen" (XI. 7). Mehre Jahre ist er dort thätig gewesen, ein näheres Verhältniss, das sich selbst in einer nicht immer ganz unparteiischen Vorliebe für ihren Stamm, gegenüber den heidnischer gesinnten Liven, in seinem Buche hie und da äussert [2]), hat sich zwischen Gemeinde und Priester gebildet. Mit vielen Letten erscheint er auf der allgemeinen Versammlung, die vor Beginn des estnischen Krieges mit den Boten jenes Volks gehalten ward; in gleicher Weise wie sie trägt er die Drangsale des nun entbrennenden Kampfes. Während der Belagerung der Burg Beverin durch die Esten befindet er sich dort. Kühne und glückliche Ausfälle werden von den Eingeschlossenen gewagt, dann kehren sie in's Schloss zurück, um mit ihrem Priester Gott zu danken. Des feindlichen Anstürmens nicht achtend, besteigt er, da die Andern kämpfen, die Höhe der Befestigung. Und die Feinde, da sie Gesang und den ungewohnten Ton seines Instruments vernehmen, lassen vom Streite ab und forschen nach dem Grunde solcher Freudigkeit; Gott lobten sie, der mit ihnen sei, war die Antwort. Bald zogen die Esten ab und ein Rachezug führte jetzt die Letten in das feindliche Gebiet. Von der reichen Beute ward auch ihrem Priester, den sie zurückkehrend in jener Burg trafen, mitgetheilt [3]). Als dann wieder die Esten in der Letten Land einfielen, musste auch er die Zerstörung seiner Habe, die Vernichtung seiner Kirche erdulden. [4])

---

[1]) Unrichtig scheint es, wenn Hansen (Vorw. p. XI.) Heinr. mit seinen Letten unter dem Orden stehen lässt. Die dortigen Letten, wenn den Deutschen auch eng verbunden, sind überhaupt noch in kein bestimmtes Unterthänigkeitsverhältniss, nur in das der Bundesgenossenschaft, zu ihnen getreten. Der Wirkungskreis H.'s wird offenbar zum Lande Tolowa gerechnet, denn in H.'s Nähe lag Beverin, die Besitzung Talibalds und seiner Söhne (XII. 6), die als Aelteste jenes Landes erscheinen und erst 1214 unter bestimmten Bedingungen sich dem Bischof unterwarfen (XVIII. 3). Der Orden hat hier erst 1224 Besitz erhalten und zwar nördlich bis zum Astijerw, wo H. früher gewirkt. (Livl. Urk.-Buch I. No. 70). — Auf jeden Fall tritt H. 1208 bei den Verhandlungen zwischen Letten und Esten als Vertreter des Bischofs auf (XII. 6).

[2]) Vergl. Excurs II.

[3]) XII. 6. [4]) XVI. 3, Ende.

Eines nicht unbedeutenden Ansehns und Einflusses scheint sich der einfache Geistliche unter den Eingebornen erfreut zu haben. Als sich im J. 1212 unter den von schweren Lasten Gedrückten eine gefährliche Gährung zeigte, ward er mit einigen Vermittlern zu ihnen abgesandt. Während die Aufständischen mit diesen Boten ein verwerfliches Spiel trieben, sie ergriffen und misshandelten, ist H. allein verschont geblieben, konnte sogar die Gefangennahme Philipps von Ratzeburg verhindern. [1]

Die folgenden Jahre war er noch unter den Letten thätig [2]. Im Frühling 1214 sendet ihn B. Philipp zu den Söhnen Talibalds von Tolowa, die eben in ein Schutzverhältniss zu den Deutschen getreten, und den Wunsch ausgesprochen, den griechischen Glauben, welchen ihnen die Russen gebracht, mit dem der Lateiner zu vertauschen. [3]

Eine bedeutsame Unterbrechung seiner Wirksamkeit trat erst im Sommer 1215 ein. Als der Bischof von Ratzeburg, in dessen Umgebung H. schon früher erschienen, dessen Priester und Dolmetsch er sich nennt, nach mehrjährigem Aufenthalt in Livland damals zu dem grossen Laterancouncil eilte, befand er sich in dessen Gefolge, ertrug mit ihm die schlimmen Seestürme und Gefahren, welche die Brandschiffe der feindlichen Oeseler bereiteten. Nur mit Noth, wie unser Schriftsteller sagt, durch ein Wunder Gottes, der das Gebet des glaubensstarken Bischofs erhörte, entrannen sie dem Verderben und gelangten endlich, nach dreiwöchentlicher Fahrt, nach Gotland. [4]

Die zusammenhängende Erzählung bricht damit ab, und unvermittelt scheint zwischen ihr und dem Bericht über die römische Kirchenversammlung die Nachricht vom Tode des Ratzeburger Bischofs zu stehen. Neronia nennt H. den Ort, wo derselbe eingetreten; an ein Kloster auf Gotland, an Narnia und Verona hat man hier gedacht. [5] Es mag erlaubt sein, diesen weit auseinander gehenden Vermuthungen eine neue hinzuzufügen. Nicht zwischen Gotland und Rom — in Rom selbst hat das Ereigniss sich zugetragen. Die Er-

---

[1] XVI. 3.

[2] XVII. 6 sendet er dem Voigte Wladimir Geschenke, offenbar in seiner Eigenschaft als Priester der Letten.

[3] XVIII. 3. [4] XIX. 5. 6. 7. [5] Vergl. p. 196, N. e.

wähnung der Gruft eines Cardinals, in welcher der Bischof seine
Ruhestätte gefunden, führt zunächst dorthin; der Name des Flusses,
an dem das Kloster gelegen, dürfte nicht übergangen sein, wäre es
nicht gerade die Tiber. Entschiedener noch spricht der Tag des
Todes, erst der 14. oder 15. Novbr. [1]), während am 1. bereits die
Kirchenversammlung eröffnet. Der Reisegefährte Philipps, Theodorich von Estland, hat, wie ausdrücklich berichtet wird, Antheil an
derselben genommen, und mit ihm muss auch Philipp selbst rechtzeitig, bei Beginn des Concils, in Rom eingetroffen sein, wo ihn
dann nach „kurzem Leiden" der Tod ereilte.

So erklärt sich denn am einfachsten jenes scheinbar Unvermit-
telte in H.'s Bericht: von Gotland werden wir nun unmittelbar nach
Rom versetzt, wo alle spätern Ereignisse eintraten   das Concil
und das Ende Philipps.

Unter Neronia möchten hier die alten prata Neronis zu verstehen sein; ihre Lage auf der rechten Seite des Flusses, durch
den sie von der übrigen Stadt geschieden, rechtfertigt wol den fast
auf einen besonderen Ort deutenden Namen „Neroniensis. [2])"

Mit den beiden Kirchenfürsten muss auch H. Rom erreicht
haben. Bei dem Tode des Bischofs war er jedenfalls zugegen: die
genaue Beschreibung der Lage des Klosters und des Grabmals beweisen dies. Der Bericht über das Concil, welcher durch seine
Ausführlichkeit weit über die Beachtung hinausgeht, die sonst ausländischen Ereignissen geschenkt wird; auf der andern Seite die
verhältnissmässig kurze Erwähnung der namhaften, unterdess in
Livland eingetretenen Begebenheiten, der neuntägigen Belagerung
der Burg Sontagana, des Zuges nach Oesel, [3]) stehen damit in Einklang. Bezeichnender noch möchte es sein, wenn bei der Heimkehr
Alberts, welche auch die H.'s sein musste, uns erzählt wird, wie dem
Bischof seine Getreuen freudig entgegen gehen, ihn mit den Vorgängen der Zwischenzeit bekannt machen. [4]) Der subjective Stand-

---

[1]) Nach dem Verzeichniss der Ratzeburger Bischöfe in einer Kopen-
hagener Handschrift aus dem Anfang des 14. Jahrh. ist es der 15. Novbr.
1215 (vergl. Waitz, Götting. Gel. Anzgg. 1838. Stück 165. p. 1644); Masch,
Gesch. des Bisth. Ratzeburg. p. 113. giebt den 14. Novbr. an.

[2]) XIX. 6. Et vidit Neroniensis quidam visionem. columbam tanquam
fulgur splendentem. de trans Alpibus venientem etc.

[3]) XIX. 8. 9. [4]) XX. 1.

punkt des Verfassers, den wir schon früher ein mal bemerkt, tritt
hier hervor: nur der Umstand, dass auch er jetzt erst die Ereignisse des verflossenen Jahres erfahren, erklärt jene durch ihre Selbst-
verständlichkeit auffallende Mittheilung.

Nach der Heimkehr wird sein Leben ein noch wechselvolleres
als bisher: die ununterbrochen fortgesetzten Unternehmungen gegen
das Estenland, die damit verbundene Taufe ausgedehnter Gebiete,
verlangten stete Theilnahme vieler Geistlichen. Auch er begleitet
nun häufig die siegreichen deutschen Heere nach Norden. Schon
im August 1216 sehen wir ihn bei jener Kriegsfahrt, welche nach
der Verwüstung Harriens bis an die Revalschen Dörfer ging; [1]
auf der ersten Unternehmung gegen Jerwen befand er sich unter
den taufenden Priestern; [2] dem Zuge folgend, der alles Land bis
an das nördliche Meer den Deutschen beugen sollte, dann durch
den Einfall gewaltiger russischer Schaaren vereitelt ward, war er
zugegen bei dem heldenmüthigen Widerstand, welchen wenige Deutsche
den hundertfach überlegenen Feinden entgegensetzten. [3] Fast ohne
Unterlass muss er jetzt weite Gebiete durchmessen: der beschwer-
liche Winterfeldzug von 1219 führte ihn über die Eisdecke des
Meeres nach Revalien, ein anderer gegen Ende des Jahres in das
östliche Estenland; die Ausbreitung deutscher Macht im Süden der
Düna liess ihn die Sitze der Semgallen aufsuchen, die Burg Mesothen, welche in seinem Beisein nach hartem Kampf der fremd-
ländischen Belagerungskunst erlag. [4]

Nach Verfluss zweier Wochen, da Mann und Ross sich eben
von des Krieges Mühen wieder gekräftigt, war man schon zu dem
letzten grossen Zuge gegen Estland gerüstet, dessen Unterwerfung
und Bekehrung inzwischen auch von der nördlichen Küste aus begonnen. H., der unter Deutschen und Letten in der mittleren
Heersäule gezogen, stösst mit den Schnellsten der ganzen Mannschaft im Dorfe Carethen zuerst auf plündernde Oeseler. Ihrem
ungestümen Andrängen hält man Stand, bis die Hauptmacht
allmählig herankommt, der gefährliche Feind nun in einer glänzenden Schlacht vernichtet wird. [5]

---

[1] XX. 2. [2] XX. 6. [3] XXII. 2.
[4] XXII. 9, XXIII. 7. 8. [5] XXIII. 9.

„Zu karidal geschach der strit;
Vf deme selben velde lit
Der oselere gebeines vil.
Das suche, der is nicht glouben wil. [1]“

Mit dieser Unternehmung, die auch Harrien betroffen, war die Unterwerfung jener Gebiete vollendet; der kraftvolle estnische Volksstamm, der den fremden Eroberern einen mehr als zehnjährigen Widerstand entgegengesetzt, beugte sich deutscher oder dänischer Herrschaft. Nicht mehr im Gefolge zahlreicher Kriegsschaaren, einzeln oder zwei vereint, durchwandern die Priester beider Nationen die verödeten Gebiete, um die den mörderischen Kriegen Entgangenen in die christliche Gemeinschaft aufzunehmen. Es ist kein friedliches Nebeneinander der Taufenden: bei der Unentschiedenheit deutschen und dänischen Anspruchs sucht Jeder seinem Volke durch die von ihm ausgerichtete Taufe ein möglichst grosses Gebiet zu sichern. Ein wahrer Wettlauf beginnt, bei dem die Dänen viel Aergerniss geben durch die unchristliche Leichtfertigkeit, mit der sie durch die Hand eben Getaufter Weihwasser und grosse Kreuze in entlegene Dörfer senden, um sie als ihnen zustehend dann zu besetzen. [2]

H. ist unter den deutschen Priestern, hat mit ihnen die fremde Unbill zu ertragen, vertritt vor Andern das Recht seiner Partei. Mit Peter Kakewald erscheint er in den Gegenden nördlich des Embach und am Peipus; in Wirland werden sie bereits zurückgewiesen, da die Einwohner durch dänische Drohung erschreckt und unbekannt mit der Eifersucht der Christen, Jener Taufe empfangen; auch in Jerwen, wohin sie sich nun gewandt, finden sie einen Dänen vor, dem gegenüber H. die Ansprüche der Seinigen, die Zugehörigkeit des Landes zum Besitz der Illgen Jungfrau, verficht. Freilich vergeblich! auch der fremde Erzbischof, zu dem er sich nach Reval begeben, behauptete hier ein Recht des Königs; gerade jetzt nahm die ganze Frage jenen für die Deutschen so unglücklichen Verlauf. [3]

Darum gaben sie das missionarische Wirken nicht gleich auf: „während Andere um die Herrschaft der Länder stritten", übte H. in Gemeinschaft des jungen Dieterich seine friedliche Thätigkeit

---

[1] Reim-Chronik, V. 1209 ff.   [2] XXIV. 2. 5.   [3] XXIV. 1. 2.

nördlich der Pala und am Wirzjerw, — Strichen, die theilweise von
Seiten der Dänen dem Orden abgetreten waren. [1] Mit einer Uner-
schrockenheit, die an ein grosses Vorbild erinnert, schlägt er an
den Grenzen Wirlands, im Haine des Gottes Tharapita, die heidnischen Götzenbilder nieder; die Ungläubigen erkennen die Macht-
losigkeit ihrer vermeintlichen Beschützer, „und trauten hinfort den
Priestern mehr." — H.'s Reise in's östliche Ungannien bis an die
russischen Marken vollendete die Taufe des Estenvolks. [2]

Auf längere Zeit verschwindet unser Schriftsteller uns dann
ganz aus dem Gesicht. Einen dauernden Aufenthalt scheint er hier
nirgend genommen zu haben, da er „das Gedeihen des neugepflanz-
ten Weinbergs unter den Esten Gott überliess." Dagegen ist er
von dem nächsten grossen Ereigniss, der Erstürmung Dorpats, wol
Augenzeuge gewesen, hat den Legaten Wilhelm auf seinen Wan-
derungen begleitet.

Erst zu Anfang 1226 wird er wieder in die Strandprovinzen
ausgesandt, deren noch ungetaufte Bewohner sein Wort freudig
annehmen. [3] Kurz zuvor, zum Theil in die nächsten Monate nach
dieser Reise, muss seine schriftstellerische Thätigkeit gefallen sein,
auf die wir später zurückkommen.

Mit dem Beginn des nächsten Jahres bricht sein Werk ab,
ohne an den Schluss von Alberts Regierung gelangt zu sein, und
wie in dem ausführlichen Bericht über die Vorgänge in Livland,
stehen wir damit auch am Ende unserer Kenntniss von des Verfassers ereignissvollem und thatenreichem Leben.

Nur wenig ihn persönlich Betreffendes werden wir dem hinzuzufügen haben. Während die Anschauungsweise der geistlichen
Schriftsteller des Mittelalters im Allgemeinen eine zu gleichartige
ist, als dass beim Einzelnen viel Eigenthümliches zu erwähnen wäre,
wird das unsern Autor etwa von Andern Unterscheidende am besten
bei der Behandlung seines Buchs zur Sprache kommen.

H. steht mitten in jener harten, glaubenseifrigen Zeit, mitten
in den Kämpfen für Verbreitung christlicher Lehre, — auch seine

---

[1] H. wirkt hier aber nicht in dessen Auftrage; auch die Bischöflichen sandten Priester aus, da der Orden zeitweilig Alberts Rechte anerkannt (XXIV. 2).

[2] XXIV. 5. 6b. [3] XXIX. 7.

Denkungsart ist die jener Jahrhunderte. Die Verkündigung des Evangeliums mit Kreuz oder Schwert ist der oberste, einzige wahrhaft christliche Beruf, dem gegenüber alle andern Zwecke nichtig und verfehlt, wenn sie nicht jenem untergeordnet werden, nicht ihm dienen. H. ist daher geneigt in allen Handlungen seiner ihm gleichgesinnten Partei, auch wenn sie nur sehr mittelbar jene Idee zu verfolgen scheinen, dieselbe dennoch stets anzuerkennen, sie immer als das eigentlich Leitende darzustellen. [1]

Es liegt in der Art des Kampfes, dass die Mittel, mit denen er geführt, nicht eben in Betracht kommen, wenigstens alle berechtigt erscheinen: wo Milde geübt, widerspricht H. nicht, wird Gewalt, selbst äusserste Grausamkeit angewandt — es stehen ihr sittliche Hemmnisse nicht entgegen.

In der ganzen Anschauung ist es begründet, dass in jedem einzelnen glücklichen oder unglücklichen Ereigniss die unmittelbare Einwirkung der Vorsehung erkannt wird, die ihre treuen Diener belohnt, die Verachtung ihrer Gebote an den Uebertretern straft. Dieser Standpunkt des Alten Testaments tritt bei H. überall hervor: die Aufreibung eines Theils der im Christenthum unbeständigen Liven ist die Rache Gottes für ihre Untreue, eine harte Mahnung für die Ueberlebenden ihren Wandel zu ändern; [2] der plötzliche Tod des Fürsten von Polozk scheint ihm eine Strafe für das frevelhafte Beginnen, das auszuführen er eben im Begriff ist. [3]

Das den Christen, insbesondere den Deutschen, als treusten Vollstreckern des göttlichen Willens, Günstige wird in gleicher Weise als sichtliche Offenbarung der Vorsehung gefasst: die wilden Curen begehren Frieden, nicht aus Furcht vor Kampf, sondern auf den Ruf Christi; [4] die Litauer, weil Gott es so will; [5] Gott selbst schickt die Semgallen nach Riga und macht sie zu Freunden der

---

[1] So werden z. B. fast alle Züge, auch blosse Plünderungsfahrten, als Vertheidigung der Kirche gefasst. Worte wie: „Und da man sich alles des Uebels erinnerte, welches dieser (oder jener) Stamm der Livländischen Kirche angethan" leiten die Unternehmungen meist ein.

[2] XV. 1 (p. 152 oben.) [3] XIX. 10.

[4] V. 3: non timore belli, sed vocatione Christi.

[5] V. 4: Deo sic disponente.

Deutschen; [1]) der den heimkehrenden Pilgern gefährliche Südwind
schlägt so in einen wohlthätigen Ost um. [2]) Wenige Christen stehen
einst so zahlreichen Feinden gegenüber, dass jeder Kampf vergeblich: „es kämpft Der für sie, welcher einst Tausend vor Einem fliehen
machte. [3])"

Trifft Missgeschick die Getreuen, so wird es zuweilen als Zurechtweisung für Uebertretungen, [4]) im Allgemeinen aber als blosse
Läuterung und heilsame Prüfung betrachtet, nach welcher Gott sich
an ihnen desto herrlicher bewährt. [5])

Unserm Autor eigenthümlich und begründet durch den Glauben,
dass Livland unmittelbarer Besitz der Hlgen Jungfrau, [6]) ist die
Anschauung von der steten Hilfe, die sie den dortigen Deutschen
in allen Kämpfen und Nöthen angedeihen lässt, der Rache, mit
welcher sie deren Feinde, die auch die ihrigen, verfolgt. [7]) Weiterhin wird hievon noch zu sprechen sein.

Der jener Zeit und Auffassungsweise so eng verbundene Wun-
derglaube tritt bei ihm sehr massvoll entgegen, nur selten überschreitet H. die Grenze des Natürlichen. Die Erzählung, wie ein
Neubekehrter die Seele eines Verstorbenen von Engeln in den
Himmel getragen sieht; [8]) von den himmlischen Erscheinungen am
Grabe des frommen B. Philipp; [9]) endlich der wunderbaren Weise,
wie der anfänglich zu kleine Sarg des Priesters Siegfried sich
plötzlich verlängert, [10]) möchten die einzigen dieser Art sein. Das
erste Ereigniss fällt dazu vor seine Zeit, das andere gehört einer
weitentfernten Gegend an. Ein gewisser verständig nüchterner Sinn
hat H. verhindert, in den unter seinen Augen sich vollziehenden
Thatsachen Uebernatürliches zu entdecken, oder gar zu suchen. Die
Zeit, in der grossartige Begebenheiten mit dem Scheine des Wunderbaren umkleidet werden, pflegt den Vorgängen selbst schon ferner
zu liegen.

----

[1]) VI. 7. Deus autem .... Semigallos ipsos pro pace facienda Rigam
mittit, et ita . . . eos . . . Teutonicorum et Livonum reddit amicos.

[2]) XIX. 5 (p. 152). [3]) XXV. 4. [4]) XII. 3. [5]) VIII 4.

[6]) Arnold. Lubec. I. VII, Cap. IX, §. 1.

[7]) XIX. 5: Et liberavit nos in illa die beata Virgo, sicut et omnes Li-
vonienses hactenus liberavit ab omnibus angustiis suis, usque in hodiernum
diem. — XXV. 2.

[8]) I. 10. [9]) XIX. 6. [10]) VII. 9.

Obwol H. die Ereignisse seiner Tage schreibt, oft ihm speciell Nahestehendes berichtet und häufig genug die eigene Gesinnung kundgeben könnte, gewinnen wir in seine persönlichen Eigenschaften, seinen Charakter, einen äusserst ungenügenden Einblick. Mit seinem Urtheil zeigt er sich sehr zurückhaltend, und dort wo es zumeist herausgefordert, ist er durch äussere Rücksichten gebunden. Die Thaten der Machthaber entziehen sich der Critik des auf ihren Antrieb, unter ihrem Schutze, schreibenden Priesters. Die schlimme Lage der mit hohen Abgaben überbürdeten Eingebornen tritt zwar hie und da hervor, nicht aber die Meinung des Schriftstellers darüber; nur die Habsucht und Ungerechtigkeit der Voigte erfährt eine Zurechtweisung. [1] Vom Standpunkte der Religion erinnert er in dem Lobe auf die Hlge Jungfrau Herrscher und Richter an den Willen der hohen Beschützerin jener Lande, die keinen Gefallen habe an hohem Zinse und dem von Neubekehrten erpressten Gelde, ihnen das sanfte Joch Christi auferlegt zu sehen verlange. [2]

Nur die Ehr- und Freiheitsliebe seines tapfern Volkes lässt sich bei dem einfachen Erzähler nicht verkennen: sie zeigt sich, wenn er deutsche Ritter die ermattenden Genossen durch Mahnen an die Ehre, den unbefleckten Namen der Ihrigen, zu Ausdauer in verzweifeltem Kampf aufmuntern lässt. [3] Es liegt gewiss Verständniss für das hohe Gut der Freiheit darin, wenn er, der sonst nie in langen Betrachtungen sich ergeht, gerade die Vertreibung des vom dänischen König gesandten Voigts durch einen Lobgesang auf Maria feiert. Als ein gottloses, fluchwürdiges Beginnen wird das Antasten der deutschen Selbständigkeit angesehen. Er zeigt, wie er die Errettung von fremder Herrschaft höher anschlägt, als die aus mancherlei Kriegsgefahr, wie er jenen Deutschen gleichgesinnt, die lieber das eroberte Land verlassen, als hier Fremden dienen wollten. [4]

§. 3. Zeit der Abfassung, Veranlassung und Quellen seines Werks.

Die bewegten Zustände des damals von nicht endenden Kriegen und innern Unruhen erfüllten Livlands liessen einen Mann, der

---

[1] X. 15. [2] XXV. 2. [3] XII. 2; XIV. 8. [4] XXV. 2.

nicht in der Zurückgezogenheit eines Klosters, sondern draussen im Leben des Tages stand, den der schwere Beruf des Weltgeistlichen bald an den äussersten Marken deutschen Gebiets seinen Sitz auf- schlagen, bald allein, bald im Gefolge christlicher Heere weite Ge- genden durchziehen hiess, trotz seiner Neigung für schriftstellerische Thätigkeit, nicht wol die nöthige Musse dafür finden.

Einzelne kurze Aufzeichnungen mag H. immerhin mehr den Begebenheiten gleichzeitig angefertigt haben, da die ausserordent- lich detaillirten Angaben kaum aus dem Gedächtniss auch Mehrer entnommen werden konnten; das Werk selbst aber ist nicht Jahr für Jahr, sondern ohne Unterbrechung niedergeschrieben, zu einer Zeit, da die Verhältnisse augenblicklich einen friedlicheren Charakter angenommen. Hinweisungen auf spätere Ereignisse finden sich überall. [1]) Gleich zu Anfang (I. 10) werden wir beim Priester Theodorich auf dessen um die Mitte des J. 1211 erfolgte Erwählung zum Bischof (XV. 4) aufmerksam gemacht; bevor uns diese dann berichtet, wird bei der ersten Belagerung Fellins (XV. 1) schon die zweite im August 1223 (XXVII. 2) angedeutet, so dass der Abschnitt bis Ende 1223 (Cap. I—XXVII incl.) auf ein mal ver- fasst wäre. Wenigstens liegt kein Grund vor anzunehmen, der Ver- fasser habe die Darstellung etwa zwischen 1211 und 1223 aufgenom- men, dann nicht bis auf seine Zeit geführt, sondern schon vor dem XV. Cap. (in dessen erstem §. sich die auf 1223 gehende Bemerkung findet) abgebrochen, um frühestens 1223 wieder zu beginnen. Zu- nächst darf man demnach sagen, dass vor dem letzten Jahre über- haupt kein Anfang gemacht.

Genauer noch lässt sich die Vollendung fixiren, zunächst des Haupttheils, bis Ende Cap. XXIX, wo ersichtlich ein Abschluss statt- findet. Der Verfasser erreicht hier die Gegenwart mit dem Ab- gang des päpstlichen Legaten Wilhelm zu den Schiffen (zwischen dem 20. und 28. April 1226), der lange Aufenthalt desselben in Düna- münde, ebenso wie die bedeutenden Ereignisse zu Anfang 1227 (XXX. 3 ff.) sind ihm offenbar noch unbekannt.

Die so mit Gewissheit zwischen 1223 und Anfang 1226 be- stimmte Grenze wird sich durch Wahrscheinlichkeitsgründe noch etwas enger ziehen lassen. Man wird innerhalb jenes Raums durch-

---

[1]) z. B. I, 10; IV. 7; IX. 10; XV. 1 etc.

aus auf die Zeit nach 1224 gewiesen. Die vorhergehende war eine zu stürmische, die Lage der Dinge 1223 und 1224 eine zu unvollendete, die Errungenschaften der Vergangenheit durch den grossen Estenaufstand damals derart in Frage gestellt, dass man es jetzt sicher nicht unternommen, die Thaten der frühern Zeit zu schildern. Erst nach Bewältigung jener Empörung, als die deutsche Macht kräftiger als je dastand, war genügende Veranlassung geboten, da nun mit Genugthuung zurückgesehen, dem Ganzen ein befriedigender Schluss angefügt werden konnte.[1] Wir rücken damit an die Zeit des Abschlusses nahe heran und es wird wahrscheinlich, dass die damalige Anwesenheit des päpstlichen Legaten, welche die Vollendung des Buches herbeiführte, mittelbar Veranlassung zu dessen ganzer Entstehung geworden.

Das Ganze wäre also im J. 1225 verfasst, die letzten §§. des XXIX. Capitels im Frühjahr 1226 nach H.'s Rückkehr aus Sontagana (XXIX. 7) und kurz vor der Abreise Wilhelms daran gefügt. Es könnte Alles in diese letzte Periode gehören,[2] wenn nicht die Frist ungefähr vom Februar bis Mitte April für eine zu geringe gehalten werden müsste.

Der letzte XXX. Hauptabschnitt, der die ruhmvolle Eroberung Oesels zu Anfang 1227 berichtet, ist wol unmittelbar nach derselben abgefasst: er bleibt bei der Taufe der Insel stehen, die weitern Ereignisse des Jahres werden nicht mehr erwähnt.[3]

Den Antrieb zu H.'s schriftstellerischer Thätigkeit hat etwas Aeusseres gegeben, die Aufforderung und Bitte der Landesherrn und treuen Genossen, die den Preis, der Christus und seiner glorwürdigen Mutter gebühre, oder profaner ausgedrückt, die Erinnerung

---

[1] Aus XI. 9 (Anfg. 1208) scheint allerdings hervorzugehen, dass H. bei Abfassung dieser Stelle die Ereignisse noch nicht bis in den Septbr. 1223 übersah, da er vom Fürsten v. Kokenhusen, den wir um letztere Zeit im aufständischen Dorpat finden (XXVII. 5), dort heisst: „versus Russiam nunquam deinceps rediturus discessit." Doch scheint hiemit nur die Rückkehr nach Kokenhusen gemeint.

[2] Bonnell, Chronogr. Comment. p. 63 deutet diese Meinung an.

[3] Vergl. im Allgemeinen: Hansen, Einleitung p. 22, Bonnell, Die Chronologie Heinrichs des Letten verglichen mit den Zeitangaben einiger russischer Chroniken im Bulletin historico-philologique de l'académie de St. Pétersbourg, Tome XI. p. 121.

2*

an die von ihnen selbst unter dem Beistande der himmlischen Beschirmer vollbrachten Thaten, der Nachwelt aufbewahren wollten. [1])
Auf diese vom Verfasser mitgetheilte Aufforderung scheint wiederum
die Gegenwart Wilhelms v. Modena eingewirkt zu haben, dessen
Legatenamt und persönliches Interesse an den livländischen Zuständen, eine Darlegung der früheren Begebenheiten und seiner eigenen
so vielfach ordnenden und abschliessenden Thätigkeit wünschenswerth machten und nahe legten. Gerade seiner Wirksamkeit wird
zu Ende eine so ausführliche und liebevolle Darstellung geschenkt,
sie überall als eine beruhigende, den bestehenden Verhältnissen
ihre höhere Weihe verleihende betrachtet, dass unser ganzes Werk
wenigstens mittelbar durch ihn hervorgerufen sein wird. [2])

Die Livländer haben so nicht nur die bleibende Erinnerung an
ihre Thaten, von der H. spricht, sondern auch ein Bekanntwerden
derselben etwa in Rom erreicht. Ob im Allgemeinen noch praktische Motive mitunterliefen, ist nicht mit Sicherheit zu sagen.
Von B. Albert scheinen derartige Pläne, von denen noch später die
Rede sein wird, allerdings angestrebt zu sein. [3])

Einige weitere wichtige Vorbedingungen, die Mittel, die unserm
Verfasser zu Gebote standen, ergeben sich zum grossen Theil aus

---

[1]) XXIX. 9: placuit historiam eam rogatu et instantia Dominorum et
sociorum fidelium .... conscribere. Unter den Domini sind (Einleitung zu
Heinr. p. 20) blos die Ordensritter verstanden, da B. Albert sie einige mal
so bezeichnet. XVI. 4: Fratres Militiae, Dominos nostros ac filios dilectos
etc. und XXVIII. 3: Fratr. Milit., confratres ac dominos suos (episcopo-
rum). Der Ausdruck scheint indess keine so bestimmte technische Bedeutung, wenigstens nicht den Orden allein bezeichnet zu haben; vergl.
XXIII. 8: ignorantibus Dominis, qui ad pugnandum etc., wo allgemein die
Häupter des Heers, wenigstens auch der Herzog Albert, darunter begriffen;
XXVIII. 7 kommen die Jerwier und Wiren nach Riga „et equos et munera
Dominis attulerunt," was gewiss mit auf Albert geht. Am passendsten möchte
es sein „die Landesherrn" überhaupt darunter zu verstehen, also auch den
Bischof, wozu die Art des Werks allein stimmt. Dass H. persönlich keine
Veranlassung hatte, die Ritter als seine Herrn zu betrachten, ist früher
gezeigt.

[2]) Für ganz unmittelbar dürfen wir seinen Einfluss nicht halten, da H.
nur von der Aufforderung der Livländer spricht; vergl. dagegen Bonnell,
Bulletin XI. 121.

dem Früheren: der Zeit, in der er schrieb, der Stellung, welche er
zu den zu schildernden Ereignissen einnahm, dem Auftrage, in
Folge dessen er sein Werk verfasste. Es geschah den Begebenheiten nahezu gleichzeitig, er stand handelnd mitten in dem Kreise,
innerhalb dessen seine Erzählung sich fast ausschliesslich bewegt,
und in enger Verbindung mit allen Personen, deren Wirken dargelegt werden sollte. Diese Grundlagen seines Werks, wie sie von
selbst dem Leser entgegentreten, er nennt sie ausdrücklich am
Ende desselben: „nichts enthalte das Buch, als mit eigenen Augen
Gesehenes, oder von Augenzeugen Gehörtes.[1]" Die meisten der
Ereignisse, an denen er nicht unmittelbar theilgenommen, waren
ihm natürlich schon früher bekannt geworden; war es nicht der
Fall, so musste seine Verbindung mit den Machthabern, die Unterstützung, die ihm nun überall zu Theil wurde, sein Wissen vollständig ergänzen.[2]

Schon in dem Bericht namentlich solcher Begebenheiten, bei
denen es zunächst auffallend, wie der Verfasser überhaupt von
ihnen Kunde erhalten, werden wir hie und da auf mündliche Nachrichten hingewiesen. Wenn er erzählt, wie sich in einem litauischen
Dorf fünfzig Frauen in Folge des Todes ihrer Männer erhängt,
bemerkt er seine Quelle dabei: Referebat sacerdos quidam, qui
tunc in Letthonia captivus tenebatur, Johannes nomine;[3] den
früheren Schicksalen Bernhards von der Lippe wird ein »ut ipse
saepius retulit" hinzugefügt;[4] ebenso werden beim Märtyrertode,
den der Priester Friederich von Celle durch die Oeseler erleidet,
einige Liven genannt, die Augenzeugen gewesen.[5]

---

[1] XXIX. 9.

[2] Kaum treffend möchte es sein, wenn Bonnell, Bulletin, XI. 123, die
Männer, welche den Verf. mit Nachrichten versahen, als dessen „Mitarbeiter"
bezeichnet. Ihre Betheiligung musste sich auf Angabe mündlicher Mittheilungen beschränken und auch diese ist grossentheils nicht erst bei Abfassung des Werks zu denken. Von sonstiger Thätigkeit Anderer ist nichts
bemerkbar. Auch in der Chronographie (Verz. der benutzten Schriften)
wird H. ein mal „der (Haupt-) Verfasser des Chronic. Livon." genannt,
ohne dass etwas zur Erklärung bemerkt wäre. Diese Bezeichnung wird
wol mit jener in Verbindung stehen. Wie von einem Nebeneinander
verschiedener Verfasser nichts ersichtlich, so noch weniger von einem Nach-
einander.

[3] IX. 5. [4] XV. 4. [5] XVIII. 8; vergl. auch XI. 4.

Aber noch andere Quellen, nämlich Urkunden, die ihm ohne
Zweifel von den Herrschern zur Verfügung gestellt sind, werden
wir bei ihm anzuerkennen haben. Freilich konnte derartiges Material bei der Art seines Werks schon an sich nur sehr secundair
in Betracht kommen; von der Benutzung vieler musste dazu vollständig abgesehen werden, weil sie nicht im Interesse der Machthaber lag; die zu Rathe gezogenen endlich sind nicht gerade gründ-
lich verwerthet, so dass der Einfluss, den sie geübt, gegenüber andern Mitteln ein verschwindend geringer und aus diesem Grunde bisher übersehen worden ist. Oefters bezieht sich H. auf päpstliche
Bullen, jedoch so, dass es ungewiss bleiben muss, ob sie ihm vorgelegen, oder ob er anderweitig, namentlich durch ihre praktischen
Wirkungen, Kenntniss von ihnen erlangt. Wenn uns gesagt wird,
B. Albert habe seinen Bruder Rotmar aus dem holsteinschen Segeberg mit sich genommen, auf die Erlaubniss Innocenz III., aus
jedem Kloster einen der Brüder sich zum Mitarbeiter zu erwählen; [1]
wenn ein Aehnliches zu der Anwesenheit Friedrichs von Celle *in*
Livland bemerkt; [2] oder bei Ernennung Theodorichs zum Bischof
von Estland an die von Rom verliehene Machtvollkommenheit erinnert wird [3] — sind beide Fälle recht wol denkbar, unmittelbare
Einsicht, wie sonstige Kunde von den Documenten. Die Beziehung
auf sie ist jedenfalls eine begründete, da solche Erlasse von Innocenz, wie auch von seinem Vorgänger und den Nachfolgern erhalten
sind. Aber gerade in zweien der angeführten Fälle vermögen wir
die bezüglichen nicht nachzuweisen, indem derartige Genehmigun-
gen der Curie, wie sie bereits 1205 die Uebersiedelung Rotmars,
um die Mitte 1211 die Erwählung eines neuen Bischofs durch Albert
veranlassten, jedesmal erst aus späterer Zeit bekannt sind. [4]

---

[1] IX. 6. [2] XVIII. 8. [3] XV. 4.

[4] Gruber bezieht sich in beiden Fällen auf unpassende Urkk.: im ersten
auf Livl. U-B. I. No. 14, wo keine bestimmte Erlaubniss zur Mitnahme von
Klosterbrüdern gegeben, sondern nur Priestern und Kriegern, die einen Zug
in's heilige Land gelobt, anstatt dessen die Fahrt nach Livland gestattet wird;
im zweiten Fall recurrirt er auf Urk. No. 26, die erst später fällt und nur die
Exemption Rigas von einer Metropolitangewalt enthält. Eine Bewilligung
zur Ernennung von Bischöfen durch Albert ist erst aus dem Jahre 1217 erhalten (Livl. U-B. I, No. 40.).

Anderswo ist die Urkundenbenutzung wol sicherer nachzuweisen, wenn sie auch eigenthümlicher Weise in den Verhältnissen,
wo sie am meisten zu erwarten, weniger hervortritt, oft nur neben-
sächliche Momente aus ihnen herausgegriffen sind. So werden wir
späterhin die Benutzung des Vertrags von 1210 (Livl. U-B. I, No. 16)
bei ihm öfters bemerken.

Wenn er (XIII. 4) die Bedingungen, unter denen der be-
siegte Fürst von Gercike sich dem Bischof unterwarf, auch nur allgemein mittheilt, scheint seine Bekanntschaft mit der Acte, welche
die Subjection und einige Abtretungen enthält (Livl. U-B. I, No. 15)
doch unläugbar. Abgesehen von einigen Aehnlichkeiten in der
Rede Alberts bei ihm und dem Wortlaut der Urkunde, möchte folgender Satz beweisend sein:

Livl. U-B. I, 15.	Heinr. XIII. 4.
„(praedictam urbem) a manu nostra (Alberti) solempniter cum tribus vexillis in beneficio recepit."	„(regnum suum) per manum episcopi trium vexillorum solenni porrectione recepit (sc. rex de Gercike)."

Die technischen Ausdrücke der Urk. sind, wie ersichtlich, bei
H. abgeschwächt. So scheint er auch aus: „(rex de Gercike)
praestito nobis homino et fidei sacramento" das viel unklarere
„eum (episcopum) in patrem eligens" gemacht zu haben. [1]

Wenn er bei Erwähnung der Veränderung des Zehnten in eine
bestimmte Getreideabgabe (XV. 5) der Aufnahme einer Urkunde,
die mit den Siegeln der vier damals in Livland verweilenden Bischöfe versehen worden, gedenkt, deutet dies wol auf Vorliegen
während des Schreibens, da jener Umstand nicht bedeutend genug
scheint, um im Gedächtniss zu bleiben. Die besonders ausführliche Darlegung dieser Massregel spricht ebenfalls für die Benutzung.

Ist der Einfluss der Actenstücke auch ein höchst unbedeuten-
der, weil H. auf die in ihnen vorzüglich behandelten Angelegenheiten (Landestheilungen u. s. w.) nur wenig eingeht, so wird er,

---

[1] Auch XVIII. 4 gebraucht er zur Bezeichnung der Lehnsabhängigkeit
des Fürsten vom Bischof für letzteren nur den geistlichen Ausdruck „pater;"
XI. 3 für das allerdings auch geistliche Verhältniss zwischen Orden und
Bischof die Bezeichnung „pater et senior."

besonders da die Benutzung von vornherein wahrscheinlich, doch nicht in Abrede zu stellen sein. Ein einziges klares Beispiel, wie wir es vielleicht oben gefunden, lässt auch in weniger evidenten Fällen dasselbe Verhältniss vermuthen.

Abgesehen hievon ist unserm Verfasser nur noch an einer Stelle eine schriftliche Vorlage nachzuweisen und gerade dort, wo er zum ersten mal ein ausländisches, allerdings sehr bedeutsames, auch Livland betreffendes, Ereigniss ausführlicher darlegt, in dem Bericht vom grossen Lateranconcil im J. 1215. [1])

In den übereinstimmenden oder einander ergänzenden Nachrichten vieler gleichzeitiger deutscher, französischer und englischer Autoren über jene Kirchenversammlung hat man eine gemeinsame Grundlage erkannt, welche in der Einleitung zu dem angenommenen grossen Protocoll bestanden haben mag, das die gesammten Beschlüsse umfasste und von den anwesenden Prälaten von Rom mitgenommen wurde. [2])

Auch bei H., der nach unserer früheren Vermuthung dort selbst anwesend war, lässt sich jener allgemeine Bericht deutlich erkennen, wenngleich er ihn, in der Art mancher anderen Annalisten nur auszüglich mittheilt. Ein Vergleich mit der ausführlichen, ursprünglichen Fassung, wie sie (bei Winkelmann, p. 105) aus verschiedenen Quellen mit einiger Sicherheit hergestellt ist, wird beweisend sein:

Ursprüngliche Fassung.

„Anno ab incarnatione verbi 1215 celebrata est sancta et universalis synodus Romae in ecclesia Salvatoris, quae Constantiniana vocatur, mense Novembri, praesidente domno Innocentio papa tertio, pontificatus ejus 18. anno. In qua fuerunt episcopi 412, inter quos exstiterunt de praecipuis patriarchis duo, Primates autem et metropolitani 71, ceterum abbates et priores ultra 800. [3])

Heinr. XIX. 7.

„Anno Dominicae incarnationis 1215 celebratum est . . . . concilium in Ecclesia Romana . . . . praesidente Innocentio papa ejus nominis tertio, ... praesentibus Patriarchis et Cardinalibus et Episcopis quadringentis . . . . Abbatibus octingentis" etc.

---

[1]) XIX. 7. [2]) Vergl. Winkelmann, Kaiser Friedrich II, p. 105 ff.

[3]) Chuonradi Chron. Schirense (M. G. XVII, 632) hat: „412 epi-

Jene Angaben dienen H. als Einleitung, um daran die Bitte B. Alberts um Unterstützung, dann die Antwort Innocenz anzuknüpfen. Alles wird er aus dem allgemeinen Protocoll entnommen haben, das auch nach Livland gelangt, für dessen Existenz wir bei ihm einen neuen Beweis finden. Mehre Jahre später in den Fasten 1226, hielt Wilhelm v. Modena in Riga ein Provincial-Concil, auf dem jene Bestimmungen wiederholt, d. h. verlesen und einige neue Punkte, die hier nothwendig erschienen, hinzugefügt wurden. [1] Dass hierbei ein schriftlicher Bericht von den früheren Beschlüssen vorgelegen, ist selbstverständlich.

§. 4. Plan, Inhalt und Ausführung.

Ist die Veranlassung zu unserm Werk auch eine äussere, von den herrschenden Gewalten ausgehende gewesen, mochten selbst praktische Motive mit Anlass zu jener Aufforderung gegeben haben, so wird zwischen den Beweggründen der Machthaber und denen des Schriftstellers doch zu unterscheiden sein. Trotz ihrer halbofficiellen Entstehung erscheint die Chronik als aus des Verfassers Geist selbständig hervorgegangen; ein individuelles Gepräge, eine gewisse Unbefangenheit lässt sich im Allgemeinen nicht verkennen. Der Auftrag an sich genügte, um in bestimmten Fällen Rücksichten zu nehmen; im Uebrigen aber werden die Ansichten H.'s über die ganze Lage mit denen der Herren wol so übereingestimmt haben, dass es unnöthig, seinem Werke eine besondere Richtung aufzuzwängen. Eine weitergehende Beeinflussung, eine Aufsicht während

scopi, cardinales 72, abbates, praepositi, priores 807." Die Zahlen, in denen sich überall kleine Abweichungen zeigen, giebt H. rund an und zieht die verschiedenen Rangabstufungen zusammen. Nichts enthält indess sein Bericht, was sich nicht auch bei Andern fände: mit jener Chronik hat er die „cardinales" gemein.

[1] H. XXIX. 8. Im Beisein von vielen Geistlichen und Weltlichen hält der Legat die Versammlung „propter Innocentii instituta, ea ad memoriam revocando, et nova quaedam adjiciendo, quae novellae plantationis Eclesiae necessaria videbantur." Dies Concil entspricht vollständig der vom Erzbischof Otto v. Genua im April 1216 gefeierten Synode, wo dem Clerus und den Laien die Bestimmungen der grossen Kirchenversammlung verkündet wurden (Winkelmann, p. 106) und ist ebenso beweisend für das Protocoll.

des Schreibens, [1] muss in Abrede gestellt werden. Selbst manches
Unrichtige und Ungenaue in den die Herrscher betreffenden Angelegenheiten — solchen, die durchaus nichts Verfängliches an sich
haben —, eine durchgängige Gleichgültigkeit für die höhern politischen Vorgänge, bürgt für die sonstige Unabhängigkeit. Beiden,
den Veranlassern, wie dem Schriftsteller, gemeinsam ist der Wunsch
die ruhmwürdigen Thaten, deren Schauplatz Livland neuerdings
geworden, vor Vergessenheit zu bewahren: dieser Gedanke ist von
Letzterm aufgenommen und selbständig ausgeführt.

Seine Aufgabe hat H. wol zu fassen und richtig zu begrenzen
gewusst. Die Entdeckung des livischen Hafens durch Bremer Kaufleute wird als letzter Zeitpunkt, bis zu welchem zurückzugehen,
jene Gebiete als der Raum, in dem sich die Erzählung zu bewegen habe, hingestellt. [2] Die Begrenzung ist keine willkürliche: die
von andern räumlich und zeitlich geschiedenen Ereignisse sollten
nicht einzeln, sondern von einem bestimmten Mittelpunkte aus betrachtet werden. Diesen bildet die Bekehrung des Landes, die
schon in den ersten Worten als Gegenstand der Darstellung bezeichnet wird. „Die göttliche Vorsehung, welche sich einst des
irregehenden Heidenthums erinnert, habe in neuen Tagen die ab-
göttischen Liven durch das Feuer ihrer Liebe aus ihrem sündhaften
Wandel erweckt." [3]

Hiemit verbindet der Geistliche einen religiösen und einen
praktisch-didaktischen Zweck. Er spricht es zu Ende aus, wie Alles
nur zum Preise Christi und der Hlgen Jungfrau geschrieben, wie
sein Geschichtswerk den Nachkommen hinterbleiben solle, damit
auch sie Gott lobten, auf ihn ihre Hoffnung setzten, seine Gebote
erfüllten. [4]

Soweit der Autor über sein Buch. Unsere Aufgabe nun ist es
zu prüfen, inwieweit und in welcher Art er seine Absicht erreicht,
welchen Werth das Ganze als Quelle geschichtlicher Erkenntniss hat.

Man wird es kurz als Schilderung der äussern Eroberung und
Christianisirung jener livischen, lettischen und estnischen Gebiete

---

[1] Bonnell, Chronogr. Commentar p. 63; im Bulletin XI. p. 122.
[2] XXIX. 9. Anfg. [3] l. l. [4] XXIX. 9.

fassen können, wie sie gegenüber dem Widerstand der Eingebornen, unter mannichfachen Rückschlägen und dem hindernden Eingreifen fremder Gewalten, vorzüglich durch deutsche Krieger und Priester unter der Herrschaft und Leitung B. Alberts herbeigeführt wurden.

Ein Eingehen auf die Zustände von Volk und Land in älterer Zeit war von vornherein abgelehnt. Die Geschichte beginnt hier erst mit Landung der Deutschen, für unsern Schriftsteller mit Verbreitung christlicher Lehre: seine Erzählung hebt mit der Wirksamkeit des ersten Priesters an. Mit glaubwürdigen Nachrichten ist er bereits ausgerüstet, doch die Fülle der Detailkenntniss geht ihm noch ab. Die mannichfachen und interessanten Beziehungen, in denen der erste Bischof zu deutschen Kaufleuten und dem das Land beherrschenden russischen Fürsten, zu den geistlichen Obergewalten und benachbarten Völkern [1]) erscheint, sie werden mehr angedeutet als dargelegt. Die Thaten Meinhards und seines Nachfolgers bilden nur die Einleitung zu den hervorragenderen des dritten Bischofs. Die Bekehrung, nicht die Eroberung, hatten sie begonnen.

Wie sehr sich mit Albert auch die Fülle der Ereignisse, der zu schildernden neuen Einrichtungen mehrt — das Gebiet auf dem er wirkt, ist zunächst ein beschränktes. Die Abenteuer herbeiziehender Pilger auf dem Meer, die Vorgänge in der neugegründeten Stadt und ihrer nächsten Umgebung beschäftigen H. fast ausschliesslich. Harte Kämpfe sind mit den zunächstwohnenden Liven zu bestehen, beutelustige Feinde von den Mauern der kleinen Ansiedelung abzuwehren, Friede und Freundschaft muss mit den übermüthigen Litauern gesucht werden. Erst mit des Verfassers Anwesenheit im Lande, seit dem J. 1203, wird die Erzählung eingehender: sie beschränkt sich nicht mehr auf Wiedergabe tiefer eingreifender Vorgänge, sie umfasst dieselben in ihrer Gesammtheit und bis in die geringsten Einzelheiten.

Dazu wächst fort und fort mit der nicht zu hemmenden Ausbreitung deutscher Herrschaft der zu umspannende Stoff. Mit der Erstürmung seiner Vesten beugt sich das Livenland, wenn auch sein Widerstand nicht gänzlich gebrochen; in glücklichen Kämpfen mit den bisherigen russischen Gebietern wird die Eroberung behauptet, eine weitere Machtvergrösserung im Osten herbeigeführt.

---

[1]) So z. B. zu den Schweden, I. 13.

Der zahlreiche, aber bisher niedergedrückte Stamm der Letten tritt
freiwillig in Verbindung mit den Fremden, erweist sich ihnen als
treueste Hilfe: aber mit dem Zuwachs an tapfern Streitern ist zugleich Anlass zu neuen, die Kräfte der Verbündeten beinahe über-
steigenden Verwicklungen gegeben. Die Stammesfeindschaft der
Letten und Esten zieht die junge Herrschaft in die ihre Existenz
noch mehrmals bedrohenden Kriege mit den nördlichen Nachbarn
hinein. In nicht endenden Raub- und Verheerungszügen erschöpfen
sich fast die Gegner; der Erfolg ist schliesslich auf Seite der kriegs-
geübteren Deutschen, das südliche Estenland fällt den Siegern als
Beute zu. Drei kurze Friedensjahre bilden nur einen Ruhepunkt
um die Parteien neugestärkt auf dem Kampfplatz erscheinen zu
lassen, wo nun die Frage über Christenthum oder Heidenthum,
Knechtung oder Freiheit des grossen Stamms entschieden werden
soll. Trotz äusserster Kraftentwicklung, ungeachtet der machtvollen
Unterstützung des Mutterlandes sind die Deutschen dem vereinten
Andringen der unter sich verbundenen Esten und zahlloser russischer Heere nicht gewachsen: die Hoffnung auf alleinige Herrschaft
in den Ostseeländern muss der Erhaltung des bereits Gewonnenen
geopfert, die unheilvolle dänische Unterstützung angerufen werden.
Diese erscheint, da die Sachlage schon wieder eine günstigere geworden: die augenblicklich auf sich angewiesenen, von beiden Seiten
angegriffenen Feinde nehmen binnen Kurzem das fremde Joch auf
sich, die Deutschen vermögen die überschüssige Kraft selbst auf
weitere Ausdehnung ihrer südlichen Grenze zu verwenden. Doch
der Erfolg ist ein den gemachten Anstrengungen nur wenig ent-
sprechender: das beinahe ganz von Süden aus gewonnene Estenland erlangen zum grössten Theile nicht die Sieger, sondern die
listigeren Genossen, die durch Erzeugung von Misstrauen und Zwietracht bei der andern Partei, ihre weitgehenden Ansprüche zu verwirklichen wissen. — Neue gefahrvolle Aufstände der Unterworfenen lasten fast allein auf dem Deutschthum, das, um der fremden
Abhängigkeit zu entgehen, sich zur Vertheidigung des ihm entris-
senen Besitzes hat verpflichten müssen. Siegreich überwindet es
auch diese Hemmnisse, machtvoller als je geht es aus ihnen hervor
und behauptet nun wieder seine hervorragende Stellung gegenüber
dem schwächlichen Nebenbuhler. Grössere Sicherheit und Dauer
wird den neubegründeten Zuständen durch die oberste geistliche

Gewalt verliehen, durch Unterwerfung des feindlichen Oesel die
äussere Ruhe erhöht, während der Dänen Regiment in Estland
augenblicklich seinem Untergang entgegenzueilen scheint.

Jene grossartige Umwälzung, welche mit dem Anfang des
13. Jahrhunderts beginnend in ungefähr fünfundzwanzig Jahren die
Gebiete vom finnischen Meerbusen bis südlich über die Düna hinaus,
vom Ostseestrande bis an die russischen Grenzen, dem Christenthum und fremder Nationalität unterwarf, hat in dem Werke H.'s
eine der Bedeutsamkeit des Vorgangs entsprechende, ihn in alle
Nebenumstände verfolgende Darstellung gefunden.

Sprechen wir zunächst von den Waffenthaten, die den bei Weitem grössten Theil des ganzen Berichts erfüllen, so werden nicht
allein die dauernden Erfolg erzielenden Unternehmungen, sondern
jeder einzelne, von ein paar beutelustigen Kriegern ausgehende
Handstreich, der nichts Anderes als Plünderung und Verwüstung
der nächstgelegenen feindlichen Dörfer bezweckt, bis in die klein-
sten Details geschildert. Diese Plänkeleien vorzüglich in den Grenz-
gebieten, wie sie von den Letten oder den bischöflichen Vasallen
in den Burgen an der Düna ausgeführt, von den Gegnern stets er-
wiedert werden, sie halten die Erbitterung während augenblicklicher
Ruhe wach und dienen zur Charakteristik des allgemeinen Kampfs,
wenn auch nicht in jedem einzelnen etwas Charakteristisches zu
entdecken ist. Anders schon bei den mehr oder minder durch die
Gesammtheit der Deutschen und ihrer Untergebenen, oder eine
grössere feindliche Macht hervorgerufenen Kriegsfahrten, die mittelbar oder unmittelbar, dort etwa die Unterjochung einer ganzen
Landschaft, hier einen gefährlichen Rückschlag, ein Zurückweichen
christlicher Herrschaft nach sich ziehen. In fast jedem Augenblick kann der Stand der Dinge, das Neigen der Wage auf die
eine oder die andere Seite erkannt, das folgende Verhalten der
Gegner danach richtiger bemessen, die Gesammtentwicklung besser
verfolgt werden. Durch die Ausführlichkeit, mit der die Ereignisse
vorgeführt, jeder Feldzug, jede Schlacht, jede Belagerung dargelegt
ist, gewinnt das Ganze an innerm Leben, an Mannichfaltigkeit, an
Interesse. Ein klares Erkennen der einzelnen, uns so fern liegenden Vorgänge wird ermöglicht, eine Fülle werthvollen Details
erschliesst sich da überall. Zahl und jedesmalige Zusammensetzung
des Heers, sowie die Namen seiner hervorragendsten Führer, die

Richtung, welche die Ziehenden eingeschlagen, die Hindernisse oder
Förderung, welche Weg und Wetter bereitet, der Widerstand,
den die Feinde ihrer Tapferkeit entgegengestellt, der den Sieg be-
gleitende Erfolg, die völlige Unterwerfung oder Plünderung einzelner Striche, die Masse der gewonnenen Beute und die freudige
Heimkehr — alle diese Momente werden erörtert, mit ausserordent-
licher Lebendigkeit und Anschaulichkeit geschildert. Das Hauptinteresse concentrirt sich dabei auf den eigentlichen Kampf: die
Stellung der verschiedenen Schlachtreihen, ihr Vordringen oder Zurückweichen, die Hitze des Streits, Flucht und Verfolgung werden
aufgerollt. Aus dem Gesammtbilde tritt wiederum die Wirksamkeit
des Einzelnen, der durch Eines Entschlossenheit und Tapferkeit
herbeigeführte Erfolg, plastisch genug hervor.

Der Werth derartiger Mittheilungen von einem Zeitgenossen
wie H. lässt sich nicht wol verkennen: aus diesen zuweilen unscheinbaren Umständen ergiebt sich eine unschätzbare Bereicherung
unserer Kenntniss, wie des Speziellen, so der gesammten Zustände,
eine Kenntniss, welche um so wichtiger ist, da sie für die Folge-
zeit uns gänzlich abgeht. Es lässt sich aus den kleinen Angaben
ein freilich häufig genug lückenhafter, aber stets Interesse erregen-
der Zusammenhang herstellen; alle hier angedeuteten Beziehungen
unterstützen die Anschauung des Ganzen ausserordentlich.

Es weisen die Namen der an einem Zuge theilnehmenden Pilger oft deutlich genug auf bestimmte Gegenden Deutschlands, deren
engere Verbindung mit Livland hin; der Auszug der Bischöflichen
und Ordensritter, oder der Einen allein giebt Aufklärung über die
augenblicklichen Plane Jedes, die meist so wenig aufzuhellende
Stellung der Machthaber zu einander; wie wichtig die Bezeichnung
der Märsche des Heeres, die Beschreibung bestimmter Oertlichkeiten
für die Topographie, die Schilderung der Umschliessung einer Veste
zur Kenntniss der Belagerungs- und Befestigungskunst damaliger
Zeit, die Angabe einer Zahl der Kämpfenden oder Getauften wegen
Schätzung der Bevölkerungsmenge, selbst der Beute zur Beurtheilung des Wohlstands einer Gegend ist, und wie in ähnlicher Weise
alle Angaben für oft bedeutsame Verhältnisse verwerthet werden
können, bedarf kaum der Erwähnung. Wenige Autoren des Mittelalters lassen sich hierin mit unserm vergleichen: kaum Einer bietet
neben so reichem historischen Stoff, so viele Momente für die Cul-

turgeschichte. Höher noch wird der Werth seines Werks durch die Zeit, in der es geschrieben: es steht an der Grenzscheide zweier unter einander nicht vermittelter Entwickelungen, der des niedersinkenden Heidenthums und der neubeginnenden christlichen Lehre; es vermag allein noch Aufklärung zu schaffen über die so dunklen Urzustände des Landes und seiner Bewohner; es leitet andererseits eine neue Periode ein, welche gleich unverständlich bliebe, falls hier nicht ihre Anfänge so anschaulich dargelegt wären. Eine solche Aufzeichnung zu solcher Zeit scheint unschätzbar!

Bei grössern Vorzügen fehlen der Weise H.'s nicht ganz die Schattenseiten. Es sind dies indess Mängel, die mit seinen rühmlichen Eigenschaften so eng verknüpft, beinahe durch sie bedingt erscheinen, dass sie aus diesem Grunde kaum ins Gewicht fallen werden. Nicht allein das dem einzelnen Ereigniss Eigenthümliche ist hier hervorgehoben, sondern mit derselben Ausführlichkeit wird das Durchgehende, mit geringen Veränderungen bei verwandten Begebenheiten Wiederkehrende vorgeführt. Und dessen findet sich in jenen Zügen, Belagerungen und Plünderungen doch ausserordentlich viel! Die Schilderungen werden trotz des Interesses, das sie im Einzelnen bieten, durch die Wiederholungen im allgemeinen Verlauf für den Leser häufig ermüdend. Dazu sind ähnliche Verhältnisse meist in dieselben, fast stereotyp gewordenen, Ausdrücke und Wendungen gekleidet, wodurch die Erzählung etwas so Formelhaftes gewinnt, dass es möglich schiene, mit Kenntniss einiger Daten einen langen Bericht herzustellen, der von einzelnen Ausführungen unsers Autors nicht wol zu unterscheiden wäre. [1])

---

[1]) Dass H. bei Angabe der Einzelheiten sorgfältig ist, lässt sich nicht in Abrede stellen: jene geläufigen Redensarten werden aber häufig auch da angewandt, wo sie wenig am Ort. So erzählt er öfters, wie ein Volksstamm die von den Deutschen gestellte Bedingung der Taufe freudig angenommen, so z. B. XIX. 8 von den Rotaliern: „Quod ut audiunt, baptismi sacramentum se recipere, sum gaudio pollicentur;" XX. 6: „Quo audito gavisi sunt Gerwanenses;" XXI. 5: „Quod audientes Estones gavisi sunt." Dass diese Ausdrücke nicht immer passend, zeigt der vorhergehende harte Kampf und spätere häufige Abfall. — H. liebt es bei der Rückkehr Jemandes, dessen Befriedigung über den erreichten Erfolg auszudrücken; das „cum gaudio reversus est," mochte bei einem siegreichen Heer wol gelten, nicht aber von B. Albert, als er den ihm ungünstigen Vertrag mit den Dänen hatte billigen müssen (XXV. 1.).

Wir geben hier kurz die Art jener Züge an, wie sie während
fünfzehn Jahren gegen die Esten gerichtet wurden, deren Beschreibung fast überall die gleiche ist. Da man sich all des Uebels erinnert, welches ein Stamm den Christen angethan, versammelt
einer der Gebietiger, gewöhnlich um die Weihnachtszeit, „wenn
Schnee die Erde bedeckt und Eis die Wellen, und die Ober-
fläche des Abgrunds fest und die Wasser hart werden wie Steine“
(XXX, 3), ein grösseres Heer von Deutschen, Letten und Liven,
zu dem Rigische Bürger und Pilger stossen. Die Eingebornen erscheinen als die Hauptmasse, die Deutschen, besonders Ordensritter,
und bischöfliche Mannen, als Kern der Streitmacht. Mit möglich-
ster Schnelligkeit, mitunter Tag und Nacht ohne Unterlass marschi-
rend, erreicht man das feindliche Gebiet, das nach Ueberwältigung
der sich entgegenstellenden Schaaren in allen Richtungen durchzogen
wird; ist der Feind zuvor nicht gewarnt, so vertheilt sich die
Mannschaft sogleich über das ganze Land, die Männer werden erschlagen, Weiber und Kinder zu Gefangenen gemacht, die Geflüch-
teten aus ihren Schlupfwinkeln hervorgezogen, die Behausungen den
Flammen übergeben, die tragbare Habe, dann besonders Rosse und
Rinder, als Beute entführt. In einem grössern Dorfe findet die
Vereinigung statt: es wird eine kurze Rast gemacht, die grössern
Heereskörper theilen den gemeinsamen Raub unter sich. War es
etwa die erste Heimsuchung einer Provinz, so eilt man zum Aufbruch: die Sieger denken noch nicht an Taufe, die Besiegten wären
dazu kaum bereit. Hatte die Gegend bereits früher die Macht der
Christen kennen gelernt, oder gar den Glauben angenommen und
wieder verleugnet, so erscheinen nun die Ueberlebenden, vor Allem
die Häuptlinge, bei dem Heer. Die bekannten Friedensbedingungen,
Taufe und Unterwerfung mit Entrichtung des Zehnten, dazu als
Sicherung die Stellung von Geiseln, werden ihnen vorgelegt und
willig angenommen. Einzelne werden sogleich „aus dem heiligen

---

Auch die häufig vorkommenden, stark biblisch gefärbten Reden scheinen
mehr freie Bildungen des Autors zu sein, wie die mehrmalige Wiederkehr Desselben zeigt. Vergl. z. B. die oft erscheinenden Friedensbedingungen der
Christen gegenüber besiegten Heiden, die gern bestimmten Personen in den Mund
gelegt werden; die Worte, mit denen Deutsche in hartem Kampfe zur Ausdauer auffordern, sind XII. 2 und XIV. 2 ganz dieselben.

Quell benetzt", den Uebrigen sollen Priester gesandt werden. „Gott
lobend für den Sieg, welchen er ihnen an den Heiden verliehen",
kehren nun die Christen „mit Freude" heim.

In diese Form passen die meisten jener Unternehmungen hinein.

Aehnlich steht es mit der Einnahme von Burgen, in welche sich
die widerstrebenden Bewohner eines Bezirks geflüchtet. Meist erst
nach Verwüstung des flachen Landes wird die Veste umzingelt, der
Glaube vergebens angeboten, dann zur Belagerung geschritten.
Sturmversuche kommen nur selten vor. [1] Letten und Liven füllen
den Graben mit Holz, ein Sturmdach wird darüber geschoben, unter
seinem Schutz an der Unterhöhlung des Walles gearbeitet. Um die
auf den Mauern Kämpfenden wirksam zu beschiessen, besteigen Mehre
einen Thurm, der in gleicher Höhe mit der Befestigung aus starken
Baumstämmen errichtet ist; die Wurfmaschinen schleudern ohne
Unterbrechung gewaltige Steine und Feuermassen in das Innere der
Burg, während die Bogenschützen unter den Vertheidigern auf der
Mauer aufräumen. Oefters sollen sie durch starken Rauch hinweg-
gescheucht, das Holzwerk der Schutzwehr in Brand gesteckt werden.
Die Eingeschlossenen wehren sich wiederum durch Pfeil- und Lan-
zenwürfe; Feuertöpfe und glühendes Eisen fliegen auch auf die Be-
lagerer herab, verbrennen zuweilen ihre Maschinen. Endlich nach
Verlauf mehrer Tage, höchstens einer Woche, da die Anstrengungen
der Unterminirer den Wall schon mit dem Einsturz bedrohen, Mangel an Lebensmitteln und Wasser, oder pestartige Krankheiten
durch die vielen Leichen entstanden, beugen sich die Bedrängten.
Gegen Annahme der gebräuchlichen Bedingungen, wird ihres Lebens
geschont, der Abzug in die Dörfer gestattet, während das angehäufte
Gut den Siegern, die Burg den Flammen anheimfällt.

Zu diesen gleichartigen Beschreibungen bietet sich um so häu-
figer Gelegenheit, da ebenso umständlich wie das successive Vordringen des Deutschthums gegenüber den Eingebornen, auch die
Beseitigung hindernder Einflüsse, soweit sich diese in kriegerischen
Thaten ausspricht, vorgeführt ist. Den Zügen der Esten nach Livland, den Einfällen der Russen wird keine geringere Beachtung
geschenkt als den Unternehmungen der eigenen Partei.

Es lässt sich trotz der Abwechslung und Belehrung, die in

---

[1] Allein bei Dorpat 1224 (XXVIII. 6); bei Mone 1227 (XXX. 4.)

kleineren Momenten dargeboten, ein oft abspannendes Einerlei nicht in Abrede stellen, -- ein Mangel, der freilich verschwindend gering neben jenen Vorzügen ist. Eine Schilderung möchte hier viele andere ersetzen, nur die Einzelheiten verleihen jeder ihren Werth.

Hand in Hand mit der Eroberung schreitet die Bekehrung vorwärts, neben den Thaten des Heers sind die der Priester überliefert: wie dort die Erfolge der Massen und das Eingreifen ihrer Leiter, des Meisters, hervorragender Glieder der Ritterschaft (Bertholds, Rudolfs), einflussreicher Häuptlinge (Caupos, Russins, der Söhne Talibalds), vornehmer, mit zahlreichem Gefolge anlangender Pilger (Alberts von Holstein, Borwins von Mecklenburg, des Herzogs von Sachsen) anschaulich gemacht ist, so hier die allgemeinen Bemühungen der höheren Geistlichkeit für Verbreitung des Glaubens, die Wirksamkeit des niedern Priesters auf seinem beschränkten Gebiet. Bei den umfassenden Bestrebungen Alberts (XXIV, 1), den Einrichtungen seines Bruders von Dorpat (XXVIII, 8), den vielfachen Verdiensten Philipps von Ratzeburg um Livland, der langjährigen Thätigkeit Theodorichs von Estland, und der aller Aebte und Pröpste (Bernhards von der Lippe, Engelberts, X, 14) wird die Sorge um „Pflanzung des Weinbergs des Herrn" besonders betont.

Vielleicht noch eingehender ist der Erfolge untergeordneter Geistlicher gedacht, wie H. überhaupt die in concreten, wenn auch unbedeutenderen Vorgängen sich äussernde Thätigkeit mehr ins Auge fasst, als die auf das Allgemeine gerichtete. Hier erkennen wir das Thun jedes Einzelnen, die Orte, da er seinen Beruf erfüllt, die Willführigkeit oder Abneigung, mit der man ihm begegnet, endlich die Zahl seiner Täuflinge. So war es bei der Christianisirung der Liven, [1] dann der Lettlands, [2] endlich noch eingehender der der estnischen Bezirke. [3] Bei der Lebensbeschreibung unsers Verfassers konnten wir hierin einen Einblick gewinnen: wir sahen, wie er seinen Sitz an der Ymer aufschlug, den Heeren nach Estland folgte, nach dessen gänzlicher Unterwerfung es allein oder mit einem Genossen durchzog. Wie früher von der Tapferkeit der Krieger erzählt, so hier von Pflicht- und Glaubenstreue der Priester. Kleine Episoden, wie sie H's. Buch in ausgiebigster Weise bietet, stellen die-

---

[1] VI. 2; X. 14, 15. [2] XI. 7; XVIII. 3.
[3] Abgesehen von der Taufe auf jedem Zuge, besonders XXIV. 1. 2. 5. 6.

selbe in passendes Licht. Man erinnere sich an die beiden, die Messe feiernden Geistlichen in der Kirche zu Cubbesele, die, während plündernde Litauer umherschwärmen, die heilige Handlung nicht unterbrechen mögen; [1] an den Märtyrertod des Friedrich von Celle, [2] den des Segehard an den Ufern der Musse. [3]

Wenn der geistliche Verfasser dies Wirken auch gewiss nicht geringer anschlägt, als kühne Kriegsthaten, so tritt es doch, namentlich was den Umfang des Berichts anlangt, weit mehr zurück. Von den Priestern kann eben nur bei der Taufe selbst die Rede sein, da hier nicht das gesammte Leben in seiner auch ruhigen Entwicklung geschildert wird, sondern einzelne, ihm hervorragend erscheinende Begebenheiten.

Die Zahl der Geistlichen ist dazu eine beschränkte: vereinzelt finden sie sich hier und da bei Letten und Liven; im Estenlande fast nur in den deutschen Burgen, da wegen Untreue und Grausamkeit des Volks der Aufenthalt unter ihm noch zu gefährlich schien. [4]

An diese im Mittelpunkt des Ganzen stehenden Begebenheiten schliessen sich die andern enger oder entfernter an: sie erscheinen als Vorbedingung oder weitere Folge des mit Vorliebe geschilderten, blossen Actes der Unterwerfung und Taufe. Wir haben es hier mit keinem festgegründeten, sich allseitig entwickelnden, in einer Fülle von Erscheinungen des innern Lebens hervortretenden Staatswesen zu thun; eben jetzt wird der Grund dazu gelegt, die Sorge um die äussere Existenz herrscht noch so vor, dass sich zum grössten Theile in ihr das Leben erweist. Die mehr äussern Bildungen und Thaten sind desto zahlreicher, sie zeigen aber alle — wenigstens soweit sie H. berichtet — jenen Zusammenhang mit den Cardinalpunkten des damaligen Strebens der Deutschen. Die Verbindung mit dem Papstthum, das jährlich wiederkehrende Herbeiziehen von Pilgern, die Uebersiedelung von Mönchen und Geistlichen, die Belehnungen der Ritter, die Stiftung des Ordens werden als Mittel zur dauernden Niederlassung des Deutschthums und Christenthums anzusehen sein; die Gründung fester Schlösser, selbst die Theilung der gesammten Erwerbungen unter den Machthabern, die Anordnung neuer geistlicher Obergewalten, die Stiftung von Bisthümern und

---

[1] XI. 5. [2] XVIII. 8. [3] XXIII. 4.
[4] Eine einzelne Ausnahme, XXIV. 6a.

Klöstern, dürfen als Massregeln der Sicherung gewonnener Erfolge
gelten. Als solche haben sie in dem Buche mehr oder weniger
Berücksichtigung gefunden, wenn auch bei Weitem keine ähnliche,
wie die bereits hervorgehobenen Vorgänge.

In diesen Ereignissen, wie sie Jedem unmittelbar entgegentraten, ist sein Bericht in den meisten Fällen erschöpfend; aus andern
Quellen wird ihm Uebergangenes kaum nachzuweisen sein (auch
nicht aus der Reim-Chronik, wie es zuweilen den Anschein hat). [1]

Auszunehmen wäre nur das Verhalten der Herrscher und gewisse Vorgänge unter denselben, welche aus äussern wie innern,
später zu erörternden Gründen bald ganz übergangen, bald unvoll-
ständig mitgetheilt sind.

Andere Ansprüche als die, genau und mit gewisser Vollständigkeit einzelne Thatsachen wiederzugeben, wird man an die Chro-
nikenschreiber des Mittelalters überhaupt nicht stellen dürfen, und
auch H. möchte weitergehenden nicht genügen. Er hat gesehen,
gehört, aber wir müssen hinzusetzen, nicht beobachtet. Er bietet eine Menge bedeutender Ereignisse, die in ihnen liegende Entwicklung ist ihm entgangen; die einzelne lebhaft hervortretende Begebenheit wird vorgeführt, die gesammten Zustände, ihre Fortbil-
dung, bleiben unberücksichtigt. Ungenügendes enthält sein Bericht
über die Lage der Eingebornen, insbesondere den Siegern gegenüber, wenn sie nicht, mehr zufällig, sich in einer Bemerkung zeigt;
wenig Ausreichendes über die Stellung der Herrscher zu einander
und deren allmähliche Veränderung; Geringes über die Verfassungs-
verhältnisse überhaupt. [2] Vieles wird durch die Genauigkeit in
der Darlegung einzelner Erscheinungen ersetzt, keinesfalls aber
Alles!

Dies ist die Stellung H.'s innerhalb der von ihm selbst gezogenen Grenzen. Nirgend scheint er über dieselben hinausgegangen:
seine Erzählung bewegt sich ausschliesslich in Livland, erwähnt sonstiger Ereignisse nur, wenn sie jenes direct berühren. Selbstverständlich

[1] Einiges erfahren wir zwar nicht seiner Zeit, aber nachträglich wird
es aus ihm selbst ersichtlich. so z. B. die Freilassung von Alberts Bruder
Dietrich aus der russischen Gefangenschaft; der Tod Bischof Bernhards etc.;
vergl. Einleitung p. 20.

[2] Der städtischen Entwicklung Rigas, die, wie Urkunden zeigen, nicht
unbedeutend war, wird z. B. niemals gedacht.

mussten neben den Kämpfen im Lande, auch die der absegelnden und heranziehenden Pilger auf dem Meer geschildert werden. Es sind dieselben Feinde, die bestritten werden; Siege, welche man hier erringt, oder Niederlagen, die man erleidet, machen ihre Wirkungen auch dort geltend. [1]) Im Allgemeinen wird indess, wie das äusserlich zu erklären, auch wesentlicher Vorgänge, wenn sie räumlich ferner liegen, nur vorübergehend gedacht. Selbst über die Wirksamkeit des Lenkers jenes ganzen Zugs nach Osten, des so hochgestellten und von H. mit Recht verehrten Bischofs Albert, erfahren wir, da sie meist im Auslande geübt wird, verhältnissmässig Geringes. Nach seinen Regierungsjahren gliedert sich freilich der ganze Stoff, seine Gegenwart im Lande führt meist Bedeutsames mit sich, seine Ankunft und Abreise wird stets erwähnt, die Folgen seiner Thätigkeit werden ersichtlich in der Verbindung mit Kaiser und Papst, in dem steten Anlangen deutscher Krieger und Geistlicher; doch seine Anwesenheit in bestimmten Gegenden, sein zeitweiliges Thun jenseit des Meeres, ist minder klar.

Ganz ausnahmsweise wird auf solche Ereignisse hingewiesen, deren Bedeutung für Livland nicht ganz augenfällig ist. [2])

So handelt sein Bericht von Livland, und hier von den Thaten deutscher Krieger und Priester, der unter ihrer Führung streitenden Eingebornen. Der Einwirkung anderer Völker muss zwar auch gedacht werden, doch erscheint sie, der Wirklichkeit entsprechend, mehr als eine hindernde, die Erfolge Jener beschränkende.

Bei den Russen, welche sich in fortwährendem offenem Kampfe mit den ihren Einfluss auf jene Gebiete vernichtenden Eindringlingen befinden, ist dies an sich klar; die Schweden, welche hier nur eine kurze, nicht eben glückliche Rolle spielen, versuchen mit Missachtung deutschen Anspruchs eine Niederlassung in Rotalien zu gründen; [3]) was endlich die Dänen betrifft, so konnte in früherer Zeit nur von dem erfolglosen Zug nach Oesel, der Thätigkeit ihres Erzbischofs in Riga, die Rede sein. [4]) Ihre spätern bedeutenderen Unternehmungen in Estland tragen vorzugsweise den die Deutschen

---

[1]) Vergl. z. B. XIV. 1. 5.

[2]) So die Eroberung von Damiette, XXIV. 7; die Schlacht an der Kalka, XXVI. 1. die freilich auf den Frieden zwischen Deutschen und Russen hinwirkte.

[3]) XXIV. 8. [4])·X. 13 ff.

hemmenden Character. Ihr König ist es, der von Deutschen gewonnenes Gebiet beansprucht, sie entzweit, dem Bischof Nachstellungen bereitet; ihre Priester versetzen die Andern durch unerhörte Gewissenlosigkeit in gerechten Zorn.

Kein Wunder ist es, dass die Deutschen, welche in der That das Beste an der Bekehrung gethan, allein als wahre Vorkämpfer des Christenthums von H. betrachtet werden. Den Schaaren Gideons sind sie gleich, da Gott, bei geringer Zahl, stets Grosses durch sie gewirkt hat. [1] Ein zweites Volk Israel scheinen sie dem Schriftsteller: Riga ist die Stadt des Herrn, [2] ihre Streiter das Heer des Herrn, sie kämpfen den Kampf des Herrn. [3] Die Bekehrung ist ihm ein stetes Wunder und dies hängt mit seiner Anschauung von der unmittelbaren Hilfe, die Gott, Christus und Maria jenem Wirken angedeihen lassen, zusammen. Wie die Deutschen die treuen Diener Gottes, so sind sie auch die der Hlgen Jungfrau, deren Land sie durch Verbreitung des Glaubens erst in einen rechten Besitz verwandeln. Marias Wille und Interesse wird dem der Eroberer völlig gleichgestellt: sie hat die Feinde Livlands alle zu Boden gestreckt, die Empörer bestraft, den König der Dänen, der die Ihren verwirrt, langer Gefangenschaft überliefert. Eine grausame Rächerin ist sie ihren Widersachern, eine liebreiche Mutter den Vollstreckern ihres Willens. Die Könige der Heiden, der Russen und der Dänen, sie werden gemahnt ihr, d. h. den Livländern, nicht fürder zu widerstreben, dass sie auch ihnen Gnade erweise. [4]

Der zu Ende ausgesprochene leitende Gedanke, das Lob Christi und der Jungfrau zu verkünden, dessen Durchführung H. als seinen eigentlichen Zweck bezeichnete, er tritt überall in nicht ungeschickter Weise hervor. [5] Nicht in langen, in der Luft schwebenden

---

[1] XXIX. 9: qui tot victorias ... concessit suis in Livonia, et magis semper in paucitate virorum, quam in multitudine etc. So öfter.

[2] IX. 4. Ein litauischer Häuptling hatte gedroht: se civitatem Dei subversurum.

[3] XIII. 2: (Volquinus) in omni expeditione exercitum Domini ducendo atque regendo, praeliabatur praelia Domini cum laetitia etc.

[4] XXV. 2.

[5] XXIX. 9. Das Wirken Gottes, Christi und Marias verschwimmt übrigens vollständig. Gewöhnlich bewirkt Gott Alles; XXV. 2 hat Maria es

Preiesworten ergeht er sich, durch ihre Thaten will er sie loben.
Jeder von den Deutschen errungene Erfolg ist ein unter ihrem Beistande herbeigeführter, in dem Wirken Jener ist auch das der himmlischen Beschützer niedergelegt, und so ihr Preis der Nachwelt überliefert. Nur nach der Zurückweisung des dänischen Voigts bricht
er in langes, begeistertes Lob aus, aber auch hier lobt er nicht in
blossen religiösen Betrachtungen, sondern durch Hinweis auf die
Thaten der Vergangenheit. Alles haben jene Helfer gewirkt, Alles
gereicht ihnen unmittelbar zum Preis!

§. 5. Anordnung, Darstellung, Sprache.

Sieht man auf Anfang und Schluss, so erscheint das Werk, dem
behandelten Stoffe entsprechend, als ein abgerundetes Ganzes. Mit
dem Wirken der ersten Bischöfe beginnend, verfolgt es in ausführlicher Weise die Fortschritte unter Albert, und endet mit der gänzlichen Unterwerfung und Christianisirung des Festlandes, der Sicherung der Zustände durch den Legaten Wilhelm, der Eroberung
Oesels, des letzten Gebiets, auf das sich die deutschen Pläne noch
richten konnten. Ein augenfälligerer Gegensatz als der zwischen
den im Beginn und zum Schluss geschilderten Zuständen lässt
sich nicht wol denken: die Vermittlung, welche in der Regierung
Alberts liegt, giebt eben unser Buch.

Während nun die mehr einleitende Thätigkeit Meinhards und
Bertholds in je Einen Abschnitt zusammengefasst ist, wird jedem
der achtundzwanzig behandelten Jahre Alberts,[1] die sich vom Anfang März 1199 bis Ende Februar 1227 erstrecken,[2] ein volles,

---

vollbracht, ihrem Sohn zu Liebe. (sie rächt sich an Allen „qui fidem et
honorem filii sui ... conantur impedire"); XXIX. 9 ist es endlich Christus,
der jene Thaten vollführt „de gratia suae dilectae genetricis."

[1] Zu Ende geführt ist seine Zeit hier nicht; die beiden letzten Jahre
fehlen, da Albert erst am 17. Januar 1229 starb (Necrolog. Hamburg. ap.
Langebek, S.S. rer. Danic. V. 388; vergl. auch Bonnell, Chronogr. Comment.
p. 66).

[2] Es ist das Verdienst Hansens, den Regierungsantritt Alberts, dann
den Zeitraum, welchen jedes Cap. umfasst, richtig bestimmt zu haben, wodurch
zuerst Sicherheit in die ganze, von Gruber verwirrte, Zeitrechnung H's. gekommen ist. (Vergl. seine Abhandlung: Die Chronologie Heinrich des Let-

mehr oder minder langes der dreissig das Werk bildenden Capitel
gewidmet.

Der einzelne Abschnitt aber entspricht nur ungefähr einem
bestimmten Jahre des Bischofs (also der 3. des Buchs im Allgemeinen dem 1. Jahre Alberts, der 4. etwa seinem 2. u. s. w.). Heinrich schliesst weder seine Abtheilungen genau mit dem Ende Februar, noch beginnt er die neuen unmittelbar mit dem Anfang März
(was den Regierungsjahren Alberts allein entspräche): Anfang und
Ende richten sich nach regelmässig wiederkehrenden, aber in der
Zeit des Eintritts wandelbaren Vorkommnissen.

Die bei ihm jährlich in die Weihnachtszeit, bis etwa Mitte März
fallenden Ereignisse bilden einen natürlichen Zusammenhang; es sind
die bedeutenderen Feldzüge, welche ausser in den Hochsommer, besonders hieher gehören, wo die gefrorenen Wege und Gewässer
kriegerische Unternehmungen begünstigten. Mit dem Eintritt des
Thauwetters zeigt sich eine Unterbrechung, so dass der erste bedeutende Vorfall gewöhnlich in der Ankunft neuer Pilger besteht. So
erklärt es sich, dass der Autor am Ende seiner Abschnitte meist
schon in das nächste (zu Anfang März anhebende) Jahr des Bischofs
hinübergreift, indem er die bis zur Mitte des Monats andauernden
Kriegszüge noch in demselben Capitel zu Ende führen will; die
erste im folgenden erzählte Begebenheit wiederum, die Landung
der Pilger und des Bischofs, oder auch dessen Abreise, welche mit
der beginnenden Schifffahrt insgemein zwischen Mitte und Ende
April fällt, steht so dem Anfang des neuen Regierungsjahres bereits
ziemlich fern und gehört meist schon dem in der ereignisslosen
Zwischenpause, am 25. März, neubegonnenen Marienjahre H.'s an.
Nur wenige Abtheilungen des ganzen Werks heben unmittelbar oder
beinahe gleichzeitig mit Alberts neuem Amtsjahr an, und bei die-

ten, in der Einleitg. p. 23 ff.; und dazu Bonnells Chronogr. Comment.
p. 44). — Heinrich rechnet nach den im XIII. Jahrh. in Livland allgemein
gebräuchlichen Marienjahren, die am Mariae-Verkündigungstage, dem 25. März
beginnen (vergl. A. Engelmann: Chronolog. Forschungen in der russ. und
livländ. Gesch. etc. in den Mittheilungen zur livländ. Gesch. Bd. IX, p. 423 ff.).
— Die Ernennung Alberts, die Ende Februar oder in die ersten Märztage
1199 fällt, gehört deshalb nach seiner Zeitrechnung noch an den Schluss von
1198. (III. 1). Das erste Amtsjahr reicht also von Anfang März 1199 bis
Anfang März 1200; das zweite bis März 1201 u. s. w.

sen ist es durch die von der gewöhnlichen abweichende Sachlage oder den ausnahmsweise frühen Eintritt des für den Beginn der Capitel massgebenden Ereignisses motivirt. [1]

Im Beginn jedes Abschnitts wird das Regierungsjahr Alberts genannt, dessen Ereignisse in der Hauptsache hier erörtert werden sollen; dazu kommt später regelmässig eine allgemeine Bemerkung über den kriegerischen oder friedlichen Stand der Dinge, etwa in folgender Weise: „des Bischofs zwanzigstes Jahr kam schon, und noch schwieg der Liven Land nicht von Kriegen," oder „es war das dreiundzwanzigste Jahr seit der Weihe Bischof Alberts und das Land der Liven hatte wenige Tage Ruhe." Unmittelbar daran reihen sich die Vorfälle des betreffenden Jahres, in meist streng chronologischer Aufeinanderfolge. [2]

---

[1] So beginnt Cap. X. gleich mit dem Anfang des 8. Jahres Alberts (X. 1: Anno octavo inchoante etc.), weil der Bischof wider Gewohnheit den Winter in Livland verbracht, und in der Gesandtschaft, die er nach Polozk abgehen lässt, gleich etwas zu berichten war; ebenso Cap. XVI., wo die Schiffahrt so früh eröffnet, dass der Bischof noch vor dem 25. März (1212) eintraf; §. 1: Annus erat Dominicae incarnationis 1211, sed antistitis initium decimi quarti. In beiden Fällen werden wir darauf aufmerksam gemacht, wie Capitelanfang und Beginn des neuen Amtsjahrs zusammenfallen, währenddessen die Abschnitte sonst mit dem unbestimmteren „Annus erat" (septimus decimus etwa) beginnen.

Der Anfang zweier anderer Capp., IX. und XV., nähert sich mehr als gewöhnlich dem Beginn des bischöflichen Jahres. Dort, IX. 1, heisst es: Anno VII pontificatus Episcopi Alberti, qui erat domini 1204, circa quadragesimam etc. Wegen einer Unternehmung der Litauer, die in die Fasten fällt (d. h. hier nach dem 20. Febr. 1205), beginnt das Cap. so frühzeitig, wenigstens vor dem 25. März, da es bei H. noch Marienjahr 1204 ist (s. Bonnell, Chronogr. Commentar p. 47). In den beiden letzten Fällen (XVI. u. IX.), wo H. ausnahmsweise bei Beginn des neuen Abschnitts noch zu Ende des Marienjahrs steht, dessen Ereignisse in der Hauptsache dem vorigen Capitel angehörten, wird durch gleichzeitige Angabe des Jahres Christi darauf hingewiesen. Sonst steht er ja, wie wir sahen, im Anfang eines Cap. auch bereits in dem eines neuen Jahres der allgemeinen Zeitrechnung. — Ebenso ist es im Beginn des XV. Abschn., der die zu Ende des vorigen begonnene Erzählung unmittelbar fortsetzt. H. befindet sich hier (§. 1.) noch ganz im Anfang des 13. bischöflichen Jahres, in den ersten Tagen des März 1211, noch zu Ende des Marienjahrs 1210 (s. Bonnell, Chronogr. Commentar, p. 54 ff.).

Vergl. überhaupt Hansen, Chronologie H's. des Letten, p. 26 ff.

[2] Die ersten Capp. sind weniger genau geordnet; viele Ereignisse wer-

So gut der Verfasser im Allgemeinen die Einheit seines Stoffs
erkannt, so wenig hat er es sich angelegen sein lassen, sie im Einzelnen anschaulich zu machen. Die verschiedensten Begebenheiten
werden nackt, wie sie der Zeit nach hervorgetreten, hinter einander
oder bunt durch einander forterzählt; die Trennung einer Thatsache
von der vorhergehenden und folgenden stellt sich bei ihm in un-
vollkommenster Weise dar. Niemals stehen hier die Dinge in dem
Verhältniss von Ursache und Wirkung, nirgend ist auf die Nothwendigkeit mit der gerade in dem von ihm Berichteten so häufig
das Eine aus dem Andern folgt, hingewiesen, falls dieser Zusammenhang nicht etwa ein rein äusserlicher ist, wie z. B. zwischen einem
Plünderungszuge der Deutschen und einem der Feinde. Nicht zeigt
er, wie mit der Einnahme des livischen Landes der Gegensatz zu
den russischen Fürsten gegeben war, wie ein Nebeneinander nicht bestehen konnte, wie die Selbständigkeit der Schwächeren den Deutschen erliegen musste; wie durch die Verbindung mit den Letten
der estnische Krieg zu einer Nothwendigkeit geworden, und wie in
demselben die Nebenbuhlerschaft der östlichen Nachbarn wiederum
zu feindlichem Zusammentreffen führen musste. Der Zusammenhang
innerhalb der ganzen Periode, die in den Ereignissen liegende Entwicklung, wie sie ihm überhaupt entgangen, so sind sie auch äusserlich nicht kenntlich geworden: es bleiben getrennte Thatsachen, die
durch keinen innern Faden verbunden sind, in die jene hineingetragene
religiöse Anschauung von der überall sich erweisenden Wirksamkeit
himmlischer Mächte ebenso wenig Einheit zu bringen vermag.

Wie im Allgemeinen eine critisch-ordnende Richtung des Schriftstellers nicht hervortritt, welche die isolirt sich darstellenden Vorgänge zu Ganzen verbände, die Continuität einer Entwicklung von
einer neubeginnenden trennte, grössere Epochen genauer kennzeich-
nete, [1] so lässt sich auch bei dem speciellen Ereigniss die entspre-

den mit dem unbestimmteren „eodem tempore" eingeleitet, so V. 2, 4; VI.
4. 6. — Die ausländischen Vorgänge ferner werden zuweilen nachgetragen;
so wird z. B. XV. 2, beim J. 1211 die vorjährige Anwesenheit Alberts
und des Meisters in Rom erwähnt.

[1] Höchst selten, und dann durch das äussere Hervortreten des Factums
selbst erklärlich, ist eine zusammenfassende Bemerkung, wie etwa X. 13:
Et merito post bella doctrina sequitur theologica, cum eodem tempore, post
bella omnia praedicta, conversa et baptizata sit tota Livonia; oder XXIV. 6b:
Eodem tempore consummatus est baptismus per universam Estoniam, etc.

chende Thätigkeit vermissen: es ist die rein erzählende Darstellungs-
weise, die wir bei H. haben. Natürlich würde die Hineintragung
weiterer subjectiver Anschauungsweise von Seiten des Berichterstat-
ters in die Ereignisse selbst, dem Werthe einer Relation nur Abbruch thun, — H. geht aber wol in entgegengesetzter Richtung zu
weit, er tritt mit der eigenen Ansicht über das Erzählte überhaupt
nicht hervor. Und man wird gewiss zugestehen, wie eine Würdigung des Berichteten von Seiten des Zeitgenossen, welche sich an
die Vorgänge anschlösse, ohne ihnen gegenüber sich zu sehr her-
vorzudrängen, keine Nachtheile mit sich führen, dem Einzelnen die
oft vermisste Aufklärung geben, auf jeden Fall einen interessanten
Einblick in die Zeit bieten könnte. Dies lässt sich bei ihm entschieden vermissen, nur seine religiöse Anschauungsweise wird klar.
Die Begebenheiten selbst sollen reden, und thun dies oft, nicht aber
immer, da Neues, eben Eingetretenes von dem bereits Bestehenden
hie und da nicht geschieden ist, bedeutsame und unerwartete Veränderungen oft als so selbstverständlich hingestellt werden, dass sie zunächst für die nothwendige Folge von Früherem gehalten werden
müssen. Wir finden hier keine Unterscheidung zwischen Wichtigem
und minder Hervorragendem, keine Bemerkung über Werth und
Unwerth einer Handlung, kein Urtheil über einen Vorgang. War
ein solches auch für die Massnahmen der Herren nicht zu erwarten,
so doch in vielen andern Verhältnissen, wo keine Rücksichten zu
nehmen, die Darlegung der eigenen Meinung wol am Platze schien. [1]

---

[1] Auch kleine Bemerkungen sind im Ganzen nich häufig, und dann
ziemlich gleichartig: so die lobende über die Thätigkeit Volquins XIII. 2,
die Alberts XXIV. 1 u. s. w.; dann die sich wiederholenden Urtheile über
die Liven und die Letten; XVIII. 5 werden sie beide, XXII. 2 die Harrier
„crudeliores aliis gentibus" genannt, XXVI. 4 dagegen Wiren und Ierwier
„homines simplices et humiliores aliis Estonibus; XXI. 1 tadelt er die Russen
wegen Aufgeblasenheit, XXVII. 6 sind ihm die Dänen „ingrati hospites." —
Zuweilen finden sich ironische Worte: so wird X 17 der von K. Philipp
dem Bischof gemachten Versprechung hinzugesetzt: si promissis quispiam
dives esse poterat; dann XXIII. 8: Et veniunt stulti quidam ex nobis,
quorum infinitus est numerus; XXIV. 1 wird mit Beziehung auf ein Bi-
belwort von den Wiren, die unbesorgt um deutsche Ansprüche, die Taufe
der Dänen annehmen, gesagt: Credebant itaque Wirones, unum Deum esse
Christianorum, tam Danorum quam Teutonicorum, et unam fidem, una bap-
tisma; XXVI. 7 setzen die aufständischen Esten ihren beleibten Priester Hart-

Es erübrigt hier nur, dem einige Worte über die Sprache unsers Autors, die Art, wie er die fremde anwendet, hinzuzufügen. Er selbst nennt sein Werk ein bescheiden und einfach geschriebenes, [1] was kaum überall zuzugeben sein wird. Während in den ersten Capiteln die nur in ihren Umrissen erwähnten Ereignisse allerdings in ein engeres Gewand gekleidet sind, die Ausdrucksweise einfach und prägnant ist, sich meist in kurzen Antithesen bewegt, wird im Allgemeinen eine der detaillirten Darstellung entsprechende Breite und Behaglichkeit, ein Sichgehenlassen in der Sprache anzuerkennen sein, dem das Tautologische in einzelnen Wendungen entspricht. [2] Lebhaftigkeit und Anschaulichkeit zeigt sich dabei in einzelnen Schilderungen, die gewöhnliche Breite steigert sich hie und da zu höherm Schwunge, einer biblisch-poetischen Auffassung und Ausdrucksweise: so, wenn das Estenland, persönlich gedacht, seine gefallenen Söhne betrauert, über deren Tod nicht getröstet werden kann, da sie hier und in Ewigkeit verloren; [3] wenn die livländische Kirche als wahre und hilfreiche Mutter der hartbedrängten estnischen erscheint, und mit andern, falschen Müttern über sie im Streite liegt; [4] oder wenn uns geschildert wird, wie die Wasser der Düna freien Strom und Ausfluss verlangend, die in ihre Tiefe versenkten Werke der Oeseler vernichten. [5] Wahrhaft religiöse Begeisterung hat sich in dem Lobliede auf die Hlge Jungfrau auch seinen Worten mitgetheilt. [6]

War ein Unterschied zwischen den ersten Abschnitten und den

---

wich auf den fettesten Ochsen, „eo quod ipse aeque pinguis fuerat." Als Witzwort wird es ebenfalls zu fassen sein, wenn X. 3 die Russen einen Gesandten, mit Namen Stephan, schicken. „alium tamen quam protomartyrem Stephanum."

[1] XXIX. 9: placuit historiam eam . . . . . humili stilo et scriptura conscribere.

[2] Die meisten Verhältnisse werden durch einen directen und indirecten Ausdruck gegeben, so z. B. XIX. 5: cum naves nostrae non sunt onustae, sed vacuae; XIX. 6: fames magna et penuria ciborum; das so häufig wiederkehrende „Viele wurden gefangen oder getödtet, die Andern aber entkamen." — In noch grösserm Massstabe tritt dies Wiederholen hervor, wenn eine ganze Erzählung, die durch rhetorische Uebertreibung schon aufgefallen war, nochmals erscheint, so z. B. XV. 7 und XIX. 8, wo die Einfälle der Letten in Ungannien geschildert sind.

[3] XVIII. 5, Ende. [4] XXVIII. 4. [5] XIX. 2. [6] XXV. 2.

spätern erkennbar, so nun ein weiterer zwischen diesen und dem
letzten. Die Siegesfreude wegen Unterwerfung des tapfern und
furchtbaren Inselvolks, das Frohlocken über die Menge Neugetauf-
·ter erhöht den dichterischen Ton, verleiht der Darstellung noch
mehr Leben, steigert sie aber zum Theil bis zur Schwülstigkeit.

Wie in der Auffassung erinnert das Werk auch äusserlich in
der Schreibweise, in Bildern und Ausdrücken, an die Bibel. [1] Weit
weniger bedeutend ist der Einfluss, den classische Schriftsteller geübt. Wie H's. Darstellung nichts mit der Kunst der Alten gemein
hat, ebenso wenig seine Sprache: einige, wenn im Ganzen auch
spärliche Reminiscenzen aus römischen Dichtern möchten Alles sein,
woran hier zu erinnern. [2] Mit andern mittelalterlichen Autoren
theilt er viele kleine, der Diction nicht eben Anmuth verleihende
Liebereien und Spielereien: so die, Verse zu machen, wobei
die Gesetze der Quantität arg verletzt werden, [3] alliterirende Wör-
ter zusammenzustellen, [4] Wortspiele, die sich dann mehrfach wiederholen, anzubringen, [5] und dergl. mehr.

Im Gebrauch des Lateinischen macht er, wie schon von Andern
ausgeführt worden, weder eine rühmliche noch tadelnswerthe Ausnahme
von seinen Zeitgenossen, nähert sich hier am meisten dem Arnold
von Lübeck: er schreibt es geläufig, aber bei Weitem nicht correct.
Einzelne ziemlich auffällige und häufig wiederkehrende Fehler sind
bei ihm bemerkbar, so die stete Verwechslung des Reflexiv- und
Personalpronomens der dritten Person; der Gebrauch von Städte-
namen mit Präpositionen (z. B. in Riga statt Rigae), des Plus-
quamperfects statt des Perfects, überhaupt die Verwirrung in den
Zeitformen der Vergangenheit, endlich die merkwürdige Verwendung
des Comparativs statt des Superlativs; [6] dazu das Erscheinen von

---

[1] Vgl. überhaupt Einleitg. z. Heinr. p. 19—20.
[2] IX. 8, X. 3 etc.
[3] II. 6, XXIX. 8, XXX. 4, 6.
[4] z. B. I. 2: Fuit vir vitae venerabilis et venerandae canitiei;
XXVII. 1: panes et pannos etc.; u. a. m.
[5] IV. 5 das so häufige „Riga semper rigat gentes" und die Verbindung mit irriguum, rigatum, etc.; XXIX. 3: ... Letthis ... laete ... cum
laetitia ... laetam ... laetos ... laetificavit; oder XVI. 3 (p. 170 oben)
das je zwei mal in zwei aufeinander folgenden Sätzen abwechselnde eos und
eis, dazu Wiederholung der Verben.
[6] z. B. XXI. 7, Anfg.: mille de melioribus; und zu Ende: quadrin-

Ausdrücken in ungewöhnlicher und unrichtiger Bedeutung, [1] oder barbarischer, aus fremden Sprachen übernommener, aber mit lateinischen Endungen versehener Worte. [2]

§. 6. Critik, Wahrheitsliebe und Glaubwürdigkeit H.'s.

Nachdem die Weise erörtert, in welcher der Schriftsteller seinen Plan zur Ausführung gebracht, bedarf es einiger zusammenfassender Bemerkungen über die innern, in ihm selbst liegenden Vorbedingungen, um aus Allem zusammen den Werth des Buchs zu entnehmen.

Von einer zwischen guten und minder glaubwürdigen Nachrichten sichtenden critischen Thätigkeit ist bei ihm nichts ersichtlich: Alles wird in derselben bestimmten Weise ausgesprochen, kein Bedenken an irgend eine Mittheilung geknüpft. Dass ein solches Abwägen dem Niederschreiben vorausgegangen, und deshalb uns verborgen geblieben, ist kaum anzunehmen. Doch wird man zugestehen, dass es dessen bei ihm fast nicht bedurfte. In frühere Perioden hat er sich nicht zurückgewagt, die Ereignisse seiner Zeit vermochte er grossentheils aus eigener Anschauung, oder nach glaubhaften Berichten von Augenzeugen zu überliefern, selbst Fernerliegendes war ihm durch vielfache Berührungen mit dem engern Schauplatz seiner Erzählung, durch sein Verhältniss zu den leitenden Personen, in ausreichender Weise zugänglich. Die Critik musste hier also durch die günstigen äussern Umstände bei der Abfassung zurückgedrängt werden: letztere aber, verbunden mit H.'s Sorgfalt und Genauigkeit und einer grossen Wahrheitsliebe waren genügend, einen trefflichen Bericht herzustellen.

H. ist wol überall in der Lage gewesen, Wahres zu überliefern, und hat es in den meisten Fällen auch gewollt. Ein gewisses Mass der Subjectivität ist gewiss jedem Schriftsteller zuzugestehen, selbst dem längstvergangene Zeiten behandelnden; Jeder wird sich auf

---

gentis ex melioribus; XXII. 5: castrum Wendorum, cum sit minus castellum quod tunc habuit Livonia; XXVIII. 5: equos meliores et captivum superiorem etc.

[1] So fast immer bellum anstatt pugna.

[2] XXIII. 8: erkerius Erker, plancae Planken; häufig kommen estnische und lettische Worte vor (watmal, maja, malewa etc.).

einen bestimmten, die andern möglichen ausschliessenden Standpunkt stellen. Beschreibt nun ein Autor gar die eigene Zeit, gehört
er einer kämpfenden Partei an, so ist er von vornherein auf einen
natürlichen Standpunkt gestellt, auf dem sich das grössere Interesse für den einen Theil, das der nicht unmittelbar betheiligte
Schriftsteller empfindet, zu einer noch immer erlaubten Parteinahme
steigern wird. Dieses Mass hat H., so viel ersichtlich, nicht überschritten; seiner eigenen zu Ende gegebenen Versicherung, nicht um
Schmeichelei und eines zeitlichen Vortheils willen, noch von Liebe
oder Hass veranlasst, sondern in nackter und lauterer Wahrheit geschrieben zu haben, [1] wird für den Bericht im Allgemeinen voller
Glaube beizumessen sein. Dabei können natürlich jene Worte,
mit denen sich der Autor nur gegen absichtliche, böswillige Entstellung der Thatsachen verwahrt, nicht abhalten, bei ihm manches
Unrichtige, einzelne Versehen anzuerkennen, die seiner Erzählung
ebenso wenig wie jeder andern abgehen, von denen er sich selbst
damit nicht hat freisprechen wollen. [2] Alles was in jener Versicherung wirklich liegt, was billiger Weise von einem Verfasser überhaupt verlangt werden darf, ist von ihm erfüllt: sein Standpunkt
hat auf Ueberlieferung der Thatsachen an sich keinen Einfluss geübt; wie ihm auf demselben das Einzelne erschien, ist es wiedergegeben. Niemals hat er sich zu eigentlicher Unwahrheit gegen
die Feinde verleiten lassen: den Seinen dichtet er nichts Gutes,
Jenen nichts Böses an. Mit derselben Offenheit, mit der die Grau-

---

[1] XXIX. 9.

[2] Zu viel Gewicht auf jene Worte legt Bonnell, wenn er sich in einem
einzelnen Fall auf dieselben beruft (so wegen der Schlacht an der Kalka,
Chronogr. Comment. p. 63). — Abgesehen von grössern Irrthümern, welche
noch zu besprechen, finden sich auch manche aus Nachlässigkeit entstandene
Widersprüche, auf die natürlich kein Gewicht zu legen ist. So füllen (IX.
11) die Pilger das eingenommene Yxküll mit Getreide „usque ad sum-
mum"; dennoch heisst es IX. 12: Post hoc brevi transacto tempore peregrini de castro Ykeskola exeuntes, pro colligenda annona,
etc. — Oder X. 1, bei der Gesandtschaft nach Polozk, die beraubt wird,
sagt er: Ipse (Theodoricus) cum suis, omnia, quae secum tulerant, amittunt;
trotzdem bestechen sie sogleich, X. 2, einen der fürstlichen Räthe „muneribus
et pecunia", einem Boten, den sie nach Riga absenden, geben sie eine
halbe Mark u. s. w. — Von mehr formellen Unrichtigkeiten, unpassend
angebrachten Bemerkungen, den eingelegten, meist wol nicht authentischen
Reden, ist bereits früher (p. 31, 32, Anmerkg.) gesprochen.

samkeiten der Feinde geschildert, sind die der eigenen Partei, vor Allem der Neugetauften, aufgedeckt, auch ihre Treulosigkeit ist nicht verhüllt. [1]) Freilich hängt dies mit seiner christlich-mittelalterlichen Anschauung zusammen, welcher grösste Schonungslosigkeit, selbst Treubruch, gegen Heiden verübt, nicht verwerflich erscheint.

Schatten und Licht sind ungleich vertheilt, ohne aber die Ereignisse selbst zu verdunkeln: während in den Unternehmungen der Deutschen nur christliche Aufopferung, nie profane Motive hervortreten, ist bei allen Thaten und Absichten der Gegner, so der Liven, nur von Verrath und Tücke die Rede, ohne Rücksicht auf das an sich berechtigte Streben nach Freiheit, das H. bei den Seinigen wol zu schätzen weiss.

Der Verfasser ist christlicher Priester und Deutscher: dass er als solcher seiner Ueberzeugung gemäss für die Kirche spricht, ihr Recht als das einzig gültige gegenüber dem Heidenthum fasst, dass er seine Volksgenossen vor Andern hochstellt, scheint natürlich und selbstverständlich. Wenn indess der christliche Standpunkt sich stärker, doch in einer erlaubten und zu rechtfertigenden Weise geltend macht, zeigt H. sich auf dem national-deutschen noch unparteiischer. So entschieden er auf demselben steht, so wenig schroff kehrt er ihn andern Nationalitäten gegenüber hervor.

Wenn die Tapferkeit seines Volks, der Schrecken der vor ihm hergehe (XXV. 2), der Sieg, der ihm stets folge (XXVII. 6 Ende) betont, und dann bemerkt wird, wie grosse russische Heere nicht eine einzige Veste gewönnen (l. c.) — so entspricht das Lob der Wahrheit vollständig, der Tadel wird durch vorausgesandte Thatsachen erhärtet; [2]) nennt er die Russen auch Leute von aufgeblasenem Hochmuth und grosser Anmassung (XXI. 1), so ergiebt sich ihm dies aus der Abweisung eines von den Livländern vorgeschlagenen Friedens.

Ungerecht gegen Fremde ist er kaum geworden: das feindliche Eingreifen der Schweden in deutsches Gebiet hindert ihn nicht, ihrer Gefallenen mit Ehren zu gedenken; [3]) unbefangen, rühmend,

---

[1]) IV. 4 erpresst Albert von den zu einem Gastmahl geladenen Livenhäuptlingen Geiseln; XIV. 6, Verrath bei Odenpä.

[2]) so z. B. XXII. 5; XXVII. 3.

[3]) XXIV. 8.

aber wol zu wenig argwöhnisch schildert er die zeitweilige Thätigkeit des Erzbischofs von Lund in Riga (im J. 1206). [1] Bei dem
späteren, entschieden feindlichen Auftreten der Dänen, dem bedeutenden Abbruch, welchen sie seinem Volk verursachen, gegenüber den
Verletzungen, die ihm persönlich zugefügt, besitzt er Gleichmuth
genug, sie nur „undankbare Gäste" zu nennen, [2] — freilich sehr
bezeichnend für die Gesammtauffassung der Deutschen von der
Wirksamkeit ihrer nördlichen Nachbarn in den baltischen Landen!
Werden auch Schweden und Dänen, gleich den Fürsten der Russen,
unter den Gegnern der Hlgen Jungfrau aufgezählt, die deren Rache
herausgefordert, so doch als gut-katholische Christen nur in zwei-
felnder, mildernder Form. [3] Auch des Glaubens der Russen hat
man trotz steter erbitterter Feindschaft, nicht ganz vergessen. [4]

Zu den fremden, selbst feindlichen, Nationen als solchen, setzt
sich unser Schriftsteller in keinen scharfen Gegensatz; spricht er
von ihnen minder günstig, so geschieht es vom christlichen Standpunkt, da der hohe Glaubenseifer der Deutschen bei jenen weit
weniger zu finden. Ist ihm sein Volk auch das wahrhaft christliche
und fromme, so wird die Unterscheidung von den andern nicht sowol in lobender und tadelnder Gegenüberstellung von seiner Seite,
als durch Vergleich des beiderseitigen Handelns, wie es bei ihm
erscheint, hervortreten. Wie sonst drängt H. hier ein eigentliches
Urtheil zurück und lässt die Thaten reden.

Während nun die Deutschen in dem grossen livländischen
Kampf und überall sich als Vertreter der gemeinen christlichen
Sache zeigen, ihre Pilger die Oeseler auf dem Meere angreifen, weil
Christen überhaupt durch sie gelitten, [5] während sie trotz eige-

---

[1] X. 13. [2] XXVII. 6.

[3] XXV. 2: Suecos etiam numquid audebo dicere... numquid non
ipsi ab Osiliensibus interfecti sunt? Numquid etiam non Regem Danorum, si
dicere fas est,... longa et mirabili per manum paucorum captivitate
turbavit?

[4] XI. 8, bei der Ueberrumpelung Kokenhusens durch Deutsche: ....
et in castro se recipientes Ruthenos propter nomen Christianitatis non
audent interficere; oder XIII. 4, bei der Eroberung Gercikes: Teutonici ....
prae reverentia Christiani nominis, paucos occidentes, etc.

[5] VII. 1, 2, 3. Da die Oeseler Dänemark geplündert, wollen die Deutschen die „damna Christianorum" rächen, und kämpfen mit ihnen,
während die Bewohner von Wisby dazu nicht geneigt sind.

ner Noth sich der schiffbrüchigen Glaubensgenossen hilfreich annehmen, [1]) fördern die Uebrigen nur ihr besonderes Interesse. So
begnügt sich der mit Meinhard verbündete Schwedenführer bei den
Wiren mit Erlegung eines Tributs, während diese schon dem Glauben geneigt sind; [2]) vom ungerechten, unchristlichen Verfahren der Dänen giebt das ganze Buch Zeugniss; die schismatischen Russen kommen bei ihm kaum in Betracht: ihre Fürsten unterjochen Völker
nicht um des Glaubens willen, sondern um Abgaben einzutreiben;
ihre Kirche, die unfruchtbar und ohne geistliche Kinder, sucht die
estnische, die Tochter der livländischen, mit List an sich zu ziehen. [3])

Bezeichnend möchte auch die Erzählung von der Kreuzpredigt
des Legaten Wilhelm auf Gotland gegen die Oeseler sein: die Got-
länder weigern sich, die Dänen hören Gottes Wort nicht, nur die
deutschen Kaufleute wünschen himmlischen Besitz für vergänglichen
zu erwerben, rüsten sogleich und erringen mit den Livländern jenen bedeutenden Erfolg. [4])

So macht sich weit stärker als das nationale das religiöse Ele-
ment bei ihm geltend. Auch innerhalb engerer Grenzen wirkt es
auf seine Beurtheilung ein, so bei Liven und Letten. Das hart-
näckige Festhalten am Heidenthum, der schwere Widerstand, welchen
sie den Eroberern entgegensetzen, der fortwährende Abfall stimmt
unsern Verfasser ungünstig gegen Jene, er beurtheilt ihr Thun vielleicht zu hart; umgekehrt ist es bei den Letten, die sich von Anfang an den Deutschen und dem Christenthum geneigt erwiesen.
Hier allein überschreitet er wol ein wenig die dem unparteiischen
Berichterstatter gezogene Schranke. Wenn auch die zu schlimme
Meinung von den Einen, die zu gute von den Andern, mehr unbe-

---

[1]) VIII. 4. Während die Heimkehrenden Mangel leiden: quinquaginta
naufragos Christianos... ad se colligunt etc.

[2]) I. 13: Sed dum Wirones de fide recipienda tractarent, dux, accepto
potius tributo ab eis, vela sustollens divertit in molestiam Teutonicorum.
(Mscr. Reval.)

[3]) XVI. 2: Est enim consuetudo Regum Ruthenorum, quamcunque
gentem expugnaverint, non fidei Christianae subjicere, sed ad solvendum sibi
tributum et pecuniam subjugare; dann XXVIII. 4. Mehre falsche Mütter
massen sich die estnische Kirche an: quarum una mater Ruthenorum, sterilis
et infoecunda, quae non spe regenerationis in fide Domini Jhesu Christi, sed
spe tributorum et spoliorum terras sibi subjugare conatur.

[4]) XXX. 1.

wusst in ihm entstanden, kann es nicht für gleich absichtslos gelten,
wenn seinen Lieblingen Unehrenvolles abgenommen, indem ihr Name
bei einigen ihm anstössigen Ereignissen gleichsam in Vergessenheit
gebracht wird. [1]) Es sind dies übrigens die einzigen, dazu unbedeutenden Fälle, aus denen H. ein Vorwurf entstehen möchte.

Wir werden freilich noch sehen, wie manche Handlungen der
Machthaber und minder erfreuliche Verhältnisse unter diesen selbst
theils übergangen, theils nur halb gegeben, wie dort die Wahrheit
keine „lautere und nackte" ist. Dies steht jedoch mit keinem eigen-
willig erwählten Parteistandpunkt in Zusammenhang, weder einem
nationalen, noch einem innerhalb der Deutschen: ein schon berühr-
tes äusseres Hemmniss trägt die Schuld, nicht der Verfasser.

Um bei unserm Bericht zur Erkenntniss des Thatsächlichen zu
gelangen, wird die Critik im Allgemeinen es nicht sowol mit Ent-
fernung von bedeutenderen Irrthümern, als mit Beseitigung der na- .
türlich auch diesem anhaftenden Subjectivität zu thun haben.

Nachdem so die Güte der Quellen, wie die Sorgfalt und Ge-
wissenhaftigkeit des Schriftstellers ersichtlich geworden, wird man
nicht anstehen, seinem Werke im Grossen und Ganzen ausserordentliche Glaubwürdigkeit und Zuverlässigkeit zu vindiciren.

Zwar ist es nicht immer möglich, die eingehende Erzählung
genügend zu controlliren, doch die grosse Zuverlässigkeit, welche
sich in den durch den innern Zusammenhang oder fremde Zeugnisse näher zu verfolgenden Theilen zeigt, berechtigt auch für das
Uebrige zu den günstigsten Schlüssen. Vielfach berührt sich sein
Hauptbericht mit den Urkunden und andern Aufzeichnungen des
nächsten Gebiets, den Schriftstellern und amtlichen Documenten der
benachbarten Länder, Deutschlands, Dänemarks, Russlands, zuweilen von diesen Licht empfangend, in den meisten Fällen Aufklärung
verbreitend. Wie sehr unterscheidet sich z. B. seine ausführliche ·
Erzählung der Züge Waldemars II. nach Estland von den ma-
geren Notizen der dänischen Annalisten! Wie oft erläutern seine
Bemerkungen über die Vorgänge an den östlichen Grenzen Livlands,
in Nowgorod und Pskow, die dortigen Geschichtswerke! Ueberall
aber finden seine Nachrichten durch fremde, glaubwürdige Zeugnisse
Bestätigung.

---

[1]) Vgl. Excurs II.

4 ᵃ

Alle unsern Autor näher oder entfernter berührenden Untersuchungen, wie sie früher von seinen Herausgebern mit Heranziehung livländischer und deutscher Ueberlieferung, neuerdings durch Vergleich mit den russischen Chroniken und Annalen angestellt worden, [1] sind stets zu seinen Gunsten ausgefallen. Der neueste Forscher ist sogar geneigt in Fragen, die für das Nachbarland von hervorragendem, für H. von nur untergeordnetem Interesse sind, seinen Nachrichten den Vorzug vor allen russischen einzuräumen, [2] alle betreffenden Angaben bei ihm, namentlich die chronologischen, selbst im Widerspruch mit jenen, aufrecht zu erhalten. [3] Mit Recht hat man ihn als Norm und Massstab für alle Andern betrachtet.

Wir haben soweit von der Hauptmasse des von ihm behandelten Stoffs, den Ereignissen, wie sie dem Verfasser unmittelbar aus dem Leben entgegentraten, gesprochen. Etwas anders scheint die Frage nach der Zuverlässigkeit für einzelne bestimmte Nachrichten zu liegen, auf welche schon öfter hingewiesen, um dem sonst durchgehend lobenden Urtheil in Bezug auf sie eine Beschränkung aufzuerlegen. Es sind die Angaben über die Beziehungen der herrschenden Gewalten zu einander und ihren Untergebenen, mancherlei Regierungsvornahmen und Auseinandersetzungen, überhaupt solche Verhältnisse, deren genauere Kenntniss nicht vollständig aus dem täglichen Treiben gewonnen werden konnte, welche wir in gewisser Weise von dem übrigen Bericht abhoben. Sie sind unter andern Bedingungen entstanden und scheinen sich in der That anders gestaltet zu haben.

Lust und Liebe brachte der Verfasser zu seiner übrigen Erzählung mit; von Hingebung und Begeisterung zeugt die Schilderung der ritterlichen Thaten und des Bekehrungswerks; der Auftrag der Obern musste ein Sporn zu genauer, sorgfältiger Darstellung sein, ohne gerade zu Ausschreitungen und Uebertreibungen zu veranlassen. Die ganze Färbung schien aus H.'s innerster Ueberzeugung hervorgegangen. Anders bei den ausgeschiedenen Nachrichten. Wie

----

[1] Von Bonnell in der öfter angeführten „Russisch-Livländischen Chronographie bis 1410.“

[2] Vergl. Bonnell, Chronologie Heinrichs des Letten etc. im Bulletin XI. p. 85 ff. und Chronographie, Comment. p. 68.

[3] S. denselben Aufsatz, Bulletin XI. p. 49, 50.

die Erzählung durchgängig zeigt, ist der Verfasser kein politischer
Kopf; es mangelte ihm Interesse und Verständniss für die Acte des
Staats- und Verfassungslebens, was durch seine untergeordnete Stellung zum Theil erklärt wird: niemals scheint er jenen Vorgängen
selbst näher getreten zu sein, nirgend findet sich sein Name unter
den Zeugen.

Dazu kommt als weiteres beachtenswerthes Moment die Aufforderung der Herrscher: musste sie im Allgemeinen fördernd wirken,
so doch bei gewissen Thatsachen in entgegengesetzter Richtung.
Sehen wir uns bei einem Schriftsteller wie H. auch keineswegs
veranlasst, willkürliche Verdrehung von Ereignissen zu Gunsten der
Gebieter vorauszusetzen — und zum grossen Theil war dies unmöglich, da Orden wie Geistlichkeit als Patrone des Werks erscheinen — so lag doch eine Versuchung, der sich der einfache Priester
kaum entziehen durfte, bei jenem Verhältniss nahe genug, nämlich
die Handlungen und Vorgänge, welche seine Beschützer in minder
günstigem Lichte zeigten, zu übergehen, die Wahrheit hier mindestens
abzuschwächen. Nicht zum Nachtheil Eines oder des Andern sollten
die Thatsachen verändert, wol aber zum Besten Beider konnten
sie gemildert werden. Dieser Wunsch trat an Bischof und Orden,
wie auch an den Schreiber selbst ohne directe Aufforderung heran,
da das Buch wol für hohe Leser bestimmt gewesen ist.

Die nachfolgende Untersuchung möchte die allgemein ausgesprochene, schon bei ungenauer Lectüre sich aufdrängende Vermuthung erhärten, dass der Autor in einem Theil der besprochenen
Nachrichten, die im Grossen und Ganzen die staatsrechtlichen Verhältnisse behandeln, also gerade die Seiten des öffentlichen Lebens,
bei denen ihm die Verbindung mit den Herrschern die wesentlich-
sten Mittel bot (vor Allem Urkunden), vieles Wichtige übergeht,
Anderes, im Vergleich mit der übrigen Erzählung, ungenau, flüchtig,
ja unrichtig giebt; in anderen Fällen dagegen, wo die Stellung der
Obergewalten zu einander oder zu auswärtigen Mächten in Betracht kommt, zwar wahr, aber nicht die ganze ihm bekannte Wahrheit überliefert.

Die Gründe dafür sind verschieden und oben bereits angedeutet. Dort scheint ausschliesslich Mangel an persönlichem Interesse hindernd gewirkt zu haben, da die meisten der betreffenden
Ereignisse für eine genauere Darlegung kaum anstössig, vielmehr

im ganzen Bericht recht wol am Platze gewesen wären, vielfach
zur Würdigung des Uebrigen beigetragen hätten. Dazu sind H.
wie die Behandlung der Quellen zeigte, die erforderlichen Mittel
an die Hand gegeben.

Im zweiten Fall haben wir dagegen einen durchgehenden,
wohlerwogenen Grund anzuerkennen, der genügendere Mittheilungen erschwerte: die Gebundenheit gegenüber den Auftraggebern.
Die Behandlungsweise ist daher eine andere, ganz bestimmte, sorgfältig durchgeführte, während sie dort mehr wechselte, es vom Zu-
fall abhing, ob eine Nachricht genauer oder ungenauer ausfallen
sollte. Compromittirende Handlungen und Ereignisse, deren Folgen
im sonstigen Leben nicht scharf hervortraten, deren Auslassen in
seiner Erzählung wenigstens keine unverständliche Lücke verursachte, werden hier ganz übergangen (so z. B. die Intrigue des
Ordens gegen den Bischof Theodorich im Jahre 1213); [1]) bei andern, welche mit dem übrigen Bericht vielfach verknüpft, ist das
anstössige Factum selbst verschwiegen, die Folgen aber später angedeutet. Aus ihnen vermögen wir dann auf das ursprüngliche
Ereigniss zurückzuschliessen. Um ein ganz einfaches Beispiel anzuführen: es wird nicht gesagt, dass die 1221 geschlossene Verbindung der Deutschen und Eingebornen auch gegen den Orden
gerichtet war, weil hiemit die Erbitterung, die er erregt, gar zu
deutlich ausgesprochen wäre, wol aber erfahren wir bald, dass
die Ritter einen Theil der Eidgenossen gefangen gesetzt, woraus
sich die Sachlage ergiebt. [2]) Auf diese Weise wird das Compromittirende immerhin in etwas abgeschwächt, und da H. sich hier natürlich noch weniger als sonst ein Urtheil erlaubt, kommt er auch
über die Folgen schnell hinweg. Der Leser wird zu wenig aufmerksam gemacht; namentlich bei Schwenkungen in der Politik,
die übergangen, deren Resultate aber unbefangen angedeutet sind,
ist man verleitet, dieselben für das Ergebniss eines frühern Ereignisses zu halten, ohne zu vermuthen, dass hier eine Lücke eingetreten.

Wir betonen nochmals, wie dieses Verfahren mit einem Parteistandpunkt des Verfassers nichts gemein hat: nicht etwa im Interesse allein des Einen Theils werden die Thatsachen unterdrückt,
weit weniger zum Nachtheil des andern ausgebeutet. Sind es zu-

---

[1]) Livl. U - B. No. 29, 30. [2]) XXV. 3.

meist auch Handlungen des Ordens, die hiebei in Betracht kommen — ihre Uebergehung musste ebenfalls vom Bischof gewünscht werden, um das ganze Verhältniss als ein möglichst günstiges erscheinen zu lassen. Mit Bestimmtheit weist Einiges darauf hin, dass ähnliche Rücksichten gegen die geistliche Gewalt genommen sind, wie dies mit der Stellung H.'s zu Bischof Albert auch allein verträglich scheint.

Gegen den Einwurf, der Verfasser sei mit den Vorgängen, deren ungenügende Ueberlieferung ihm zur Last gelegt wird, selbst nicht genugsam bekannt gewesen, möchte eine Erwiederung kaum nothwendig erscheinen. Dass er in dieselben völlig eingeweiht, ist entschieden zu bezweifeln; wie aber sein eigener Bericht ausweist, war er mit Vielem vertrauter, als er auf den ersten Blick zu erkennen giebt; Anderes, was ganz verschwiegen ist, konnte ihm unmöglich völlig verborgen bleiben, da es zum Theil in die Oeffentlichkeit trat; noch Anderes findet sich in Urkunden, die ihm ersichtlich vorgelegen.

Diese für die Beurtheilung des Schriftstellers interessante und für die Geschichte wichtige Erscheinung ist nicht zur Genüge aufgeklärt, da man in dem einen Fall seinen Angaben oft zu unbedingt vertraut hat, ohne die Urkunden in ausreichender Weise zuzuziehen, im andern nur das aus dem nackten Wortlaut des Berichts sich Ergebende berücksichtigte, nicht aber was hier im eigentlichsten Sinn zwischen den Zeilen zu lesen steht. [1]

Bei der angedeuteten Untersuchung beschränken wir uns auf die hiefür unmittelbar in Betracht kommenden Verhältnisse. H.'s Glaubwürdigkeit im Allgemeinen möchte genügend festgestellt sein, und soweit dies im Einzelnen nicht der Fall ist, wäre es Aufgabe einer livländischen Geschichte dieser Zeit, als deren Mittel- und Ausgangspunkt er recht eigentlich zu betrachten ist, während für die hier

---

[1] In dem trefflichen Aufsatz von Hansen „Bischof Albert und sein Orden" (in den Verhandlgg. der Estnisch. Gesellsch. zu Dorpat II. Bd. 3. Heft, p. 1—35) mit dessen Ergebnissen wir uns freilich häufig im Widerspruch befinden, ist schon ein Anfang gemacht. Durch weitere Schlüsse aus oft unscheinbaren Bemerkungen ist er zu Resultaten gekommen, die von den sonstigen wesentlich abweichen. Das Ganze ist übrigens nicht vollendet und es sind die Urkunden, welche für einen Theil allein in Betracht kommen, fast vollständig bei Seite gelassen.

zu behandelnden Fragen (z. B. die Regelung der territorialen Verhältnisse) sein Buch nur als secundaire Quelle erscheint. Um aber
den wichtigen Autor genügend zu würdigen, um nicht allein seine
Zuverlässigkeit, sondern seine ganze Stellung jenen Fragen gegenüber zu erkennen, nehmen wir ihn hier stets zum Ausgangspunkt,
betrachten alle einschlägigen Nachrichten, auch manche von ihm
nicht überlieferte, mit Rücksicht auf seinen Bericht.

Wir werden es also mit einer Fülle bedeutender, zum Theil
noch ziemlich dunkler Verhältnisse zu thun haben, deren Erforschung ebenso sehr für den Autor, wie unmittelbar für die Geschichte in Betracht kommt. Für letztere möchte es nicht ganz
nutzlos sein, einmal die Untersuchung selbst, nicht nur kurze Resultate darzulegen.

Von eigentlicher Verwerthung der so etwa gewonnenen Ergeb-
nisse konnte natürlich nicht die Rede sein, da es immer geringe
Fragmente des gesammten historischen Lebens sind, um die es sich
hier handelt, Bruchtheile, welche in ihrer Vereinzelung keineswegs
vollständig gewürdigt werden möchten. Ausserdem lag uns zunächst
nur ihre genauere Fixirung ob. [1]

[1) Die übrigen Nachrichten H.'s sind nur soweit kurz berücksichtigt, als
der nothwendige Zusammenhang und das Verständniss unserer Fragen durch
sie bedingt war.

Zweiter Abschnitt.

Heinrichs Zuverlässigkeit und Vollständigkeit in den Nachrichten über die politischen Verhältnisse.

§. 1. Die Anfänge des Ordens.

Wir werden bei unserer Untersuchung von den Zeiten, denen der Autor persönlich näher stand, also der Regierung Bischof Alberts, auszugehen haben. [1])

Unter den mannichfachen, gleich in den ersten Jahren ins Leben gerufenen Institutionen nimmt die Stiftung der Ritterschaft unser vorwiegendes Interesse in Anspruch.

Die bisherige Kriegsmannschaft, die jährlich heranziehenden und nach Verfluss eines Jahres wieder heimkehrenden Pilger, die beschränkte Zahl von Vasallen schien der Colonie keinen genügenden Schutz zu gewähren. Es sollte ein Heer anderer Art begründet werden, das dauernde Sicherheit versprach, dem der Kampf mit den Heiden Selbstzweck war, dessen Unterhalt die Mittel des jungen Bisthums nicht wie die Einsetzung von Lehnsleuten beanspruchte. Die geistlichen Ritterorden der Zeit schienen Alles in sich zu vereinen.

So rief, während Albert in Deutschland weilte, sein Stellvertreter, der Abt Theoderich von Dünamünde „aus Furcht der Macht der Heiden sonst nicht gewachsen zu sein, und um die Zahl der

---

[1]) Die Thaten des ersten Bischofs haben dazu in dem Werke von E. Pabst, Meinhart, Livlands Apostel, eingehende Besprechung gefunden. Die Nachrichten über Berthold sind für unsern Zweck noch von keiner Bedeutung.

Gläubigen zu mehren," im Jahre 1202 den Orden der Schwertbrüder hervor. [1]) Jener Verbindung, „Brüder der Ritterschaft Christi"
geheissen, [2]) ward vom Papste Innocenz die Regel der Templer,
doch ein anderes Abzeichen, der Mantel mit Kreuz und Schwert, verliehen, und sie unter ihren Bischof gestellt.

Dies nun ist Alles, was H. über jenes bedeutsame Ereigniss
giebt, — eine Kürze, die keineswegs durch seine damals noch nicht
eingetretene Anwesenheit im Lande erklärt wird. Hat überhaupt
eine eigentliche Stiftung stattgefunden, so mussten genügende Nachrichten darüber auch späterhin zugänglich sein. Wir möchten indess
annehmen, es verhalte sich mit dieser Gründung ähnlich, wie mit
der Riga's (V. 1), der des Klosters Dünamünde (VI. 5), der Einsetzung von Vasallen (V. 2). Wie mit jenen nur ein Anfang
gemacht ward, [3]) den Rittern ihre Lehen zum Theil nur versprochen sind, [4]) so wird auch hier an keine grössere, von vornherein
Aufmerksamkeit erregende, Stiftung zu denken sein; eine solche war
es nur insofern, als der Plan gefasst, sich gerade um die Zeit

---

[1]) VI. 6. Der bekannte Text lautet: Eodem tempore providens dominus Episcopus Albertus cum Abbate, fratre Theodorico . . . . . . Fratres
quosdam Militiae Christi instituit; etc. Das Zamoyskische Mscr. liest:
Eodem tempore praevidens Abbas frater Theodoricus . . . . . Fratres quosdam
Militiae Christi instituit, etc. Erst eine willkürliche Interpolation in den bisher
benutzten Handschriften hat den Bischof hineingebracht und eine unrichtige
Auffassung jenes Ereignisses begründet.

Die Nachricht des Albericus ad a. 1232 (Leibniz, Access. hist. II. 542):
Isti (Milites Dei) ab Episcopo Theodorico primo fuerunt instituti etc., enthält also die Wahrheit. Arnold von Lübeck VII. 9, §. 8 ist hier sehr allgemein. Alle weiteren Angaben sind durch die Tradition oder tendenziös
entstellt: vergl. Reim-Chr. V. 595—605; daraus entnommen aber verderbt,
Ordens-Chr. Cap. 136; Hermann v. Wartberge, Separatausg. p. 15, giebt als
Parteischriftsteller den schlechteren Vorlagen den Vorzug.

[2]) Der gewöhnliche Name ist „Fratres Militiae Christi"; die Bezeichnung
„Gladiferi", von der die jetzt gebräuchliche herrührt, erscheint bei H. nur
XXIII. 9: Magister Volquinus cum Fratribus suis gladiferis. Ausserdem
heissen sie hie und da „Templarii": so bei Raynald. Annal. Eccl. ad a. 1222,
§. 40, und ähnlich in päpstlichen Bullen, z. B. Livl. U.-B. I, No. 54: fratres, Templariorum ordinem in Livonia profitentes.

[3]) 1207 werden die Stadtmauern von den Pilgern erhöht (XI. 1); der
Grund zum Kloster ward erst 1205 gelegt (IX. 7).

[4]) IX. 7; vergl. auch Bonnell, Chronogr. Comment. 45, 46.

die ersten Ritter fanden. Dass bei der Nachricht von der Kloster-
gründung keine bestimmtere Zeitangabe gemacht ist, erklärt sich, da
vorläufig nur eine dahingehende Absicht ausgesprochen ward: handelte es sich aber in unserem Fall auch nur um ein mit einem
feierlichen Act verbundenes erstes Hervortreten des Ordens, so wäre
dasselbe von H. wol an einen genaueren Zeitpunkt als das „eodem
tempore" geknüpft, [1] da die Wichtigkeit jenes Ereignisses bei der
Abfassung des Buchs nicht mehr übersehen werden konnte. Dasselbe muss sich zunächst der Beachtung gänzlich entzogen haben.

H.'s Ausdruck selbst „Fratres quosdam Militiae Christi instituit" geht mehr unbestimmt auf ein Sammeln einzelner Ritter; und
ebenso spricht die Bulle aus dem Jahre 1204, [2] in welcher der
Brüder zum ersten mal urkundlich Erwähnung geschieht, nicht wie
von einer festgegliederten Gemeinschaft, einem eigentlichen Orden,
sondern von „fideles laici qui sub templariorum habitu, barbaris ... resistent viriliter et potenter".

In dem Umstande endlich, dass nicht einmal der Bischof selbst,
sondern in dessen Abwesenheit der Abt vom Berge des heiligen Ni-
colaus die Anfänge jener Genossenschaft schuf, liegt ein neues
unserer Auffassung günstiges Moment.

Die Entstehung der Ritterschaft wird sich hiernach auf keinen
ganz bestimmt zu fixirenden Act zurückführen lassen; die Entwicklung selbst muss eine sehr allmähliche gewesen sein, da bei den
kriegerischen Ereignissen der nächsten fünf Jahre die Brüder nur
zwei mal uns begegnen. [3]

Ueber die inneren Einrichtungen berichtet H. nichts; doch er-
gänzt sich Vieles durch die Angabe von Uebertragung der Templerregel. Freilich werden die Institutionen jener mächtigen und reich-

---

[1]) Die Angabe steht unter dem J. 1202. Im §. 4 des Abschnitts greift
H. aber nach 1201 zurück, erzählt in gewissem Anschluss §. 5 die Stiftung
Dünamündes, und §. 6, mit „eodem tempore" beginnend, die des Ordens, so
dass es bisher sogar zweifelhaft war, ob letztere in das VI. Cap. gehöre und
damit nach 1202 falle, oder mit den §§. 4 u. 5 als Nachtrag zum vorhergehenden Jahre zu betrachten sei. Da wir den Bischof an jenem Vorgang jetzt
unbetheiligt sehen, lässt sich schliessen, dass das Ereigniss erst nach seiner
Abreise (VI. 1) eintrat, also der späteren Hälfte des Jahres 1202 angehört.

[2]) L. U-B. I, No. 14.
[3]) IX. 2; X. 8.

begüterten Ritterschaft hier nur in sehr verkleinertem Massstab vorauszusetzen, Vieles wird erst mit dem allmählichen Wachsthum des
Besitzes ins Leben getreten sein. [1]

Wie es mit der Einsetzung eines Meisters stand, ist nicht bestimmt zu sagen; wahrscheinlicher ist indess, dieselbe habe zu Anfang als späterhin stattgefunden. Viel auffallender wäre es, wenn
Vinno nachträglich, in Folge irgend eines unbekannten Ereignisses
ernannt worden, und H. dies dann übergangen hätte, als wenn er
seiner bei der kurzen Stiftungsnachricht nicht ausdrücklich gedenkt.
Dass der Meister zuerst im Jahre 1208 erscheint (XII. 6, p. 128)
beweist bei dem seltenen Vorkommen des ganzen Ordens nicht dagegen. Jedenfalls unrichtig ist es, aus der Ordens-Chronik (Cap.
136) einen Schluss für die spätere Erwählung zu ziehen: Wenn
jene der Reim-Chr. folgend den Orden durch den Papst stiften, und
durch eigenen Zusatz auch den Bischof in ihn eintreten lässt, so
kann das nicht dahin gedeutet werden, der Bischof selbst habe anfangs unmittelbar an der Spitze der Brüder gestanden, die noch
keinen Meister gehabt, [2] sondern es wird nur eine spätere Erfindung darin zu erkennen sein, hervorgegangen aus dem Bestreben,
die Suprematie der geistlichen Gewalt über den Orden zu leugnen,
da der Bischof durch seine Mitgliedschaft den einzelnen Gliedern
der Genossenschaft gleichgestellt wird.

Aus den Worten H.'s endlich: „(Innocentius Fratres Militiae)
sub obedientia sui Episcopi esse mandavit", nach denen der Orden
unbestimmter, auch in den einzelnen Rittern, dem Bischof unterge-
ben ist, während die Bulle von 1210 (L. U-B. I. No. 16) hier nur
vom Meister spricht, kann, wie wir meinen, nichts für jene Ansicht
gewonnen werden, indem der Autor diese Angabe, wie auch die beiden andern, über die Regel und das Gewand, eben jener Urkunde,
wenn auch in freierer Weise, entlehnt hat.

---

[1] Kienitz, Vierundzwanzig Bücher Livländ. Gesch. p. 66, setzt die
Existenz aller Aemter ohne Weiteres voraus.

[2] So v. Richter, Gesch. der Ostseeprovinzen I. 1 p. 88 ff., der Vinno
1204 wählen lässt, wobei er auf Brandis Gewicht legt.

Die Nachrichten lauten folgendermassen:

Urk. No. 16:	Heinr. VI. 6:
„Regulam quoque fratrum militiae Templi servantes, aliud in habitu signum praeferent, ut ostendant se illis nequaquam esse subjectos;" und vorher: „verum magister eorum, qui pro tempore fuerit, obedientiam semper Rigensi Episcopo repromittet."	„(Innocentius III. Fratribus Militiae) Regulam Templariorum commisit, et signum in veste ferendum dedit, scilicet gladium et Crucem, ... et sub obedientia sui Episcopi esse mandavit."

Unser Schriftsteller geht hier auf einen päpstlichen Erlass zurück, nur fragt es sich, ob auf vorstehenden vom Jahre 1210, oder ob ein älterer zu Grunde liegender anzunehmen sei.

Während nun die Bestimmung der Urkunde vom Gehorsam des Ordens gegenüber dem Bischof keinen sicheren Schluss zulässt, indem sie recht wol von Rom schon anerkannt sein konnte, hier aber, wo das Verhältniss der beiden Gewalten zu einander im Allgemeinen geregelt ward, wiederholt werden musste, wäre es bei den andern Punkten — der Templerregel und dem Ordensabzeichen — unerklärlich, wie sie in diesem Document, dessen Inhalt sie durchaus fremd sind, Aufnahme gefunden, falls sie schon früher die päpstliche Bestätigung erhalten hätten. Hier müssen sie zuerst Anerkennung erlangt haben.

Hieraus lässt sich denn weiter folgern, dass die Curie, welche diese für die Ritterschaft wichtigen Einrichtungen bisher unbeachtet gelassen, auch den sonstigen Verhältnissen derselben keine Aufmerksamkeit zugewandt, jener ihrer Stellung zum Bischof (der „obedientia") die Sanction bis dahin ebensowenig ertheilt habe.

So lassen sich H.'s Angaben allein auf jene Urkunde zurückführen, der er sie direct entnommen haben wird. Aeusserlich ist die Aehnlichkeit freilich nicht gross: der Autor vermochte den einen Punkt durch seine praktische Kenntniss zu umschreiben (Schwert und Kreuz); den andern, welcher den Gehorsam betrifft, hat er ungenau wiedergegeben, was indess nicht wundern wird, nachdem wir sein Verhalten bereits bei Behandlung der Quellen kennen gelernt haben.

Das unmittelbare Vorliegen der Urkunde wird ebenso durch äussere Gründe unterstützt. Da H. zur Zeit der Anfänge des Ordens

noch nicht anwesend und wegen der erörterten Umstände sich wol
nichts Sicheres über jene Einrichtungen in Erfahrung bringen liess,
war er auch hierin auf die ihm zur Verfügung gestellten Documente
angewiesen.

Wir sehen hier eine Ungenauigkeit, ein Uebergreifen in die
Zukunft (also beim Jahre 1202 nach 1210) ohne klare Scheidung
vom Gegenwärtigen, das bei den Ereignissen, welche der gewöhnlichen Erzählung ferner liegen, öfter vorkommen wird.

Jene Einrichtungen werden freilich schon früher ins Leben getreten sein, (die Templerregel z. B. wird bereits 1204 erwähnt),
doch nicht, wie es nach H.'s Bericht scheint, durch päpstliche Verleihung, sondern nach den Bestimmungen der livländischen Geistlichkeit, welchen die Sanction Roms erst nach langer Zeit folgte.

Ein weiteres Argument wäre damit zugleich für die mehrfach
ausgeführte Behauptung gewonnen, dass sich hier aus einer Vereinigung kreuzfahrender Ritter erst nach und nach ein eigentlicher
Orden heraus- und herangebildet habe: acht Jahre waren seit dem
ersten Auftreten der Brüder vergangen, als Innocenz bei der Schlich-
tung wichtiger Streitfragen auch jenen Institutionen seine Anerkennung ertheilte. [1]

§. 2. Die Landtheilung von 1207.

Unter harten Kämpfen mit den wetterwendischen Eingebornen,
räuberischen Nachbarn und den bisherigen russischen Landesherren
vollzog sich innerhalb der nächsten fünf Jahre Unterwerfung und
Bekehrung der livischen Gebiete an Aa und Düna. Als Bischof
Albert im Sommer 1207 heimkehrte, waren jene Striche unbestritte-
ner Besitz der Deutschen. Dazu kam eine neue Erweiterung, indem
der Fürst von Kokenhusen mit einem Bündniss gegen die Litauer,
dem Bischof die Hälfte seines Landes und Schlosses antrug.
(XI. 1. 2.)

---

[1] Als Zweck der Reise des Abts von Dünamünde im J. 1200 nach Rom
(IV. 6) hat man öfter die Auswirkung der Erlaubniss zur Stiftung des Ordens angesehen. H. bietet indess hiezu keinen Anhalt. Statt des unklaren
„literae confirmationis,“ liest das Revalsche Mscr. besser „literae expe-
ditionis.“ Es handelte sich also um Erlangung zunächst einer Kreuzbulle,
dann eines Privilegs um Riga zu heben.

Da der Krieg nun ruhte, Albert über ein ansehnliches Gebiet verfügte, schien es den Brüdern auch an der Zeit, mit Ansprüchen hervorzutreten. Die Zahl der Ritter und Dienenden hatte sich unterdess „von Tage zu Tage gemehrt". So berichtet nachträglich H.[1] Eine ihrer vergrösserten Anzahl und den bedeutenderen Kosten des Unterhalts und der Ausrüstung entsprechende Erweiterung des Besitzes, welche zugleich Belohnung für die Theilnahme an den vorhergehenden Kämpfen war, schien wünschenswerth.

Wahrscheinlich hatte die Ritterschaft auch schon einige Zeit Forderungen vorbereitet, Albert sie mindestens erwartet.[2] Als er im vorigen Jahre ganz Sachsen durchzogen, war er am Hoflager König Philipps erschienen und hatte Livland von ihm zu Lehn genommen.[3] Hiernach konnte der Orden allein von ihm eine Vermehrung seines Besitzes erlangen.

Jetzt, nach der Rückkehr Alberts, traten also die Brüder mit

---

[1] Vgl. über die Theilung XI. 3. Die übrigen Quellen bringen nichts Neues; sie lassen dem Orden schon bei der Stiftung ein mehr oder minder grosses Gebiet durch den Papst übertragen.

[2] Vgl. X. 17, Note y.

[3] Die betreffende Stelle bei H., X. 17: „(Episcopus) tandem ad curiam Regis Philippi pervenit ... ad Imperium se convertit, et Imperium salutat ac ab eo ex communi Imperatoris et statuum suffragio Livoniam recipit. Rex vero antedictus Philippus" etc., leidet offenbar an einer späteren Interpolation. Unmöglich konnte der Schriftsteller den Philipp zwei mal richtig als König, dazwischen aber ein mal als Kaiser bezeichnen; dazu sind Begriff und Ausdruck der Stände (status) und ihre Mitwirkung bei der Belehnung (durch das suffragium) dieser Zeit noch fremd. Das Revalsche Mscr. bietet hier, wie auch sonst häufig, die richtige Lesart: ad imperium se convertit et Livoniam ab imperio recepit. Auch der XI. 3 wiederkehrende „Imperator" wird interpolirt sein. — Nachträglich kann ich hinzufügen, dass das Zamoyskische Mscr. ebenso wie das Revalsche liest.

Jener Wechsel des Ausdrucks hat denn auch Gebhardi, Gesch. von Littauen, etc. (in der Halleschen Welthistorie Bd. 50 p. 327) verleitet, hier zwei Personen anzunehmen, den K. Philipp, der dem Bischof eine jährliche Unterstützung zusagt, und den Kaiser Otto, von dem Albert Livland als Lehn empfängt. Otto erlangte die kaiserliche Würde freilich erst am 4. Octobr. 1209.

Von K. v. Busse, welcher in dem Aufsatz „Bischof Albert von Riga und der deutsche König Philipp der Hohenstaufe" (in den Mittheilungen zur livl. Gesch. VIII. 87 ff.) das Ereigniss bespricht, ist jener Schwierigkeit in der Vulgärlesart nicht gedacht.

bestimmten Wünschen vor ihn, indem sie „in täglichem Anliegen um den dritten Theil von ganz Livland [1] und den andern, noch nicht bekehrten, benachbarten Landschaften baten, welche der Herr durch sie, in Gemeinschaft der übrigen Rigenser, noch dem Christenthum unterwerfen würde." Freilich, soweit das Verlangen zukünftige Eroberungen betraf schlug der Bischof es ab, „da er nicht geben könne, was er selbst noch nicht besitze." Vielleicht wollte er sich den ihm untergebenen Rittern gegenüber nicht für die Zukunft binden, war er auch nicht abgeneigt bei jeder neuen Erwerbung ihnen einen Theil als Belohnung für geleistete Dienste zuzugestehen. Das Versprechen im Voraus gemacht, hätte den Orden jede neue Gebietsvergrösserung nicht mehr als freies Zugeständniss seines Oberherrn, sondern als etwas ihm von Rechtswegen Zukommendes betrachten lassen.

H. giebt hier sogleich die weitere Entwicklung der Frage [2] (wie das unbestimmte „postea" zeigt), um später nicht mehr darauf zurückzukommen. Damit eine klarere Anschauung dieser Verhältnisse ermöglicht werde, sehen wir von der Angabe vorläufig ab, und betrachten sie ihrer Zeit.

Soweit die Wünsche der Brüder auf bereits eroberte Landestheile gingen, erkannte Albert ihre Berechtigung an, indem er ihnen nach ihrem Begehren den dritten Theil alles Erworbenen zugestand, mit allen Herrschafts- und Hoheitsrechten, wie König Philipp es ihm verliehen. Die Theilung ward sogleich vollzogen, das ganze

---

1) Hansen, Bischof Albert und sein Orden p. 3, führt unter den Unklarheiten dieser Auseinandersetzung auch die auf, dass das Livenland, nicht aber das der Letten getheilt werden sollte. Die Schwierigkeit liegt wol nur im ungenauen Ausdruck, der a potiori gewählt ist, indem das Livenland den bei Weitem grössten Theil der bisherigen Erwerbungen repräsentirte, wogegen die Gebiete der Letten, welche keineswegs ausgeschlossen bleiben sollten, gering erschienen. Analogien bieten sich vielfach dar; z. B. unmittelbar darauf: Et quia ipse (Episcopus) Livoniam cum omni dominio et jure receperat, etc. und X. 17: Livoniam recepit. In beiden Fällen bezeichnet es alle unterworfenen Striche, da die Belehnung sich natürlich nicht allein auf die livischen bezog. Mehrmals erscheint „Livonia" da, wo ebenso sehr lettische, ja estnische Gebiete gemeint sind, so XXIX. 9: (Jesus Christus) victorias magnas... semper concessit suis in Livonia; einige mal XXV. 2: qui fideliter ei (Mariae) deserviunt in Livonia.

2) In den Sätzen „Illis autem instantibus" etc. bis „ad obedientiae recognitionem."

Land von den Rittern in drei gleiche Gebiete zerlegt, bei denen die Wahl des ersten dem Bischof zufiel. [1]) Er nahm den Strich von Treiden, in welchem die Besitzungen des mächtigen und ihm treu-ergebenen Häuptlings Caupo lagen; die Brüder wählten darauf an zweiter Stelle das Land am östlichen Ufer der Aa, [2]) so dem Bischof als sein zweites Drittel die nördlichen livischen Districte, Metsepole, übrig lassend.

Das Gebiet der Kirche umfasste hienach alle livischen Lan-destheile zwischen Aa und Salis, [3]) da H. die Landschaft Idumea wol unter dem „Thoreidensis tractus" mitversteht; dazu fiel, für die nächste Zeit wenigstens, die Gegend an der Düna dem Bischof als ausschliessliches Eigenthum zu. Es war bei jener Auseinander-setzung eine Beschränkung eingetreten, in Folge deren, wie wir glauben, gerade das Dünaland von der Vertheilung ausgeschlossen blieb.

H. sagt darüber: „für andere Bezirke oder Güter aber, welche schon früher (vom Bischof) zu Lehn vergeben waren, empfingen sie (die Ritter) später vollständigen, anderweitigen Ersatz." [4]) Al-

---

[1]) Die Worte „tamquam patri et seniori" (milites episcopo primam con-cedunt electionem) sind späteres Einschiebsel (Mscr. Zamoyski).

[2]) Die Stelle: „ipsi Fratres ex altera parte Goiwe, Saccalaniam partem sibi eligentes", ist verderbt. Es handelt sich hier nur um unterworfene, dann livische und lettische Gebiete, was ebenso wenig wie die Lage an der Aa auf Saccala passt; vergl. Hansen, Verhandlgg. der Estnisch. Gesell-schaft II. Bd. 1 Heft p. 81. Das Zamoyskische Mscr. liest „secundariam partem." Es fehlt in ihm auch das überflüssige „Fratres".

[3]) v. Spruner begeht auf der die Ostseeprovinzen umfassenden Karte No. XII. den Fehler, Metsepole nördlich von der Salis zu setzen. Aus XIV. 10 wird ersichtlich, dass es im Norden an das estnische Sontagana grenzte; dies beginnt nach XVIII. 5 gleich nördlich der Salis, also lag Metsepole südlich derselben. Derselbe Irrthum findet sich bei v. Richter, auf der seiner Gesch. d. Ostseeprovinzen beigefügten Karte No. 1. Hier-auf eingehend bestimmt v. Rutenberg, Gesch. d. Ostseeprovinz. I. 67, das Gebiet des Bischofs zwischen Goiwe und Pernau.

[4]) Man könnte bei der Angabe: „De provinciis autem sive praediis aliis jam dudum in beneficio praestitia ipsi per omnia recompensationem in aliis postea receperunt," zweifelhaft sein, ob die in einigen Handschriften fehlen-den Worte „jam . . . . . ipsi" nicht erst späterer Zusatz sind, wenn sie sich nicht im Revalschen Mscr. fänden und dem sonst äusserst dunklen Satz erst Klarheit verliehen. Nachträglich kann ich hinzufügen, dass die Zamoyskische Hdschrft. ganz wie die Revalsche liest.

bestimmten Wünschen vor ihn, indem sie „in t*ᵛ ᵉᵢgen Theilung
um den dritten Theil von ganz Livland¹) u*ᵛ *ingreifen konnte.
nicht bekehrten, benachbarten Landschafte* *ᵃʳⁱsche) Dünaland, ein
durch sie, in Gemeinschaft der übrige* *ⁿᵍen, hier nicht zur Ver-
thum unterwerfen würde.“ Fr* *ᵉᶜʰʳänkung hiemit in Verbin-
Eroberungen betraf schl* *ᵃˢˢ jenes Gebiet eben wegen der
könne, was er selbst n *ᵉʰᵉⁿ jetzt ungetheilt blieb, dass H.'s
den ihm untergebenen *ᵃᵗᶻ hier specielle Anwendung fand.
war er auch nicht * *ᵃⁿᵈᵉˢᵗʰᵉᵢlen keine solche Verleihungen be-
Theil als Belohn* *ᵃᵃ hier Uexküll (IX. 7), Lenewarden
sprechen im V* *ᵛⁱʳ, dass auch bei der Königsinsel Vasallen
grösserung* *ᵉʳᵍᵉᵇᵉⁿ, dass
dern als* *ʳᵉⁿ (L. U.B. I. No. 18).

(w* *ⁱᶜʰᵗ das ganze Dünaland verlehnt, doch mochte
d* *ᵃˢˢᵉˡᵇᵉ als ein in sich geschlossenes und ohne Rück-
*ᵃʳⁱⁿ liegenden Lehen zu theilendes Ganzes zu be-
*ᵈᵉᵐ der Orden sein abgerundetes Drittel beanspru-
*ᵒᵈᵉʳ, oder ob die Lehen vom Uebrigen auszuscheiden und
*ⁱʰⁿᵉⁿ durch sonstige Entschädigungen, am ande-
*ⁿⁱᶜʰᵗ verlehnten Land dagegen (das nun durch die Lehen
*ᵈᵘʳᶜʰᵇʳᵒᶜʰᵉⁿ war) durch Drittelertheilungen an jedem
*ᵉⁿ Schloss und Besitzthum in Kraft treten müsse, oder ob
*ʰ der Orden nicht einmal Ersatz für das Verliehene erhalten
sollte — genügende Schwierigkeiten bereiten, um das ganze Gebiet
vorläufig bei Seite zu lassen. Wir werden später sehen, wie das
Recht der Brüder hier in verschiedenster Weise wirksam ward, wie
eine Vermischung der beiden letzten, oben aufgestellten Fälle
eintrat.

Diese spätere Auseinandersetzung deutet nun H., der auf sie
weiterhin keine Rücksicht nimmt, schon jetzt durch jene „recompensationes“ kurz an.

Durch die, wie wir glauben, richtige Auffassung jenes Satzes
und die Combination desselben mit dem Factum, dass das Dünaland ungetheilt blieb, findet mancherlei, bisher Unerklärtes seine
Lösung. Jene Angabe ist immer so gedeutet, ¹) als ob hier

---

¹) So bei der Ausg. Heinrichs, in der von Hansen verbesserten Uebersetzung p. 115; ebenso in des Letztern Abhandlung „Bischof Albert und sein
Orden“ p. 2 ff., ferner in allen Bearbeitungen falls die Schwierigkeit nicht ganz

Leben gesprochen, welche früher dem Orden selbst vom Bi-
verliehen waren und für die er später Entschädigung erhalten
Das Unrichtige darin sieht man leicht ein; vielfache that-
Schwierigkeiten werden hiedurch geschaffen.

'ig scheint es, dass der Orden ausser dem Drittel, welches
·t nur beansprucht, noch Ersatz für seinen bisherigen
..en Besitz erhalten soll. Zwar wollte er Zuwachs haben,
·li ein „accrescere in rebus et bonis" ist es auch, wenn er statt
jener unbedeutenden Güter ein Drittel des Landes empfängt. Bei
Annahme eines solchen Ersatzes bleiben wir ganz im Unklaren, durch
welchen Act er ihm verliehen; [1]) es bleibt ferner die Frage ungelöst,
weshalb denn eigentlich das Dünaland nicht getheilt ward. Das
von Hansen (in seinem Aufsatz p. 3) Gesagte ist unhaltbar: da wir
überhaupt nichts von früheren Ordensbesitzungen wissen, lässt sich
nicht ohne Weiteres behaupten, dieselben hätten nur im Dünagebiet
gelegen, und welch' ein Hinderniss sie der Theilung bereiten konnten, ist ebensowenig ersichtlich.

Nachdem wir hier die Ansicht des Autors erkannt und Vollständigkeit in dieser Auseinandersetzung hergestellt haben, brechen
wir ab, um später weiter zu untersuchen, ob jene Mittheilung völlig
richtig, und in welchem Einklang sie sich mit sonstigen Nachrichten befindet.

Die Vertheilung des Landes war so zu gewissem Abschluss gelangt. Ueber viele andere Punkte dagegen, die Verpflichtungen,
welche der Orden mit diesem Zuwachs übernahm, geistliche Rechte,
die dem Bischof dort zustanden, u. s. w. erfahren wir bei H. nichts.
Die nächste Zeit hat jedenfalls die Nothwendigkeit einer genaueren
Auseinandersetzung fühlbar gemacht und letztere ins Werk gesetzt.

Bei jenem an sich höchst bedeutsamen Acte haben wir länger
verweilt, weil er für die Art, wie H. derartige Verhältnisse behandelt, von Interesse ist. Gegenüber seiner allgemeinen Darstellungs-
weise ist er hier knapp, selbst unklar, nicht Unbedeutendes bleibt

---

übergangen ist. — Nur Bonnell, Chronogr. p. 22, giebt den Wortlaut richtig
wieder, ohne hier natürlich auf die Sache weiter einzugehen.

[1]) Allenfalls liessen sich in Urk. 18 die „dune villae, quas perdiderunt
(Milites) in terminis castri Remin," etc. dafür anführen, doch wäre es das
einzige, nicht ausreichende, Beispiel, da die früheren Ordensgüter nicht allein
in zwei Dörfern bestanden haben können.

ganz im Dunkeln; während sonst überall die chronologische Ordnung eingehalten wird, sind hier mit einigen Worten zwei fernere,
in der Zeit weit abliegende Auseinandersetzungen angedeutet, [1]) auf
die, trotz ihrer ausserordentlichen Wichtigkeit, später nicht mehr
eingegangen ist. Und wie wenig genügend die Hinweisungen sind,
wie sehr die richtige Entwicklung dieser Verhältnisse bei ihm verwischt wird, werden wir erkennen.

Leider fehlt uns für das Ereigniss alles urkundliche Material,
an dem sich die Vollständigkeit seines Berichts bemessen liesse.
Spätere Vergleiche fallen so wenig zu seinen Gunsten aus, dass
wir schon im vorliegenden Fall billig zweifeln müssen, ob uns durch
jene Mittheilung die damals getroffene Uebereinkunft auch nur in
der Hauptsache überliefert ist.

§. 3. Die Vorgänge von 1207—1210.

Da die inneren Verhältnisse nun geregelt waren, im Lande zunächst keine Gefahr drohte, stürzten die Deutschen sich in neue
Unternehmungen. Die Selenburg fiel in ihre Hand (XI. 6); dann
wurden die Waffen weiter nach Osten getragen, wol wider Willen
des Bischofs, der mit seinen russischen Nachbarn den Frieden aufrecht zu erhalten suchte. Der Fürst von Kokenhusen war nach Ermordung der bischöflichen Hilfsmannschaft geflüchtet, seine Burg
den Flammen übergebend. Im folgenden Frühling (1209), da Albert
mit zahlreichen Pilgern heimkehrte, liess er dort eine stattliche
Veste errichten, die zu zwei Dritteln dem Ritter Rudolf von Jericho,
im Uebrigen dem Orden übertragen ward. Obgleich der Bischof in
Bezug auf fernere Erwerbungen die Brüder abschläglich beschieden,
zeigte er sich im einzelnen Fall zu Zugeständnissen bereit. Dazu
konnte Kokenhusen, wenigstens theilweise, als frühere Erwerbung
gelten, da der Bischof die Hälfte schon vor der ersten Theilung
besessen. Die Einräumung eines Antheils an den Orden hatte aber
nicht stattgefunden, mochte nun der Bischof kein Recht haben, die
ihm vom Besitzer übertragene Hälfte weiter zu vergaben, oder die
Ertheilung eines Sechstels unausführbar erscheinen Jetzt, da Albert
das Ganze besass, erhielt auch der Orden seinen Antheil am Gan-

---

[1]) In den Sätzen: „Illis autem instantibus" etc., und „De provinciis autem" etc.

zen. Der Ausdruck: „(Episcopus) Fratribus Militiae eorum tertiam partem adscripsit," womit das volle Drittel als ihnen von vornherein zustehend betrachtet wird, ist aber keinesfalls ganz richtig. [1]

Noch im selben Jahre fühlte auch der Fürst von Gercike, im Bunde mit den Litauern ein gefährlicher Feind, die Macht der Deutschen. Ein Kriegszug ward rasch und glücklich zu Ende geführt: demüthig und Gnade flehend erschien der Gegner in Riga. Nachdem er allen feindlichen Planen mit den Litauern entsagt, erhielt er sein Besitzthum als Fahnenlehn der Rigischen Kirche aus der Hand des Bischofs zurück. [2]

Diese Erzählung zeigt, wie wenig Interesse H. jenen Verhältnissen zuwendet. Obgleich die Belehnungsurkunde ihm vorlag, wie früher nachgewiesen ist (p. 23), weiss er nur von Auftragung des Landes Gercike an die Marienkirche und der Wiedergabe durch den Bischof, während das Document von Abtretung gewisser Theile des Fürstenthums spricht (Autina, Zcessowe etc.; genauer angegeben in Urk. 23.), und zwar der von den Deutschen früher zum Christenthum bekehrten. Diese Erwerbung, durch welche Albert von ihm Getaufte der Herrschaft des andersgläubigen Fürsten entzog, hätte recht eigentlich, und nicht allein als Eroberung, in H.'s Erzählung gehört, die doch sonst bemüht ist ruhmwürdige Thaten des Bischofs, namentlich solche, in denen das Christliche hervortritt, preisend zu erheben.

Diesen Ereignissen ungefähr gleichzeitig, im Sommer 1209, hatte sich ein beklagenswerther Fall zugetragen, die Ermordung des Meisters Vinno, vollführt durch ein Glied des Ordens, den Bruder Wigbert. Letzterer, der „sein Herz mehr zur Liebe der Welt als

---

[1] XI. 8. 9, XII. 1; für die Auseinandersetzung, XIII. 1.

[2] XIII. 4; L. U-B. I. No. 15, wozu einige Textverbesserungen bei Bonnell, Chronogr. Nachträge p. 236, §. 2.

Dem Versuch Hansen's p. 5, auch bei dieser Gelegenheit den zwischen Bischof und Orden bestehenden Zwist zu erkennen, ist nicht beizustimmen. Obgleich die Ordensbrüder bei Aufzählung des bischöflichen Heeres übergangen sind, können sie doch dabeigewesen sein. H. nannte auch vor Kokenhusen, XIII. 1, die Ritter nicht, und doch hiess es von ihnen zu Ende: Quibus ibidem relictis etc. Die Ordensglieder können dort unter den „Rigenses" mitbegriffen sein, wofür sich Beispiele finden: XI. 3: per eos, simul cum aliis Rigensibus; XI. 5 werden die Brüder unter dem ausziehenden Heer genannt, worauf es von Liven und Letten heisst: convenerunt in obviam Rigensibus.

zur Ordenspflicht geneigt" und viel Zwietracht innerhalb der Ritterschaft erregt, hatte sich heimlich von Wenden, das bereits Hauptsitz
der Brüder war, entfernt; als Entlaufener ergriffen, war er gegen
das erneute Versprechen des Gehorsams in die Gemeinschaft wieder
aufgenommen und mit Ehren nach Riga gesandt. Hier war es, dass
der fromme Meister sammt dem Priester Johannes als Opfer der Rache
des Ritters fielen. Der Mörder ward dem weltlichen Gericht übergeg-
ben; die Reim-Chr. lässt ihn auf dem Rade sein Verbrechen büssen. [1]

Trotz der Ausführlichkeit ist unser Autor bei diesem für den
Orden peinlichen Vorfall — bei dem zum ersten mal ersichtlich
wird, wie die Elemente der Ritterschaft, über die wir sonst nur
Lobenswerthes erfahren, zum Theil nicht die besten gewesen, wie
das harte Urtheil des Albericus [2] nicht unbegründet, wie endlich
mannichfacher Hader im Innern bestanden [3] — vielleicht nicht absichtslos dunkel. Weder geht aus der Erzählung hervor, in welcher
Beziehung Wigberts Flucht aus Wenden zu seiner später ausgeführ-
ten That steht, noch auch die Ursache der Ermordung.

Zugleich bemerken wir schon hier, dass das Verhältniss der
Machthaber zu einander aus H.'s Bericht nicht direct hervorgeht,
wie erst Schlüsse aus einzelnen Bemerkungen ein wenig weiter
führen. Aus vorstehender Erzählung lässt sich eine Spannung

[1] XIII. 2; Reim-Chr. V. 687—738.
H. v. Brackel hat in d. Mitthlgg. III., 187—230, speciell über dies Ereigniss gehandelt. In der Hauptsache wird indess nur eine an sich völlig
haltlose Hypothese zurückgewiesen, wobei die Angaben aller späteren abgeleiteten Chroniken ausführlich mitgetheilt sind. Von den beiden Fragen, die
dann beantwortet werden sollen, lässt sich die eine, wo der Mord geschehen?
einfach aus Heinr. lösen; die andere, über die Strafe des Mörders,
nicht genau entscheiden, falls man der Reim-Chr. nicht unbedingt folgen will.

[2] Albericus ad a. 1232 (Leibniz, Access. hist. II. 542), bei Erwähnung
der Streitigkeiten des Ordens mit dem päpstlichen Legaten Balduin v. Alna:
„in nullo tamen subjiciuntur Templariis, sed cum sint mercatores et divites,
et olim a Saxonia pro sceleribus banniti, jam in tantum excreverant,
quod se posse vivere sine lege et sine Rege credebant." — Die Vermuthung
von Wilmans („Ueber die Chronik Alberichs," im Archiv für deutsche Ge-
schichtskunde X, 216 ff.), dass der Chronist, den wir hier ausserordentlich
zuverlässig fanden, seine Nachrichten über Livland dem Balduin v. Alna,
welchen er auch sonst als Gewährsmann citirt, verdanke, wird besonders
durch vorstehende Angabe wahrscheinlich, wo der Autor sich so entschieden
gegen den Orden ausspricht.

[3] XIII. 2: (Wigbertus) inter fratres multas discordias seminaverat.

zwischen ihnen entnehmen, [1] indem Wigbert der Ritterschaft grollend dem Priester in Idumea, zu welchem er geflohen war, angiebt, er wolle hier des Bischofs Ankunft erwarten, und dem Bischof in allen Dingen gehorchen. Dabei wird dieser in offenbaren Gegensatz zum Orden gestellt: erst nachdem der eingefangene Flüchtling dem Bischof und den Brüdern zu gehorsamen versprochen, beruhigen sich letztere.

Kein müssiges Hin- und Herstreiten wird hier zu suchen sein; der Gegensatz war ein principieller und trat schon in nächster Zeit als solcher schärfer hervor. Mit grösserer Rücksichtslosigkeit als sein Vorgänger scheint Volquin, der neugewählte Meister, die verschiedenen noch schwebenden Streitfragen über die gegenseitige Stellung und den Besitz aufgenommen zu haben.

Die Absonderung und Verfolgung anderer Unternehmungen, als der Bischof sie mindestens vorläufig wünschte, von Seiten der Ritterschaft, eine Abneigung sich den Bestimmungen des Oberherrn zu fügen, sie machen sich auch äusserlich kenntlich.

Es hatte sich seit dem Jahre 1208 (XII. 6) in der Unterwerfung des Estenvolkes den Deutschen ein neues Feld kriegerischer Thätigkeit eröffnet, auf dem wir vor Allem den Orden im Bunde mit den getauften Letten thätig sehen. Raubzüge von beiden Seiten hatten jenen langwierigen Streit eingeleitet, ein kurzer Friede war gefolgt und eben nach Ablauf desselben, da der Orden sammt seinen Anhängern wieder rüstete, zeigte sich Albert dem Kampfe abgeneigt. Eine Waffenruhe ward zwischen Esten und „bischöflichen Liven und Letten" vormittelt; »Berthold von Wenden aber und Russin, der Lettenhäuptling, nahmen dieselbe nicht an, sondern bereiteten sich zum Kampf." [2] Dieser Gegensatz greift zu lebhaft in H.'s ganze Erzählung von kriegerischen Unternehmungen ein, als dass er ihn nicht hätte erwähnen müssen.

Die Plane Alberts, der bisher auf die Unterwerfung des Estenlandes eingegangen, nun davon absteht, sind hier nicht näher zu erörtern: augenblickliche Nützlichkeitsrücksichten, die noch nicht gesicherte Lage den Russen gegenüber, jedenfalls keine allgemeine

---

[1] Gar nicht zu rechtfertigen ist es aber wenn Voigt, Preuss. Gesch. I. 417, die Gründe für den Tod des Meisters in den Streitigkeiten mit Albert sucht.

[2] XIII. 5.

Entsagungspolitik, welche mit den bisherigen Erfolgen zufrieden, sich von weiteren Unternehmungen zurückzieht, [1] scheinen ihn damals bestimmt zu haben.

Auf seinem Willen beharrend führte Berthold von Wenden den Zug gegen Ungaunien [2] aus (XIV. 5 Ende). Unterdess aber waren Ereignisse eingetreten, die, wie bedrohlich sie auch schienen, zu neuen Siegen, und vor Allem zum Zusammengehen der getrennten Parteien führten. Die gemeinsame glückliche Vertheidigung Rigas gegen die Curen (XIV. 5), die grössere Sicherheit, deren man sich nun auf dieser Seite erfreute, legte eine Vereinigung nahe, ermöglichte den Bischöflichen wieder die Theilnahme an den estnischen Zügen. Vor Odenpä sind gleich darauf Ordensbrüder und Knechte des Bischofs vereint (XIV. 6), und zum Zeichen völliger Uebereinstimmung beider Theile und der gesammten Bevölkerung, geht nach dem unheilvollen Rückzug an der Ymer (XIV. 8) an Stelle des dort schwerverwundeten Lehnsmanns Rudolf, der Ordensbruder Arnold mit einer Friedensgesandtschaft nach Polozk. Durch kluges Nachgeben erreichte er seinen Zweck „und Alle freuten sich, nun desto sicherer mit Esten und anderen benachbarten Völkern kriegen zu können." [3] Ein Winterfeldzug strafte den Uebermuth der Strandprovinzen (XIV. 10); noch im Monat März 1211 fiel die Veste Fellin und damit das Land Saccala in die Hand der vereinten Deutschen (XV. 1).

§. 4. Die Verhandlungen von 1210 und ihre Folgen.

Bedeutsamere Vorgänge, die eine dauernde Einigung der Machthaber auf Grund genauer Fixirung ihres gegenseitigen Verhältnisses bezweckten, hatten sich inzwischen ausserhalb Livlands zugetragen.

---

[1] Eine solche nimmt Hansen, p. 5 ff. an; Alberts ganzes Auftreten stimmt hiezu wenig und schon die folgenden Massnahmen widerlegen jene Ansicht. Seine Friedenspolitik bei den Russen und die gegen die heidnischen Eingebornen ist ferner nicht gleichzustellen; man hatte Grund mit Jenen Ruhe zu halten, um in den näherliegenden Planen nicht gestört zu werden; vergl. XIV. 9: Ein Friede ist mit Polozk geschlossen. Et gavisi sunt omnes, ut eo securius cum Estonibus et aliis finitimis et conterminis gentibus bellare valeant.

[2] Das Zamoyskische Mscr. liest statt „Ungannien" stets „Ungaunien". Selbst der heutige lettische Name für Estland spricht für die Lesart.

[3] XIV. 7, 8. Anfg., 9.

Im Frühling 1211 kehrte Albert in Begleitung dreier deutscher Kirchenfürsten und vieler vornehmer Pilger zurück. Ein Aufenthalt mit dem Ordensmeister Volquin zu Rom, im vorigen Herbst, war dem vorausgegangen; ein erneuter Ablass und Verträge über die Theilung Liv- und Lettlands, welche sogleich über Preussen heimgesandt, waren die Frucht desselben. [1] Soweit unser Autor, der über den Inhalt der Schreiben sonst nichts bemerkt.

Zum Glück sind sie aber erhalten, [2] so dass wir die kurze Angabe, welche H. bereits früher (XI. 3) über eine päpstliche Entscheidung hatte einfliessen lassen und die sich eben auf diese Verhandlungen von 1210 bezieht, an ihnen prüfen können.

Dies Document regelt die gesammten Verhältnisse zwischen Bischof und Orden, sowol ihre rechtliche Stellung, als den gegenwärtigen und noch zu erwartenden Besitzstand, so dass man es füglich als die etwas verspätete Stiftungsurkunde für die Ritterschaft betrachten kann. Und wie Rom in der That jetzt zum ersten mal den livländischen Brüdern seine Aufmerksamkeit zuwandte, haben wir bereits früher erkannt (vergl. p. 61). Die tiefeingreifenden Bestimmungen, welche noch hier getroffen werden mussten, beweisen, dass das Verhältniss der Machthaber zu einander bisher ein äusserst unsicheres gewesen, wie überhaupt eine eigentliche Rechtsbasis nicht

---

[1] XV. 2.

[2] Vergl. die Urkk. Innocenz v. 20. Octobr. 1210, Livl. U.-B. I. No. 16 u. 17. Es sind gleichlautende Ausfertigungen, jene an den Bischof, diese für Meister und Brüder. — Das auffällige Aeussere, das die erstere überall trägt, (von dem ältesten Abdruck herab, bei Bosquet, Epistolae Innocentii III. lib. I. ep. 141; Toulouse 1635) ist bisher noch nicht berücksichtigt. Albert wird hier nur zwei mal in der zweiten Person angeredet (gleich zu Anfang: „Cum inter te" u. dann „Ceterum cum tu ac tuorum quilibet successorum" etc.), während sonst von ihm in der dritten Person, als vom „episcopus Rigensis" gesprochen ist. Dieser merkwürdige Gebrauch der dritten Person und der noch auffälligere Wechsel mit der zweiten möchte sich so erklären: Schon bei den Verhandlungen wird über die einzelnen Punkte ein Protocoll aufgenommen sein, in welchem natürlich von Bischof und Ordensmeister in der dritten Person geredet; diese Form ist dann in die aus jenem Schriftstück entlehnte Ausfertigung übergegangen. Die Anrede (in der zweiten Person) ist erst bei letzterer hinzugekommen, und als ein späterer Zusatz, der in der ersten Acte nicht stand, ist der Passus über die Visitationen des Bischofs im Ordensgebiet aufzufassen; daher auch hier die zweite Person. Die an den Orden gerichtete Urk. No. 17 zeigt, soweit sie überhaupt abgedruckt ist, jenen Formfehler nicht.

existirt hatte. Praktisch muss sich schon Manches vorher herausgebildet haben, z. B. eine Unterordnung des Ordens unter den Bischof
im Allgemeinen; dass die Grenze derselben aber genau fixirt war,
muss entschieden in Frage gestellt werden.

Missbelligkeiten waren vorausgegangen, ehe man auf beiden
Seiten die Nothwendigkeit erkannt, das unklare Verhältniss in ein
bestimmteres zu verwandeln. Endlich rief man die Vermittlung der
Curie an. Selbst zur Kenntniss des Lübecker Abts war jener uner-
freuliche Zustand der Dinge gelangt: von schweren Zwistigkeiten
unter den Herrschern kann er berichten. [1]) Der von äusseren Rücksichten eingeschränkte livländische Autor wusste nur von vielfachen
gelegenen und ungelegenen Bitten der Brüder an den Bischof (XI. 3).
Hieraus wird ihm kein Vorwurf entstehen; wichtiger aber ist, dass,
obwol ihm die Urkunde vorgelegen, [2]) ihr Inhalt hätte mitgetheilt
werden können, das Bild, welches aus ihm über jene Verhandlungen zu gewinnen, ein durchaus unvollständiges, zum Theil unrich-
tiges ist.

Hier, wo uns wesentlich daran liegt, den Bericht H.'s zu prüfen, werden wir davon absehen, die Urkunde ihrer Bedeutung und
ihrem ganzen Umfang nach zu würdigen. Ihre Bestimmungen, wie
sie sich zum Theil erst durch Rücksichtnahme auf Späteres ergeben,
lassen sich in folgende Sätze zusammenfassen:

Der Orden ist zu steter Vertheidigung des Landes und durch
den an seiner Spitze stehenden Meister, in den anderen Mitgliedern
nicht unmittelbar, dem Bischof zu Gehorsam verpflichtet. [3])

---

[1]) Arnold. Lubec. l. VII. c. IX., §. 11.

[2]) Schon im §. 1 glauben wir dies erwiesen zu haben. Wollte man indess die Benutzung bestreiten, so doch nicht die Möglichkeit für H. überhaupt, hier Genaueres anzugeben.

[3]) „nullum sibi ex ea temporale servitium praestituri“ etc. Es ist nicht
ohne Wichtigkeit, dass hier nur der Meister dem Bischof direct zu gehorsamen hat. Mit richtiger Weiterentwicklung dieses Grundsatzes und des von
den geistlichen Rechten des Bischofs im Ordensgebiet bestimmte der Legat
Wilhelm im Jahre 1225 die Verhältnisse der Gerichtsbarkeit folgendermassen:
der Meister selbst ist der Jurisdiction des Bischofs unterworfen, vor den
ebenso alle geistlichen Sachen gehören; die Brüder dagegen und alle Ordensunterthanen stehen vor dem Meister zu Recht, von dessen Urtheilen indess an den Bischof appellirt werden darf. Von selbst ergiebt sich hieraus,
wie die Ordensgeistlichen in weltlichen Sachen dem Meister, in geistlichen

Es steht der Ritterschaft dafür ein Drittel des ganzen Liven-
und Lettenlandes, ohne Rücksicht darauf, ob dasselbe schon unterworfen oder nicht, [1]) jedoch als Lehn vom Bischof, [2]) zu, der als
Oberherr als einzige Abgabe ein Viertel des Zehnten daselbst empfängt. [3]) Nach wie vor übt er dort die bischöflichen Befugnisse,
visitirt die Kirchen, bestätigt die ihm von den Rittern zu geistlichen
Stellen präsentirten Candidaten, bei sonstiger Unabhängigkeit der
Priester, namentlich ihrer Exemption von mancherlei Darbringungen
(primitiae, cathedraticum, u. s. w.).

Dies Gebiet, das Liven- und Lettenland, wird endlich als
eigentlicher Wirkungskreis des rigischen Bischofs aufgefasst: ein
Vordringen darüber hinaus, wenn ihm auch nicht geradezu verwehrt,
scheint von der Curie nicht in Aussicht genommen zu sein. [4]) Ausserhalb jener Grenzen wird ihm eine Machtvollkommenheit über die
Ritterschaft nicht eingeräumt: volles, vom Bischof unabhängiges,
Eroberungsrecht ist letzterer dort verliehen, die geistliche Gewalt
neu zu ernennenden Kirchenhäuptern zugedacht, allein auf Gebiets-
theilung mit diesen Rücksicht genommen. Die Regelung dieses
Verhältnisses behält der päpstliche Stuhl sich vor. [5])

---

dem Bischof unterstehen; vergl. L. U-B. III. Nachtr. No. 73b. Vorher muss
Albert die Gerichtsbarkeit über den ganzen Orden beansprucht haben, wie
aus der päpstlichen Bestätigung jener Bestimmungen hervorgeht, L. U-B. III.
Nachtr. No. 92a.

[1]) Dass dies die zu Grunde liegende Meinung gewesen, ergiebt sich aus
späteren Auseinandersetzungen (z. B. Livl. U-B. I. No. 70), auf welche wir
zurückkommen.

[2]) .. „ut videlicet ipsi fratres tertiam partem earundem terrarum, Lettiae
scilicet et Livoniae, teneant a Rigensi Episcopo," etc. Obgleich bereits
v. Bunge, Einleit. in die liv-, est- und curländ. Rechtsgesch. p. 38, jenes
wichtige Verhältniss angedeutet hat, ist es nie beachtet.

[3]) Nach dem Jahre 1226 war er dafür verpflichtet. jeder Parochialkirche
im Ordenslande jährlich eine halbe Last Roggen zu liefern. L. U-B. I.
No. 84.

[4]) Dies geht aus späteren Ereignissen hervor, namentlich aus dem Un-
terschiede zwischen der Theilung bei II. XX. 2 und XX. 4, auf welche wir noch
genauer einzugehen haben.

[5]) „De terris, quas a modo extra Livoniam seu Lettiam, cum auxilio Dei,
dicti fratres acquirent, Rigensi episcopo minime respondebunt, nec
ipse de illis eos aliquatenus molestabit; sed cum episcopis creandis ibidem
quoquo rationabili modo component, vel observabunt, quod apostolica sedes
super hoc providerit statuendum."

Sehen wir nun, wie sich H.'s Angaben dazu verhalten. [1]) Den dem ersten unserer Sätze entsprechenden Theil der Urkunde hatte er bereits bei der Stiftung des Ordens im Allgemeinen verwerthet. In Bezug auf den zweiten, nach welchem dem Orden ein Drittel des ganzen Liven- und Lettenlandes zukommt, sagt er: „de acquisitis (terris) tertiam partem eis asscripsit,“ was keineswegs für identisch zu halten ist. Abgesehen davon, dass wir nicht erkennen, welcher Zeitpunkt bei seiner Angabe zu Grunde gelegt wird, ob bei dem Drittel der Eroberungen, das der Orden danach erhält, etwa 1207, das Jahr der ersten Theilung, als Normaljahr gelten sollte, (in welchem Fall die päpstliche Entscheidung hier nur Bestätigung der früheren Uebereinkunft wäre), oder der durch das unbestimmte „postea“ angedeutete Punkt, — bleibt dieselbe immer noch unrichtig, auch wenn wir jenes „postea“ auf die Verhandlungen von 1210 beziehen, und sie als den massgebenden Termin gelten lassen. Auch damals war die „tertia pars de acquisitis terris,“ von der H. spricht, nicht gleich dem Drittel von Liv- und Lettland, wie es dem Orden von der Curie zugesprochen wird, ohne Rücksicht darauf, ob die Gebiete damals bereits erworben waren oder nicht. Letztere Bestimmung bringt eine Erweiterung des Ordenslandes mit sich, welche zum Theil sogleich eintreten musste, — an allen bis 1210 eroberten Gebieten, an denen der Ritterschaft noch kein Antheil eingeräumt war — zum Theil nach der jedesmaligen Unterjochung eines augenblicklich von den Deutschen noch unabhängigen lettischen oder livischen Strichs. Dies war z. B. beim let-

---

[1]) Es ist die Nachricht XI. 3, die wir früher (p. 64) übergingen, weil sie sich erst auf die jetzigen Verhandlungen bezieht. Ihr Wortlaut war bisher folgender: „Illis (Militibus) autem instantibus ... tandem perlatum est postea ad aures summi Pontificis Romani. Qui simili sententia (qua Episcopus) terras nondum acquisitas Deo committens, de acquisitis tertiam partem eis (Militibus) asscripsit, relicta etiam Episcopo Livoniensi quarta parte decimarum in partibus eorum ad obedientiae recognitionem“. Im Zamoyskischen Mscr. fehlt das „simili sententia“, mit welchem dem Autor eine ganz andere Ansicht untergeschoben war; ebenso das selbstverständliche „Romani“ und „Livoniensi“. — Die Revalsche Hdschrft., welche ich hier auch einsehen konnte, stimmt wieder mit jener vollständig überein. Leider hat man sie so wenig berücksichtigt!

Aus H.'s letzter Mittheilung, XV. 2: „(Episcopus cum Volquino) super divisione Livoniae ac Letthiae privilegia recipiens“ etc., bei welcher er sich nur an den Eingang der Bulle gehalten hat, ergiebt sich gar nichts Bestimmtes.

tischen Tolowa der Fall, welches erst 1214 in gewisser Weise dem christlichen Staate eingefügt (XVIII. 3), mit ausdrücklicher Berufung auf jene Festsetzung, im Jahre 1224 in dem Verhältniss von 2:1 zwischen Bischof und Orden getheilt ward. [1]) Nach H.'s Worten hätte hier den Rittern auf keinen Fall ein bestimmter Theil von vornherein zugestanden.

Die genaue Bestimmung des fraglichen Gebiets ist nicht ohne Bedeutung, da ausserhalb desselben neue Grundsätze Geltung erlangen sollten. Nach unserm Schriftsteller hätte ein mehr zufälliger Zeitpunkt hier die Grenze abgegeben, nach der Urkunde die Verschiedenheit der Bevölkerung. [2])

Dazu bleibt bei H. unerwähnt, wie das Land unter der Form eines bischöflichen Lehns der Ritterschaft übertragen ward. Kurz zuvor liess er dasselbe „cum omni dominio et jure," wie der Bischof es selbst von König Philipp erhalten, von jenem weiter verleihen. Ein bestimmter Rechtstitel ist damit kaum gemeint; jedenfalls geht die Fixirung desselben in Lehnsabhängigkeit aus seinen Worten nicht hervor. [3])

Was endlich den dritten Punkt, die Bestimmung über die ausserhalb livischer und lettischer Gebiete zu machenden Eroberungen betrifft, so enthalten H.'s Mittheilungen nichts von dem wirklich Festgesetzten, begründen völlig unrichtige Anschauungen von den Plänen der Curie.

Nachdem der Bischof die darauf bezügliche Bitte des Ordens 1207 abgewiesen, hätte nach des Autors Worten [1]) jetzt auch der

---

[1]) L. U-B. I. No. 70. — Noch 1226 ist von nicht unterworfenen lettischen Strichen die Rede, bei denen jenes Theilungsverhältniss regelmässig gelten sollte; L. U-B. I. No. 84: „Convenit praeterea inter eos (episcopum et magistrum), quod si magister poterit sibi subjugare de Lettin partem aequivalentem illi, quam ipse episcopus Theodorico de Cokenois concessit in Warka, eam dividere cum episcopo minime teneatur". Es wird als Ausnahme hingestellt, dass hier die Theilung nicht eintreten sollte.

[2]) Auch Arnold v. Lübeck VII. 9, §. 11 hat eine äusserst unklare Vorstellung von dem Gegenstande und Verlauf der Verhandlungen. Er weiss nur von einer Forderung des Ordens, die auf ein Drittel des eroberten Gebiets geht, und welche ihm sowol vom Bischof, als auch jetzt vom Papste abgeschlagen sein soll!

[3]) Die „quarta pars decimarum", die er „ad obedientiae recognitionem" dem Bischof vom Orden entrichten lässt, deutet jenes Verhältniss nicht an. Sie blieb dem ersteren wol als geistlichem Oberherrn vorbehalten.

[4]) „Qui (Pontifex) terras nondum acquisitas Deo committens" etc.

Papst jene Lande nur »Gott empfohlen« d. h. die Frage der Zukunft vorbehalten. Mit dem „Deo committere" hat es insofern seine
Richtigkeit, als Innocenz seinen Ausspruch nicht in der Weise prä-
cisirte, wie es der Orden noch 1207 verlangt hatte — dass nämlich
jedem der Machthaber im Voraus ein bestimmter Theil an jeder
zukünftigen Erwerbung zugesprochen werde —, sondern es der
Ritterschaft völlig überlassen blieb, Eroberungen zu machen, welchen dann erst Auseinandersetzungen mit neuen Kirchenhäuptern
folgen sollten. Dass hiebei aber zugleich eine Entscheidung getroffen ward, und zwar diese den Brüdern äusserst günstige, — eine
Entscheidung, welche den Bischof weiter einschränkte als es früher
selbst von den Rittern beansprucht war, da sie den Löwentheil an
den künftigen Erwerbungen der Geistlichkeit hatten lassen wollen,
— geht aus H.'s Angabe in keiner Weise hervor.

Durch jene allgemeine, mit dem Sachverhalt nur sehr entfernt
zu vereinbarende Phrase hilft er sich über Alles hinweg. Seine
Beweggründe sind nicht schwer zu erkennen: Wie er schon vorhin
dem Orden nur ein Recht auf das Drittel der eroberten Gebiete
(nicht Liv- und Lettlands) einräumen liess, wol um zu verdecken,
dass die den Rittern (1207) von Albert gemachten Concessionen,
wider Willen dieses, vom Papste jetzt gesteigert waren, so trug er
auch im zweiten Fall Bedenken, dem ablehnenden Bescheide des
Bischofs (in Betreff zukünftiger Erwerbungen) unmittelbar die Ge-
währung eines noch weitergehenden Rechts von Seiten der Curie
folgen zu lassen. Das Fiasco in der bischöflichen Politik wäre allzu
scharf hervorgetreten. [1])

---

[1]) Der Thatbestand war H. selbst also klar. Das interpolirte „simili
sententia" liess ihn in dem irrigen Glauben erscheinen, dass Innocenz der
Antwort Alberts zugestimmt habe. Wie die Urkunde aber zeigte, hatte der
Papst die Lande Gott empfohlen, nicht „simili sententia" wie der Bischof, welcher sich bisher zunächst ausschliesslich als Herrn aller, auch gemeinsam eroberter Gebiete betrachtete, und mit seinem damaligen Bescheide
sich die alleinige Bestimmung über Erwerbungen in der Zukunft zu wahren
suchte, sondern in gerade entgegengesetzter Absicht, indem die beiden
Gewalten hierin völlig gleichgestellt, oder der Bischof dem Orden sogar
nachgestellt wurde, da von weiteren Vergrösserungen seines Gebiets ganz
abgesehen zu sein scheint.

Meist ist man sich des Widerspruchs, der zwischen Urkunde und Autor
bestand, nicht bewusst geworden; wo man ihn erkannte, hat man H. nicht

Es sind neue Plane, welche hier vom Papste aufgenommen werden — Plane die von Alberts bisherigen gänzlich abweichen. Dieser hatte die Verfügung sich vorbehalten, wol um das eigene Gebiet zu vergrössern und allenfalls dem Orden einen kleineren Theil abzutreten; jetzt nimmt die Curie das Bestimmungsrecht in Anspruch, aber um neue Bisthümer zu errichten und dem Orden völlig freien Spielraum zu gewähren. Sollte nun auch die Dotation der neuen geistlichen Herren noch so reich ausfallen, — in jedem Fall hatte die Ritterschaft mindestens Alles erreicht, was sie bisher angestrebt, während des Bischofs Absichten mehr als je zu erwarten stand durchkreuzt waren.

So auffällig die Massnahmen auf den ersten Blick erscheinen mögen, sie widersprechen den hierarchischen Ideen eines Innocenz keineswegs! Mag auch der Eine, ohnehin schon mächtige Bischof benachtheiligt sein: die geistliche Gewalt im Allgemeinen war es nicht. Ihre Superiorität innerhalb der Rigaschen Diöcese war gerade befestigt; in den künftig zu erwerbenden Gebieten ihr eine entsprechende Machtstellung vorbehalten. Dabei ist der Ritterschaft eine freiere Bewegung gestattet worden -- ein entschiedener Vortheil, wenn nicht für Albert, so doch für die Ausbreitung des Christenthums überhaupt und die gesammte Kirche.

H.'s Angaben gewährten hier einen so geringen Einblick in die Thatsachen, dass bei der grossen Tragweite jener Festsetzungen für die Zukunft ein richtiges Verständniss späterer Vorgänge aus ihm nicht zu erzielen ist. Nicht ihn, sondern jene Bulle, werden wir vorläufig zum Ausgangspunkt zu nehmen haben.

Aus ihr, nicht gleich bestimmt aus dem Autor, ersehen wir nun wie jener Vertrag noch mehre Auseinandersetzungen zur Folge haben musste. Die Frage über den Antheil der Parteien am eroberten Lande war zwar im Princip entschieden, doch bedurfte es noch der Anwendung desselben. Das Recht des Ordens musste zunächst

---

des Irrthums gezichen, was bisher das Richtige gewesen wäre. Voigt, Preuss. Gesch. I, 416 u. 421 liess beide Angaben neben einander gelten: dort folgt er dem Chronisten, nach welchem der Papst zu Gunsten des Bischofs entscheidet, und an der zweiten Stelle bringt er nach der Urkunde die Bestimmungen zu Gunsten des Ordens. Ebenso vor ihm Gebhardi, Hallesche Welthistorie, Bd. 50, p. 328, §. 15 u. p. 334, §. 19; dann v. Ziegenhorn, Staats-Recht der Herzogth. Curland und Semgallen, p. 7, §. 14.

an allen den Deutschen bereits unterthänigen livischen und lettischen Strichen, von denen er bisher ausgeschlossen geblieben, in Kraft treten: also an dem 1207 schon erworbenen, ihm damals aus besonderen Gründen, die in Rom keine Anerkennung gefunden, (es müsste sonst eine Exemption ausdrücklich ausgesprochen sein), vorenthaltenen livischen Dünaland; ferner an dem vom Fürsten von Gercike 1209 abgetretenen Besitz.

Unter Mitwirkung der drei anwesenden deutschen Bischöfe und auf Grundlage der römischen Verhandlungen, kam noch bis zum Herbst des Jahres 1211 ein Vertrag über jenes westliche Dünaland [1]) zu Stande, bei dessen complicirten und wenig durchsichtigen Bestimmungen wir länger verweilen müssen, um die kurze Nachricht U.'s (XI. 3: De provinciis autem sive praediis aliis etc.), die wir gerade hierauf bezogen, mit ihnen zu vergleichen.

Das zunächst Auffällige der Urkunde, welche die päpstliche Entscheidung zwar anführt, das dort allgemein aufgestellte Theilungsverhältniss aber nur für Lettland und Kokenhusen erwähnt, möchte sich so erklären: während in Rom jener Grundsatz gewissermassen theoretisch für alle livischen und lettischen Gebiete aufgestellt war, ohne Rücksicht darauf, ob derselbe überhaupt an allen schon durchführbar, oder inwieweit er durch die Theilung von 1207 bereits zur Ausführung gelangt, setzt dies Document, das sich die Ordnung der territorialen Verhältnisse zur alleinigen Aufgabe stellt, die ältere Auseinandersetzung voraus, und macht den Grundsatz nur für die Landestheile geltend, auf die er nach der Theilung von 1207 überhaupt noch und zwar schon jetzt angewandt werden konnte, also für Lettland, d. h. die ehemaligen Gebiete von Gercike, über welche ein Vertrag alsbald geschlossen ward (Urk. 23), und

---

[1]) L. U-B. I, No. 18. Irrig nennt das Urkunden-Buch jene Acte eine „Bekanntmachung des durch den Papst vermittelten Vergleichs." Man verfährt auf Grund einer der dort getroffenen Festsetzungen, doch wird etwas Neues, dort nicht genau Geregeltes, geschaffen.

Nebenbei sei bemerkt, dass sich auf diese Urk. das Reg. 5 des „Verzeichniss der Schriften und Documente, welche 1621 aus Mitau durch die Schweden weggeführt sind", beziehen muss; sein Inhalt, ohne Datum, lautet so: „Mehrere Prälaten entscheiden, dass dem Orden von Kokenhusen ein Drittel, ganz dagegen Ascheraden und der Königsholm zukomme." (Schirren, Verz. livl. Gesch.-Quellen in schwed. Archiven u. Bibliotheken Bd. I. Heft 1, p. 127).

auch für Kokenhusen, das erst nach 1207 getheilt war, welcher Act hiedurch nachträglich Bestätigung erhält. Dass es wirklich noch einmal der Repartition unterworfen ist, sehen wir nirgend.

Mit einem „vero" kommt dann das Document zu seinem eigentlichen Gegenstand, der Theilung der livischen Striche an der Düna, ohne denselben aber im Allgemeinen zu kennzeichnen, ohne die Drittelstheilung hier auszusprechen. Letzteres aus gutem Grunde. Wie der Inhalt zeigt, erhielt der Orden, trotz der päpstlichen Entscheidung, seinen Antheil hier nicht vollständig, ersichtlich aus denselben Ursachen, welche früher die Theilung ganz verhindert hatten: wegen der dort liegenden bischöflichen Lehen.

In der allerverschiedensten Weise tritt das Recht der Ritterschaft an den einzelnen Theilen dieses Gebiets in Kraft: [1] an dem noch nicht vergabten Besitz erhält sie ihr volles Drittheil, so an der Burg Holm und an der Fischwehr (jurgustrium, statt des gewöhnlichen gurgustium); auch das Schloss Asscrad (Ascheraden), *das mit* allem Zubehör ihr anfällt, wird als das ihr an einem grössern noch nicht verlehnten Complex zustehende Drittel zu fassen sein, denn da es nicht als „recompensatio" für verlehnten Besitz angeführt wird und wir an dem Beispiel von Holm sahen, wie der Orden am nicht vergabten Lande das gesetzliche Drittel erhält, scheint nur dies möglich. [2] — Dann gelangt man zu den verlehnten Ländereien: das Anrecht des Ordens auf ein Drittel der Königsinsel wird anerkannt, doch da sie bereits vergabt, soll er sofort durch andere Güter entschädigt werden, aber beim Heimfall der Lehen

---

[1] Von dem Folgenden nehmen wir den Satz „duas quoque villas, quas perdiderunt (Milites) in terminis castri Remin, Episcopus ipsis recompensabit" aus, da sein Inhalt dem eigentlichen Gegenstand offenbar fern liegt. Während der Orden im Uebrigen von ihm nie besessnes Land oder Ersatz für solches erhält, ist hier von zwei Dörfern die Rede, die er inne gehabt, dann wol dem Bischof abgetreten, und für die er nun entschädigt werden soll. Man benutzte die ein mal aufgenommene Urk., um ihn auch für eine anderweitige Forderung sicher zu stellen. Wegen Abrundung seines Gebiets wird der Bischof jenen geringen Besitz zu seinem Complex gezogen haben (Remin gehörte ihm, L. U-B. I. No. 198). Die Entschädigung ward dem Orden im Schloss Alene (Urk. 23).

[2] Gerade dieser Vertrag bietet grosse Schwierigkeiten, da er nicht den Charakter einer Theilung, sondern den der Abtretung gewisser Striche an den Orden hat, wobei das dem Bischof Verbleibende nicht genannt wird.

in den ihm eigentlich zustehenden Besitz eintreten; [1] an anderen, unterhalb jener Insel (infra praedictam insulam) liegenden, verlehnten Grundstücken dagegen soll das Recht des Ordens bis zu ihrer Eröffnung ruhen. — Endlich muss bei einigen, gerade grösseren Lehen dieser Gegend, so Uexküll und Lenewarden, weder Entschädigung eingetreten, noch auch jener eventuelle Besitz der Brüder anerkannt sein: von ihnen ist überhaupt nicht die Rede. Erst im Jahre 1226 hat der Orden Ansprüche auf sie erhoben — wie es scheint, rechtlich unbegründete — aber sichtlich ohne Erfolg. [2]

So schreitet das Document trotz der Unübersichtlichkeit und der eingestreuten anderweitigen Bestimmungen in seiner eigentlichen Aufgabe systematisch vor: es geht vom stärker wirkenden Recht des Ordens zum schwächeren über. Zuerst kamen die ihm eigentlich zustehenden Gebiete, in deren Besitz er unmittelbar eintritt; dann die Lehen, an welchen sein Recht anerkannt und für die er sogleich Ersatz erhält; endlich solche, wo sein Recht bis zu einem gewissen Zeitpunkt gänzlich ruht. Welcher Umstand zu den beiden letzten Unterscheidungen Anlass gab, ist bei dem gänzlichen Schweigen der Urkunde nicht recht ersichtlich. Wahrscheinlich ist ein bestimmter Termin massgebend gewesen, nach welchem die Lehnsverleihung vorgenommen sein musste, um für den Orden einen Anspruch auf Entschädigung zu begründen. [3]

---

[1] Eine Ausnahme, welche für die Regel beweist, trat 1226 an dem verfallenen Lehn des gebannten Johann v. Dolen ein, wo der Meister sein Recht beansprucht, aber zu Gunsten der Familie des Vertriebenen davon abgesehen wird; dann ist hinzugesetzt: Alias autem praedictum scriptum et concordia (de successione feudorum in Insula Regis) perpetuam habeant firmitatem; U-B. I. No. 84.

[2] U-B. I. No. 84: Petebat siquidem magister ab episcopo supplementum suae tertiae partis in Livonia, specialiter in castris Ikescule et Leneward et Mezepol, et terris Theodorici, et pluribus aliis locis. Für jene Schlösser erhält der Orden keinen Ersatz; für die „terrae Theodorici" einen ungewissen, indem er sich denselben erst erobern soll (s. Ende der Urk.).

[3] Die Theilung von 1207 liesse sich als ein solcher Zeitpunkt ansehen: durch das damalige Zugeständniss des Bischofs würde es sich vollständig erklären, dass der Orden für Verleihungen im Dünaland, die erst nachher (also zwischen 1207 u. 1210) vorgenommen, sogleich Ersatz erhielt; man musste, da sein Recht hier ein mal anerkannt war, den Stand der Dinge um 1207 als den normalen betrachten. Die Lehen, an denen er beim Heimfall Anrecht erlangen sollte, wären dann vorher, etwa zwischen seiner Stiftung

Diesen Resultaten ist die Angabe H.'s (XI. 3): „für andere Bezirke und Güter aber, die schon früher verlehnt waren, erhielt der Orden später vollen Ersatz," gegenüberzustellen. Sie erschöpft den reichen Inhalt des Documents offenbar in nur geringem Grade, ist bei dessen vielfachen Abstufungen geradezu unrichtig. Nach H. müsste angenommen werden, der Orden habe für alle Lehen (d. h. das ihm an jedem derselben zustehende Drittel) Ersatz erhalten, während wir erkannten, dass an vielen zwar von einem eventuell wirksam werdenden Recht, nicht aber von vorläufiger Entschädigung die Rede war („Quidquid autem infra praedictam insulam" etc.); wie an andern ihm nicht einmal jenes zugestanden, weit weniger letztere eintrat (Urk. 84, Uexküll etc.). Seine Nachricht passt nur auf den einen Fall mit dem Königsholm.

In der ganzen Mittheilung ist überhaupt nur eine Seite der Auseinandersetzung erfasst. Es geht aus ihr nicht hervor, wie es sich dort nicht allein um „recompensationes" für Lehen gehandelt habe, wie der Orden bei vielen Theilen des Dünalandes (so Holm, Asscrad) gleich in den ihm ursprünglich zustehenden Besitz eingetreten. Klare Einsicht und irgendwie genügende Wiedergabe des complicirten Actes ist unserm Autor nicht zuzugestehen.

Als eine weitere directe Folge der päpstlichen Entscheidung ist dann die Theilung des Lettenlandes anzusehen, welche bald danach, gegen Ende desselben Jahres, oder zu Anfang des nächsten (1212), [1])

---

und 1207 ausgethan; für sie hatte das Versprechen also rückwirkende Kraft, aber eine beschränkte.

Die Zeit der Stiftung des Ordens wählten wir zum Anfangspunkt der vorigen Periode, weil sich noch eine dritte Kategorie ergab, wo ihm gar kein Recht eingeräumt ward. Dies scheinen nämlich Lehen zu sein, an denen das Recht der Lehnsträger älter war, als der Orden überhaupt: Uexküll und Lenewarden, von denen in der Urk. gar keine Rede, sind eben Verleihungen aus der Vor-Ordenszeit (V. 2), während von einem dritten, ihnen (in Urk. 84) gleichgestellten, Mezopol, überhaupt nichts bekannt ist.

[1]) L. U-B. I. No. 23. Nachdem durch Gadebusch, Livl. Jahrbücher I. 98, Note n, die Abfassungszeit der Urk. richtig so fixirt (gegenüber Dogiel, Codex Dipl. Poloniae, etc. Tom. V. No. 5, der sie nach 1213 setzt), ist es kaum möglich, Genaueres anzugeben. Bonnell, Chronogr. Comment. 55, entscheidet sich für das Ende 1211. Der beim Vertrage betheiligte Theodorich von Estland machte allerdings gleich zu Anfang 1212 einen Feldzug mit (XV. 7, p. 162), nicht aber, wie Bonnell sagt, auch die drei deutschen Bischöfe.

von den Brüdern und Procuratoren des abwesenden Albert und den im Lande noch verweilenden Bischöfen mit dem Orden vermittelt ward. Die sich weiter östlich an der Düna hinerstreckenden lettischen Gebiete, einst vom Fürsten von Gercike seinem bischöflichen Lehnsherrn abgetreten, sind Gegenstand des Vergleichs. Möglichste Unparteilichkeit ward beim äussern Vertheilen angestrebt, daher sollte das Loos entscheiden. Nachdem zuvor die einzelnen Drittel durch die Landesältesten abgegrenzt, [1] wurden sie, auf verschiedene Kärtchen verzeichnet, durch die Hand eines der Schrift Unkundigen Bischof und Orden zuertheilt, ersterem zwei, diesem eins. Die Ritterschaft erhielt hiedurch die Schlösser Zerdene, Rheyeste und Zessowe, [2] dazu von des Bischofs Theil Alene als Ersatz für früher abgetretenen Besitz (Urk. 18 „duae villae" etc.).

Als eine Consequenz der römischen Verhandlungen war dieser Vertrag zu erwähnen, dessen H. mit keinem Worte gedenkt. Wie er früher die Abtretung jener Striche von Seiten des russischen Fürsten übergangen, so jetzt ihre Vertheilung unter Bischof und Orden.

Da in nächster Zeit Auseinandersetzungen mit den geistlichen Gewalten nicht bevorstanden, hatte die Ritterschaft neben der schon vorher erlangten Beistimmung Roms sich eine umfassende Bestätigung der höchsten weltlichen Autorität erwirkt: in weitgehender Weise erkannte Kaiser Otto zu Anfang 1212 den Brüdern ihren bisherigen Besitzstand zu, wie auch alles zukünftig unter einem Rechtstitel Erworbene oder den Feinden des Christenthums Abgerungene. [3]

Da die Unternehmung aber jedenfalls im Januar beendet war, die Bischöfe von Verden und Paderborn erst im März abreisten (XV. 12), kann die Urk. immer noch in das J. 1212 gehören.

[1] Dieser Modus weicht von dem früheren ab, (XI. 3 theilen die Ritter das Land) und war bereits bei der letzten Auseinandersetzung vorgesehen (Urk. 18).

[2] So nach Bonnell, Chronogr. Nachtr. p. 236, statt „Sessove". Die Form der Namen ist mehr als unsicher, da die Urk. nur durch Dogiel und in einem späten Transsumpt erhalten ist (s. L. U-B. I. Reg. 28). Die genannten Ordensburgen sind z. B. identisch mit drei andern in Urk. 38, wo sie „Gerdine Egeste und Chessowe" lauten!

[3] L. U-B. I. No. 19, d. d. Lodi, 27. Januar 1212. Ueber die Echtheit der Urk. vergl. Excurs III.

§. 5. Die Vorgänge von 1212 und 1213.

Keinen Augenblick hatte unterdess der Kampf mit den Esten geruht, und Massnahmen, die auf seine energische Fortsetzung deuteten, waren der baldigen Abreise Alberts (XV. 6) vorausgegangen. Um bei dem wechselnden Kriegsglück der Treue der einheimischen Bevölkerung versichert zu sein, war auf ihre Bitte und die Vorstellungen der fremden Bischöfe der drückende Zehnte in eine Getreideabgabe von jedem Pfluge fixirt; [1] da die Ernennung neuer geistlicher Oberhäupter in Rom beabsichtigt, und dem rigischen Bischof eine solche kraft päpstlicher Autorität zustand, hatte er den ihm ergebenen Abt Theodorich, seinen langjährigen Gehilfen, zum Bischof geweiht, und ihm Estland als Sprengel verheissen. [2]

Das Jahr verging unter Raubzügen von beiden Seiten. Ungaunien ward durch Mord- und Raublust der Letten und eine aufreibende Pest zur Einöde gemacht; gewaltige Heere überschritten bereits Embach und Pala, und plünderten in Jerwen (XV. 7). Da aber sahen sich die Untergebenen der Deutschen ausser Stande, den Krieg fortzusetzen. Sie schlossen mit den Gegnern Frieden, ohne dass sich die Herren betheiligten (XV. 11). Erst als Albert im März 1212 wieder im Lande erschien, ward ein dreijähriger allgemeiner Waffenstillstand vermittelt, durch den die Saccalaner bis zur Pala, welche Annahme der Taufe versprochen und durch christliche Missionare dazu aufgefordert waren (XV. 7, p. 160 unten und XV. 9), den Deutschen vereinigt wurden. [3]

Als sichere Erwerbung galten diese Striche aber keinesfalls, wie es denn zu keiner Auseinandersetzung zwischen den zur Besitznahme Berechtigten, den Bischöfen und dem Orden gekommen ist.

---

[1] XV. 5; dem Vertrage über das Dünaland (No. 18.) lag diese Bestimmung schon zu Grunde.

[2] XV. 4: „et in Estonia promittens Episcopatum" heisst nicht: er versprach ihm in Estland ein Bisthum, sondern: das (ganze) Estenland als Bisthum, ebenso wie XI. 3: „tertiam partem in Metsepole Episcopo etiam relinquunt" nicht bedeutete ein Drittel in Metsepole, sondern (ganz) Metsepole als Drittel. Für spätere Vorgänge wird die Idee eines estnischen Gesammtbisthums von Bedeutung sein.

[3] XVI. 1.

Nur der Unsicherheit über die fortan bei den Eroberungen gel-
tenden Grundsätze ist es zuzuschreiben, wenn H. jenes Land ganz
allgemein als den Deutschen und dem Bischof abgetreten, oder gar als
diesem allein zukommend ansieht. [1] Beide an der Unterwerfung
betheiligte Machthaber, dazu der neuernannte Theodorich, mussten
sich hier als Herren betrachten, mochte auch, wie die nächste Zeit
lehrt, gerade der Orden nicht Willens sein, die Rechte der Andern
gelten zu lassen. Das Gegentheil von dem, was nach H. anzunehmen ist, wird bald hervortreten: nicht Albert, sondern die Ritter
sprachen den Zuwachs an Gebiet als ihren Sonderbesitz an. .

Der Krieg ruhte nun; Friede und Sicherheit war auch dem
Fürsten von Polozk gegenüber hergestellt (XVL 2); da erhob sich
eine neue, innere Gefahr.

Ein Streit der Ordensbrüder von Wenden mit des Bischofs lettischen Unterthanen von Autina über Felder und Bienenbäume gab
— so erzählt H. [2] — die Veranlassung. Vermittlungsversuche Alberts und Bischof Philipps von Ratzeburg auf einer zweitägigen allgemeinen Versammlung blieben erfolglos: Liven und Letten schlossen sich an einander und bekräftigten diesen Bund „durch Treten
der Schwerter nach Heidenart." Selbst Caupo, der treue Liven-
häuptling, stand auf ihrer Seite. „Vom Glauben an Christus wolle
er zwar nie abfallen, wol aber werde er sich für Erleichterung der
Lasten beim Bischof verwenden," waren seine Worte.

Macht nun auch H. jenen geringfügigen Zank zum Ausgangspunkt aller folgenden schweren Verwicklungen, so hat es sich ersichtlich doch gleich anfangs um Ernstlicheres als Bienenbäume und
Sühne einiger Misshandlungen von Seiten der Brüder gehandelt.
Hätten sich sonst Bischof Albert und Philipp sogleich aufgemacht,
eine allgemeine Versammlung, und zwar von Letten und Liven
berufen, welche letztere bei jener Angelegenheit ganz unbetheiligt
sein mussten? Wie konnte der Streit, welcher später so leicht
beigelegt ward, Gegenstand zweitägiger erfolgloser Bemühungen
sein? Eine so allgemeine Verbindung gegen die Deutschen konnte
unmöglich daraus erwachsen. Aus den Worten des Livenhäuptlings
geht dann endlich hervor, was H. verschwiegen, dass die schweren

---

[1] XVI. 8: Saccala, Episcopo jam subdita.
[2] XVI. 3, 4, 5, 6.

den Eingebornen namentlich vom Orden aufgebürdeten Lasten die eigentliche Ursache aller jener Vorgänge gewesen. Aus den bekannten Rücksichten muss der Autor eine Angabe der wahren Gründe vermeiden und statt ihrer stellt er — nicht eben geschickt — den unbedeutenden Zwist, der von gar keinem allgemeinen Interesse, an die Spitze aller späteren Erschütterungen. Derselbe sollte möglicherweise auf der Versammlung miterledigt werden, ohne Veranlassung zu ihrer Berufung zu sein. Mit den allgemeinen Fragen und weiteren ernsten Vorgängen zeigt er keinen Zusammenhang, und verschwindet auf längere Zeit gänzlich, um dann als ein ganz abgesonderter und durch die vorhergehenden Unruhen gar nicht berührter Rechtsfall aufzutauchen (XVI. 6).

Die directen Mittheilungen begründen hier durchaus unrichtige Ansichten; erst die Worte Caupo's, in deren Ueberlieferung H. gewissermassen aus der Rolle fällt, deuten den wahren Sachverhalt an.

Mit Uebergehung jenes nicht hineingehörigen, von H. willkürlich herbeigezogenen Streits, lässt sich der rechte Zusammenhang leicht herstellen. Längere Zeit schon hatte Gährung im Ordensgebiet geherrscht: verrätherische, auf Vertreibung aller Deutschen und Christen gerichtete Pläne warf H. bereits früher, gleich bei der Ankunft Alberts, den Liven vor, [1] — ob schon damals mit Recht möchte zu bezweifeln sein. Die Art, wie er im Allgemeinen über jenes Volk spricht, nimmt hier gegen sein Urtheil ein; dazu steht der der deutschen und christlichen Partei eifrigst anhängende Caupo noch längere Zeit auf Seiten seiner Stammesgenossen. Unzufriedenheit hat zunächst nur über die hohen Lasten, über mancherlei Unbill im Einzelnen (H. p. 170 oben) geherrscht; nicht aber scheinen sich von vornherein Umsturzpläne dahinter verborgen zu haben. Wie der Groll anfangs nur gegen den Orden gerichtet gewesen, geht aus H.'s eigenen Worten (XVI. 1) und der Vermittlung des Bischofs hervor.

Die folgenden Ereignisse sind für uns von untergeordneter Bedeutung: die Versammlung, welche die Streitfragen schlichten sollte, blieb fruchtlos, — durch wessen Schuld, sagt der Autor nicht; bei Bildung jener Eidgenossenschaft traten dann wol zuerst die weitgehenden destructiven Absichten hervor, über deren Geltung

---

[1] XVI. 1: Nam Livones quidam perfidi, qui erant adhuc filii sanguinarii etc.

nur die Waffen entscheiden konnten. Beide Parteien, der Orden
wie die Liven, waren bereits zu Feindseligkeiten übergegangen,
während von bischöflicher Seite noch wiederholt, wenn auch vergeblich, eine friedliche Lösung angestrebt ward. Mit Gewalt er-
stickte man nun die offene Empörung: nach einer schweren Belagerung in der Burg von Sattesele mussten sich die Aufständischen
wiederum deutscher Herrschaft und christlicher Lehre beugen, als
Strafe abermals den Zehnten, statt der später eingeführten Getreideabgabe auf sich nehmen.

Die Untergebenen der Ritterschaft haben denn die schwerere
Last wieder getragen, während Albert die seinen bei der geringeren
Kornablösung erhielt.

Nach diesen blutigen Zwischenfällen ward dann erst die Angelegenheit erledigt, welche H. unrichtig mit dem Aufstand in Verbindung gesetzt: die Letten von Autina traten mit ihrer Klage gegen die Ordensbrüder vor den Bischof, und nach dem Ausspruch
von Schiedsrichtern erhielten letztere auf ihren Eid die Aecker, jene
die Bienenbäume und Entschädigung für die angethane Körperver-
letzung (XVI. 6).

Dieser Streit nun wieder ist mit einem von H. unmittelbar darauf berichteten Vorgang in Zusammenhang gebracht, welchen der Autor
aus den schon häufig erwähnten Gründen übergangen hätte. „Und
mit denselben Letten von Autina" fügt er (§. 7) hinzu, „ging der
(aus Pskow vertriebene) König Wladimir und verwaltete bei ihnen
die Voigtei, bis die Ritter durch einen Tausch Kokenhusen dem
Bischof ganz überliessen und dagegen Autina erhielten." Da dieser Vertrag urkundlich erhalten ist, untersuchen wir zunächst wie H.
ihn überliefert, dann jene fragliche Verbindung.

Durch diesen zu Anfang 1213 von Albert vermittelten Vergleich[1])
sollten die aus der früheren Vertheilungsart entspringenden Schwierigkeiten beseitigt werden. Die Landestheile waren vielfach zer-
stückelt, der Besitz an einzelnen Burgen gemeinsam, und bei der-
artig getheilten Rechten mancherlei Zwistigkeiten unvermeidlich.
Durch gegenseitige Uebertragung partiellen oder dem Einzelnen weniger passend gelegenen Besitzes sollte dem ein Ziel gesetzt werden.

---

[1]) L. U-B. I. No. 38. Er muss zwischen Anfang und Frühling 1213
fallen, da der Bischof um die letztere Zeit das Land wieder verliess (XVII. 1).

Für das Schloss Autina und einige kleinere Zugeständnisse von Seiten Alberts [1]) überliess der Orden diesem sein Drittel an Kokenhusen, dazu alle Landstriche, welche er in dem vor Jahresfrist durch die vier Bischöfe vermittelten Vergleich (No. 23) erworben (mehre lettische Burgen an der Düna, und das Land zwischen diesem Strom und der Ewst). Wie jene frühere Uebereinkunft hier gänzlich verändert, ist schon daraus ersichtlich, dass den Rittern der fernere Besitz des Schlosses Alene, wol des einzigen, welches sie von den ihnen damals zuerkannten Gütern hienach noch behielten, ausdrücklich bestätigt wird. [2])

Ein wesentlicher Fortschritt scheint hiedurch begründet, die Verwaltung war vereinfacht, Streitigkeiten vorgebeugt. Das zur Abwehr der Litauer so wichtige Kokenhusen [3]) nannte der Bischof nun ganz sein Eigen; sein Land an der Düna bildete eine grosse, fast völlig zusammenhängende Masse. Auch der Orden hatte gewonnen, da mit dem Hauptstock seiner Besitzungen ein neuer Strich vereinigt war.

Wie H.'s Angabe sich hiezu verhält, ist leicht ersichtlich: sie erwähnt jenes Tausches nur insoweit, als derselbe für die Erzählung unmittelbar in Betracht kommt (also von bischöflicher Seite der Abtretung Autina's), und aus früheren Mittheilungen verstanden werden kann (Aufgabe seines Drittels an Kokenhusen durch den Orden). Natürlich ist sie nicht ganz zutreffend, indem die bedeutendsten Verzichtleistungen der Brüder unerwähnt bleiben mussten. Da die ursprüngliche Uebertragung jener Districte von Seiten des Für-

---

[1]) Annonam etiam nostram, quam in decima Ascharad habebamus, et duas villas Sedgere dictis militibus Christi (dimisimus).

[2]) Unrichtig lässt das Livl. U-B. in den dem III. Bde. angefügten Verbesserungen, und auch Bonnell, Chronogr. p. 29 (zum April 1213), den Bischof jenes Schloss vom Orden zurückerhalten (nicht den Orden dasselbe zurückbehalten). Die Worte „castro Alenensi, quod prius habebunt (milites), ab eis retento" lassen sich aus mehrfachen Gründen nicht so fassen.

[3]) Dies ist später dem Grafen Burchard v. Aldenburg (XIX. 2, 8) verliehen, was H. nicht mittheilt, aber zu seiner Nachricht XXIX. 4 wol passt. — In einer Urk. vom 21. Juli 1224 (L. U-B. I. No. 61) nämlich, erscheint als Zeuge unter den vier Stiftsvasallen: comes Burchardus de Kucunois; in zwei andern aus den folgenden Tagen (No. 62 u. 63): comes Burchardus de Aldenburg. Beide sind offenbar identisch; die Namen der drei Mitvasallen bleiben sich überall gleich.

sten von Gereike an die Deutschen, dann ihr Erwerb durch den Orden unerwähnt geblieben war, so konnte jetzt deren Wiedererlangung durch Albert nicht berichtet werden, ohne Unklarheit zu erzeugen.

Was nun die zwischen der Fehde des Ordens mit den Letten von Autina und der Vertauschung des letzteren gesuchte innere Verbindung betrifft, [1] so vermögen wir eine solche nicht zu erkennen, und müssen hier unsern Schriftsteller gegen den ihm oft zu machenden Vorwurf einer unklaren Darlegung des Zusammenhanges der Ereignisse vertheidigen. Die geltend gemachten Gründe klingen nicht eben wahrscheinlich, und finden directe Widerlegung; andererseits erklären sich die Vorgänge auch in ihrer Vereinzelung vollständig. Der Tausch findet Begründung in den Unvollkommenheiten früherer, namentlich des letzten Vertrags, worauf die Urkunde selbst hinweist. Es ist angedeutet, wie beide, Bischof und Orden, Vortheil bei dieser Veränderung fanden: der Annahme, Ersterer sei gewissermassen dazu gezwungen worden, widerstreitet sowol das Abkommen, welches auch Gewinn auf seiner Seite erkennen lässt, als überhaupt die Thatsache, dass Albert sich in seinen Rechten vom Orden nicht verkürzen liess. [2]

Der Plan zu derartigen Besitzänderungen mochte schon früher gefasst sein, — die Mitvertauschung Autina's hat nicht unmittelbar in ihm gelegen, sondern scheint mehr zufällig zu sein. Wenn jetzt, nach Beilegung des Streits, Wladimir als bischöflicher Voigt dorthin geht, um es nach Vollziehung des Tausches gleich wieder zu verlassen, so zeigt dies wol, wie während des Zwistes und selbst bei seiner Beendigung an eine Zuweisung jener Besitzung an den Orden noch nicht gedacht ist, da in diesem Fall das Amt dem Fürsten nicht mehr verliehen wäre.

Eine unmittelbare Beziehung der beiden Ereignisse scheint demnach nicht vorzuliegen: Autina ward wegen seiner dem Orden günstigen Lage von ihm eingetauscht, ohne dass jener Streit darauf Ein-

---

[1] Eine solche nimmt Hansen p. 10 an, wenn er sagt: „Wollte der Orden dem Bischof Autina durch solche Plackereien abnöthigen? oder war Autina zu einem Tausche bestimmt und die Leute daselbst fügten sich ungern unter das schwerere Joch?"

[2] Beispiele dafür, wie der Bischof dies umgekehrt beim Orden versuchte, werden bald anzuführen sein.

fluss geübt, oder Folge dahin gebender Absichten der Machthaber gewesen wäre.

§. 6. Verwicklungen unter den Machthabern, vorzüglich in der estnischen Frage.

So fand nach aussen hin, gegenüber der aufständischen Bevölkerung, ein durch die schwierigen Umstände freilich sehr gebotenes Zusammenwirken von Orden und Bischof statt; in den inneren Angelegenheiten schien die Eintracht durch den letzten Vertrag angedeutet, wo beide Parteien den Willen gezeigt, die aus den Besitzverhältnissen entspringenden Streitigkeiten zu beseitigen. Bei H. findet sich auch nicht Eine Andeutung, aus welcher eine Störung des guten Einvernehmens hervorginge.

Hier nun belehren die Urkunden eines Bessern: sie zeigen, dass *die* Eintracht keineswegs eine durchgehende gewesen, wie das an manchen kleineren Gebieten noch immer getheilte Eigenthum, und die mehr allgemeinen, praktisch nicht genug erprobten Bestimmungen von 1210 vielfach Collisionen herbeiführten, wie der besonders beim Orden stark hervortretende Mangel an Billigkeit zu den schlimmsten Verwicklungen Anlass gab. [1] Wir gehen auf diese Angelegenheiten näher ein, da sie für die Beurtheilung H.'s von Interesse, für das Verständniss späterer Vorgänge von Wichtigkeit, und trotz ihrer grossen materiellen, wenn auch mehr augenblicklichen Bedeutung nie berücksichtigt sind. [2]

Es hatte der Orden auf dem ihm zugestandenen Theil der Insel Holm den Bau einer Kirche beschlossen, ohne dadurch, wie es scheint, das ihm gewährte Mass von Befugnissen zu überschreiten;

---

[1] Eine Reihe päpstlicher Bullen, sämmtlich vom October 1213, kommt hier in Betracht. Da nun Albert bereits im Frühling des Jahres Livland verliess, müssen die Streitigkeiten vor dieser Zeit gesucht werden, wie denn einige, so die in No. 27 behandelten, schon lange angedauert hatten.

[2] Namentlich nicht das Verhältniss des Ordens zu Theodorich v. Estland. Hansen erwähnt der Urkunden gar nicht; Kienitz, Vierundzwanzig Bücher livl. Gesch. p. 86—87, u. Noten p. 284 ff., behandelt die Sache oberflächlich, dazu allein als Zwist zwischen Bischof und Orden, ohne die Bedeutung der Fragen an sich zu würdigen.

der Bischof jedoch, dessen Interessen der Plan widerstreiten mochte, [1] glaubte jenes Unternehmen hindern, den ihm für die Kirche vorgestellten Leutpriester zurückweisen zu dürfen. — Ebenfalls mit genauem Festhalten an ihrem Recht, das ihnen ein Drittel des ganzen Liven- und Lettenlandes gewährte, hatten die Ritter einen solchen Theil der Stadt Riga und die damit verbundenen Vortheile und Einkünfte beansprucht, indess auch hier der Bischof widerstanden, da er seiner mit mancherlei Gerechtsamen versehenen Gründung, deren Bürger in enger Verbindung mit ihm erscheinen, wol eine Sonderstellung gesichert wissen, sie jedenfalls unabhängig vom Orden erhalten wollte. Eine Exemption war hier freilich, so weit wir sehen, bei früheren Theilungen nicht geltend gemacht. [2]

Da die Beeinträchtigten sich klagend an den Papst gewandt, hatte dieser den Bischof von solchen Eingriffen in fremdes Recht abgemahnt, ihn zur Nachsicht bei den ihm vom Orden zustehenden jährlichen Leistungen [3] aufgefordert, zugleich aber den Abt und zwei Beamte von Dünamünde beauftragt, das Interesse der Brüder wahrzunehmen.

Weder Bischof noch Klosterbrüder waren diesem Befehl nachgekommen, so dass auf die wiederholte Klage des Ordens, die Curie nun im Herbst 1213, ein in scharfem, verweisendem Ton gehaltenes Schreiben an den Abt ergehen liess, mit der Aufforderung, den Bischof nöthigenfalls durch Suspension vom Amt, oder gar Excommunication, zur Beachtung der früheren Verträge anzuhalten. [4] Zugleich

---

[1] Der Bischof besass auf seinem Theil von Holm wol schon eine Kirche; 1248 wird die „parochia in Holma" als von Albert dem rigischen Domcapitel verliehen, genannt; Livl. U-B. I. No. 197, 198.

[2] Dass Riga als mit einem der Landestheile dem Bischof zugefallen betrachtet sei, ist auch nicht anzunehmen, da hier später dem Orden wirklich einige Rechte eingeräumt werden, wenn auch lange nicht die jetzt von ihm geforderten. Die Bulle No. 27. zeigt, wie er die Stadt dem Landgebiet ganz gleichstellt, hier ganz dieselben Ansprüche erhebt.

[3] No. 27: ac idem Episcopus in procurationibus quas ab ipsis et eorum ecclesiis debet recipere annuatim etc. Nur das im Ordensgebiet zu erhebende Viertel des Zehnten kann damit bezeichnet sein, da der Orden, nach Urk. 16, sonst zu keinen Leistungen verpflichtet war.

[4] Das Bisherige aus Urk. 27. Das zögernde Verhalten des Abts möchte v. Brevern's Annahme (Studien z. Gesch. Liv- Est- u. Curlands I. p. 98, Note 4, u. p. 107) von einer „Machination auch der Klosterbrüder gegen den Bischof," genügend widerlegen.

ward jener Geistliche beauftragt, die zum Schaden des Ordens von Seiten Alberts Neubekehrten zugefügten Bedrückungen, „die nicht einmal bei Heiden, weit weniger bei Christen, hätten vorkommen dürfen," zu hindern. [1]

Aus Fürsorge für seine geliebten Söhne, die den fernen Beschützer nicht immer rechtzeitig erreichen konnten, betraute Innocenz überdiess den Abt von Gotland und mehre Pröpste der Lundischen Diöcese mit dem Auftrag, den Orden gegenüber seinen Drängern bei seinen Rechten zu erhalten, vor allem „den Bischof von Riga, der sich bereits daran gewöhnt, jenen in mancherlei Weise zu drücken," im Falle böswilliger Beeinträchtigung zu Schadenersatz anzuhalten. [2]

Jene Schreiben, bezeichnend genug für die längere Zeit andauernde Missstimmung zwischen Bischof und Orden, sie konnten jetzt nicht mehr wirkungslos bleiben, mussten die Fragen ihrer Erledigung entgegenführen, indem der Bischof die als vorenthalten bezeichneten Rechte den Rittern einräumte, oder durch Darlegung des Sachverhalts die Ansicht der Curie hierin zu seinen Gunsten umgestaltete.

Die Stellung Alberts zum römischen Stuhl war, wie wir sehen, eine ungünstigere geworden; die vielfachen Bedrückungen, die er, nach den Klagen des Ordens zu urtheilen, sich erlaubt, haben dort lebhaften Unwillen erregt. Der Bischof erscheint als leichtfertiger Verletzer eingegangener, von Rom ausdrücklich gebilligter Verträge, als steter Bedrücker Schwächerer. Es mochten derartige Härten seinem hochstrebenden und herrschlustigen Sinne nicht fernstehen, doch treten sie hier, gesehen durch das Medium der Beschwerden des Ordens, der Auslassungen der Curie, ohne Zweifel vergrössert entgegen.

Rom aber, das sich überall als eifriger Begünstiger der Ritterschaft erwiesen, nahm Gelegenheit, sein von Albert vorläufig abgekehrtes Wohlwollen nun um so lebhafter jener und dem bisher nicht beachteten Bischof von Estland zuzuwenden.

Mancherlei Wünsche der Brüder, selbst solche, deren Erfüllung man bislang abgelehnt, wurden gewährt. Die estnischen Landschaf-

---

[1] L. U-B. I. No. 28.
[2] L. U-B. I. No. 81.

ten Saccala und Ungaunien, von denen freilich nur ein Theil der
ersteren durch den Friedensschluss im Frühling des vorigen Jahres
den Deutschen zugefallen war, wurden dem Orden bestätigt. [1] Nur
die Rechte der Kirche und des Bischofs im Allgemeinen (vergl. L.
U.-B. No. 29) sind dabei ausdrücklich gewahrt, während Alberts
keine Erwähnung geschieht. — Es hatte sich der Orden allerdings
in hervorragender Weise an der Unterwerfung jenes Landes betheiligt, sie aber keinesfalls allein vollführt. [2] Trotzdem betrachtet die
Curie dies Gebiet als ein dem Orden mit Ausschluss des livländischen Bischofs zustehendes, in Folge übertriebener Darstellung
des ersteren von seinen Leistungen, oder — nach späteren Maa-
nahmen zu urtheilen — weil eine Gebietserweiterung des livländischen Bisthums in Rom nicht mehr beabsichtigt wurde.

Eine ebenso umfassende kaiserliche Bestätigung dieses noch
sehr zweifelhaften Besitzes, verbunden mit abermaliger Anerkennung
der früheren Verträge, war bereits im Sommer vorigen Jahres (1212)
erfolgt [3]

Ein Anderes, worin sich die unverkennbare Geneigtheit des
Papstes gegen den Orden ausspricht, ist das Eingehen auf dessen
Wünsche in Betreff der geistlichen Gewalt in jenen Strichen.

Wol schon im Herbst des Jahres 1211 hatte der Orden eins
seiner Mitglieder mit dem Auftrage nach Rom abgefertigt, sich dort
um die Ernennung eines besondern Bischofs für die neueroberten

---

[1] L. U-B. I. No. 30.

[2] Vergl. besonders Heinr. p. 162.

[3] L. U-B. I. No. 25. Ein sehr beachtenswerther Unterschied gegenüber der frühern, nur ein halbes Jahr ältern Bestätigung (No. 19) ist
sichtbar. Dort waren die Ordensbesitzungen ganz allgemein anerkannt; hier
ist mit Zugrundelegung des vom Papst vermittelten Vergleichs von 1210 genauer auf ihre rechtliche Entstehung eingegangen; die Verpflichtungen gegen
den Bischof werden in sehr ordensfreundlichem Sinn als geringfügig betrachtet. Statt der frühern Bestätigung aller zukünftigen Erwerbungen wird den
Rittern nun Saccala und Ungaunien als Eigenthum zugesprochen, wobei von
den Bischöfen keine Rede mehr ist. Mit Recht ist die Unabhängigkeit von
der geistlichen Gewalt ausserhalb bestimmter Grenzen betont, zugleich aber
liegt die unrichtige Voraussetzung zu Grunde, der Orden habe jene Länder
allein erobert. Die vorsichtige Haltung der frühern Urk. scheint den Orden
bei seinen neuen Plänen nicht ganz befriedigt zu haben: daher die baldige
Ertheilung der zweiten, einestheils präciseren, dann weitergehenden.

Landestheile zu bemühen. [1]) Diese Bitte, vorgetragen, nachdem eben erst durch Albert die Weihe Theodorichs vollzogen war, zeigt den Gegensatz, in welchen sich die Ritterschaft zur Geistlichkeit gesetzt. In den neuen Gebieten gedachte sie mit vollständiger Nichtbeachtung Alberts, ja auch des von ihm eingesetzten Kirchenhaupts vorgehen zu können; von den Landschaften, auf deren Anfall sie zunächst rechnete, sollte der missliebige Theodorich, welcher ganz allgemein zum „Bischof des Estenlandes" ernannt war, ferngehalten werden. Diesem Begehren war damals übrigens nicht gewillfahrt, die Erfüllung „wegen ihrer Schwierigkeit" der Zukunft vorbehalten.

Auch hierin war die Meinung des apostolischen Stuhls eine andere geworden. Wol auf die wiederholte Bitte der Brüder trug er — mit offenbarer Zurücksetzung Alberts — seinem in diesen Gegenden wohlbekannten Legaten, dem Erzbischof Andreas von Lund (X. 13), freilich bedingungsweise, „wenn die Oertlichkeit es verlange und die Mittel ausreichten," die Einsetzung eines Bischofs für Saccala und Ungaunien auf. [2])

Auch der bisher ignorirte Theodorich fand, wie bemerkt, jetzt in Rom Beachtung und Förderung.

Im Sommer 1211 zum Bischof geweiht, scheint er unmittelbar darauf unter Mitwirkung Alberts einen Vertrag über die Gebiete, welche erobert werden, und in denen er seinen Sprengel finden sollte, mit dem Orden geschlossen zu haben. [3]) Trotzdem hatte sich letzterer bald gegen ihn erklärt, wenn auch vergebens. (Urk. No. 24.)

Indem nun der Bischof sich in das ihm versprochene geistliche Besitzthum wirklich zu setzen versuchte, richtete sich sein Blick auf Saccala, als die estnische Landschaft, deren Unterwerfung

---

[1]) L. U-B. I. No. 24. Da diese päpstliche Antwort vom 25. Januar 1212 datirt, muss der Ordensbruder im vorhergehenden Herbst seine Reise angetreten haben.

[2]) L. U-B. I. No. 29.

[3]) Sicheres ist nicht zu ermitteln; nur eine Andeutung in der kaiserlichen Bestätigung vom Januar 1212 (No. 19) weist darauf hin. Die zukünftigen Eroberungen werden dem Orden bestätigt „salva tamen in omnibus conventione facta inter memoratum conventum militiae Christi et archiepiscopum Rigensem et episcopum de Estlandia." Es kann hier nur ein Vergleich, bei welchem Theodorich unmittelbar interessirt war, gemeint sein, nicht aber jener Vertrag über das Livenland (No. 18), wo er bloss als Zeuge fungirt, wie Lisch, Meklenburg. Urkk.-Buch I. No. 204, glaubt.

zuerst bevorstand. Bei dem zu Anfang 1212 auf Betrieb der deutschen Kirchenfürsten unternommenen Zuge war er persönlich zugegen gewesen (XV. 7); seinen Priester Salomo hatte er gleich danach ausgesandt, um daselbst die Taufe zu vollziehen (XV. 9). Da er sich hier mit Recht als geistlichen Oberherrn betrachtet, war er bereits mit dem ihm abgeneigten Orden in Hader gerathen, indem dieser bestimmte Abtretungen verlangt und Geiseln, welche der Bischof beansprucht, für sich zurückgehalten hatte. [1]

Jenes Streben Theodorichs wurde nun von Innocenz energisch unterstützt, alle mögliche Hilfe demselben zugewandt. Nachdem eben erst die längst vollzogene Ordination „für die estnische Provinz" bestätigt, [2] ward er sogleich von jeder Metropolitangewalt befreit, [3] und damit auch einer etwa von Albert zu duldenden Abhängigkeit enthoben. Zugleich wird den Gläubigen Sachsens dringend ans Herz gelegt, ihm, „der ohne Stab und Ranzen" das Evangelium predige, zur Vergebung ihrer Sünden von ihrem Reichthum mitzutheilen; [4] die Geistlichen jenes Landes werden gebeten, ihm „in die reiche Ernte, in der es an Schnittern mangele," von ihren Brüdern je einen oder zwei als Gehilfen zu senden; [5] die Bischöfe von Münster, Paderborn und Verden, welche ihren Beistand beim Bekehrungswerk schon zugesagt, wegen ihres Vorsatzes belobt, ihre Kirche und Person unter den besonderen Schutz des apostolischen Stuhls gestellt; [6] selbst die so sehr bevorzugten Ritter, welche sich

---

[1] L. U-B. I, No. 36, ein an den Orden gerichtetes päpstliches Schreiben. Die „Estiensis provincia", von welcher der Orden eine „certa portio" verlangt und die Geiseln behält, kann, wie gezeigt werden wird, nur Saccala gewesen sein, wenn auch der Papst irrthümlich eine ausserhalb Saccalas (und auch Ungauniens) belegene estnische Landschaft darunter verstanden hat.

[2] L. U-B. I, No. 35, v. 31. Octbr. 1213.

[3] L. U-B. I, No. 37, v. 2. Novbr. 1213.

[4] L. U-B. I, No. 32, v. 30. Octbr. 1213.

[5] L. U-B. I, No. 34, v. 30. Octbr. Dieser Erlass ist auch zur Kenntniss des Caesarius v. Heisterbach gelangt, der (Mirabil. VIII, 13) von Theodorich sagt: Acceperat ille auctoritatem a Dom. Papa Innocentio, secum ducere omnes, qui ire vellent, ad propagandam vineam Domini Sabaoth populo barbaro.

[6] L. U-B. I, No. 33, v. 30. Octbr. Nur die Bulle an den Bischof von Münster ist abgedruckt, da die beiden andern gleichlautend sind. — Die unrichtige Inhaltsangabe der Urkunde bei Gruber, Origg. Livon. p. 229, No. XII. a, ist auch in das Livl. U-B. übergegangen.

von mancherlei Ungerechtigkeit gegen Theodorich nicht ferngehalten, wurden gemahnt, ihres Namens „der Kämpfer Christi" einge-
denk, nicht wider Christus zu streiten; das Zurückhalten der estnischen, dem Bischof zu stellenden, Geiseln erfährt eine scharfe
Rüge. Unter Androhung des Verlustes seiner Gnade befiehlt ihnen
Innocenz von solchen Handlungen abzulassen, den Bischof mit Rath
und Hilfe bestens zu unterstützen. [1]

Ein offenbarer Widerspruch in den Massnahmen der Curie lässt
sich nicht verkennen: sie anerkennt in bereitwilligster Weise den
zum estnischen Gesammtbischof erwählten Theodorich, der seinen
Sprengel vorläufig nur in Saccala suchen kann und wirklich sucht,
nachdem sie kaum drei Wochen zuvor auf den Wunsch des Ordens
hier die Einsetzung eines besondern Bischofs gestattet! Auf der einen
Seite waren ferner Saccala und Ungaunien den Brüdern feierlich
zugesprochen (Urk. 30), andererseits ihr Verhalten in Betreff der
Geiseln vom Estenlande als ungerechtfertigt getadelt, und damit
Theodorichs Anspruch auf jenes Gebiet — das kein anderes als
der Alistegau von Saccala sein kann, von dem allein die Deutschen
bisher Geiseln empfangen [2]) — bestätigt.

Um jenen Gesuchen gleichzeitig Gehör zu leihen, den Parteien
diese einander ausschliessenden Rechte zuzugestehen, muss man sich
zu Rom in einer durch den Orden zur Erreichung seiner Zwecke
wol genährten Unklarheit über die bisherigen Fortschritte des
Christenthums bei den Esten befunden haben. Man hat sich dieselben viel bedeutender gedacht, als sie thatsächlich waren: nicht
allein Saccala und Ungaunien, das zu einem besondern Bisthum erhoben werden sollte, glaubte man bekehrt, [3]) sondern auch noch
andere Theile Estlands, welche dem Theodorich Raum boten. Den
Wirkungskreis, welchen letzterer sich jetzt zu schaffen bemühte,
muss man irrig ausserhalb des sonst wohlbekannten Saccala, also
weiter nördlich im Estenlande, gesucht haben. Dies findet in jenem Ermahnungsschreiben an die Brüder Bestätigung: es ist immer nur von der „Estiensis provincia" die Rede, zu deren Bischof

---

[1]) No. 36, v. 31. Octbr.

[2]) XV. 7 (p. 160, unten.)

[3]) Urk. 29: Cum . . . Sakela et Hugenhusen (Ungaunia) de novo (?)
receperint verbum Dei et . . . Dei evangelium quasi semen cadens in terram
bonam per partes illas sit longe lateque diffusum, etc.

Theodorich geweiht, welche bereits zum grossen Theil bekehrt sei, [1] ihm also — nach der Meinung des Papstes — faktisch offen stand, die ihm, durch Zusprechung der Geiseln, auch rechtlich zuerkannt wird. Kein einziges mal erscheint in der ganzen Urkunde statt dieses allgemeineren Ausdrucks der Name jener beiden Landschaften, welche in Wirklichkeit vorläufig allein in Betracht kamen. Nach der in Rom herrschenden Ansicht konnte es sich hier unmöglich um sie handeln, deren Besitz eben dem Orden bestätigt war, für welche demnächst ein besonderer Bischof ernannt werden sollte.

Die dem Theodorich durch Einweisung in die „Estiensis provincia" ertheilten Rechte schwebten also ganz in der Luft, indem sie sich auf Saccala und Ungaunien — von denen ersteres unter allen estnischen Gebieten allein, wenn auch nur theilweise, unterworfen war, während das andere Zielpunkt der zunächst folgenden Unternehmungen sein musste — nicht beziehen sollten.

In der That konnten nur völlig unrichtige Vorstellungen über die Verbreitung des Glaubens und die darauf basirenden ebenso irrigen in Betreff des von Theodorich erstrebten Sprengels zur Ertheilung jener Rechte und Vergünstigungen führen, welche allseitig fördernd wirken sollten, in Wirklichkeit aber nur Verwirrung erzeugten.

Eine Menge bedeutsamer Streitpunkte tritt durch jene Bullen plötzlich ans Licht: der Orden hatte ein Drittel von Riga beansprucht, und man sich in Rom dieses Verlangens energisch angenommen; Bischof Albert, dessen Mannen und Pilger jene estnische Landschaft miterobert, war durch ein päpstliches Machtwort von ihrem Besitze ausgeschlossen; der Bischof Theodorich und die Ritterschaft sahen sich beide in der estnischen Frage unterstützt, dabei aber durch die auch dem Nebenbuhler gewährten, gleichlautenden Rechte gänzlich gelähmt. Wie H. alle diese gewichtigen Fragen völlig übergeht, braucht nicht erst wiederholt zu werden. Einzelheiten können ihm unbekannt geblieben sein, unmöglich Alles!

Die Schreiben, ausgestellt zu Ende 1213, müssen im Anfang des folgenden Jahres Livland erreicht haben. Im Frühling langte auch Albert an, und „da er die Kirche einigermassen im Genusse

[1] Urk. 36: (Estiensis provincia), quae per Dei gratiam jam pro magna parte conversa est, etc.

der Friedensruhe und unter Leitung Philipps von Ratzeburg fand, ordnete er das Nothwendige an und eilte sogleich wieder nach Deutschland zurück, um im folgenden Jahre rechtzeitig auf dem Concil zu erscheinen." [1]

So motivirt H. den eiligen Aufbruch durch Hinweis auf die grosse Kirchenversammlung, welche erst auf den Herbst 1215 ausgeschrieben war; wir werden eben so sehr die Erledigung jener brennenden Fragen als Grund betrachten müssen. Bei dem gespannten Verhältniss zum Orden mochte die Vertretung des bischöflichen Interesses durch den ausserhalb des Streits stehenden Philipp auch weit förderlicher sein, als wenn Albert sie selbst übernommen.

Bis zum Juni 1215 waltete der Bischof von Ratzeburg als Statthalter im Lande, dann brach auch er mit Theodorich nach Rom auf, ohne aber das Ziel der Reise zu erreichen. [2]

Im November des Jahres war dann jenes Concil gehalten, auf dem die Angelegenheiten der ganzen Christenheit, auch die des fernen Livland, berathen wurden. [3]

Den Versicherungen der Gnade liess Innocenz einzelne Vergünstigungen folgen. Die Vollmacht zu predigen und Pilger zu sammeln ward erneuert; die Unabhängigkeit der livländischen Kirche von Bremens Metropolitangewalt, die bereits früher ausgesprochen, [4] muss endgültig anerkannt sein.

Anderes werden wir dem Bericht H.'s und den Nachrichten der Urkunde hinzuzufügen haben: auch jene verwickelten Streitfragen, die Zwiespalt und Verwirrung dem ganzen Lande drohten, müssen behandelt und zu Ende geführt, nach klarer Darlegung der Verhältnisse von Seiten der Bischöfe die Entscheidungen vom Papste abgeändert sein. Jene Bullen waren ergangen, und doch sehen wir nirgend ihre Wirkungen: [5] Riga bleibt frei vom Orden, ein beson-

---

[1] XVIII. 1. [2] XIX. 5, 6. [3] XIX. 7.

[4] Durch die Bulle v. 20. Febr. 1214 (L. U.-B. I, No. 26), in der die Entscheidung dem Concil vorbehalten wird. — Ueber das Datum der Urkunde s. Bonnell, Chronogr. Comment. p. 57, unten.

[5] Um jedem Einwurf zu begegnen sei bemerkt, dass bei den fraglichen Schreiben, abgesehen von inneren Gründen, wegen eines ganz bestimmten äusseren, an Unechtheit nicht zu denken ist, indem alle Erlasse des hier in Betracht kommenden 16. Buches der Epistolae Innocentii — gleich andern, schon zu des Papstes Zeiten in ein Regestum gebracht — zugleich mit den

7 *

derer Bischof für Saccala wird nicht eingesetzt. Dabei ist ausser der
Anwesenheit der Bischöfe zu Rom nichts bekannt, was daselbst den
Umschwung der Ansichten hätte hervorbringen können. Der beste
Beweis für eine Verständigung mit dem Papst möchte indess darin
liegen, dass unmittelbar darauf Massnahmen getroffen werden, die
sich nur als Folge einer derartigen Neuordnung fassen lassen.

Als Albert etwa im Juni 1216 in Begleitung Theodorichs heimkehrte (XX. 1), traten Bischöfe und Orden sogleich zu einer Theilung des Estenlandes zusammen. [1])

Uebergeht H. ihre Festsetzungen auch, „weil sie hernach keinen Bestand hatten," so sind sie in der Hauptsache doch zu erkennen, falls die Bestimmungen der folgenden, die erste eben umstossen-
den Auseinandersetzung (XX. 4) herangezogen werden.

Wenn uns bei letzterer nun berichtet wird, man habe dem Bischof Albert ein Drittel aller Einkünfte vom Estenlande bewilligt,
„damit er sowol an den Mühen und Kriegen, wie auch den Trö-
stungen theilnähme," [2]) so ist ersichtlich, dass er bei dem vorhergehenden Abkommen völlig unbetheiligt gewesen. Damit ist dann
der frühere Vertrag im Wesentlichen gekennzeichnet, der Grund
für seine kurze Dauer, und auch für H.'s Schweigen über ihn gefunden. Da unser Schriftsteller sonst nicht eben zu überlegen pflegt,
ob etwas für die Zukunft von Wichtigkeit ist oder nicht, darf man
die von ihm selbst gegebene Motivirung kaum gelten lassen. Einfach deshalb muss er jenes erste Abkommen übergehen, weil er
uns auch in Unkenntniss über die letzten päpstlichen Schreiben gelassen, in denen allein es seine Erklärung findet. Es hätte wenig
zu seiner früheren Ansicht von den Rechten, welche dem Bischof
an den Eroberungen zustanden (s. p. 86), gestimmt, wenn derselbe nun plötzlich von der Theilung gänzlich ausgeschlossen wäre.

Büchern 13, 14, 15 (entsprechend denselben Regierungsjahren des Innocenz)
lange Zeit in der „bibliotheca Collegii Fuxensis" zu Toulouse verborgen gelegen haben, und von François Bosquet, der sie fand, 1627 und 1635 zuerst
herausgegeben sind (vergl. Baluze, Praefatio ad Epp. Innocentii). Dass sich
hiebei Fälschungen zu Gunsten des livländischen Ritterordens eingeschlichen
haben, ist unmöglich.

[1]) XX. 2.
[2]) XX. 4: ut (Rigensis Episcopus) sicut laborum ac bellorum, sic etiam
consolationum particeps existeret, etc.

Dazu erscheint der Orden hier nicht im günstigsten Licht: das gemeinsam Erworbene bringt er allein an sich, um erst durch äussere Verhältnisse zur Billigkeit gezwungen zu werden.

Theodorich und die Ritterschaft hatten also die erste Auseinandersetzung allein vorgenommen, und zwar müssen sie sich bloss über die bereits unterworfenen Gebiete, damals also Saccala und Ungaunien, vereinigt haben; [1]) auch noch der folgende Vertrag (XX. 4) ist nur ein Abkommen über die Einkünfte aus den erworbenen Strichen.

Hieraus lassen sich nun wieder die in Rom getroffenen Veränderungen in der Hauptsache erweisen. Theodorichs Anrecht auf das südliche Estenland war anerkannt, die Einsetzung eines besondern Bischofs damit natürlich aufgegeben; dem Anspruch Alberts auf die neueroberten Lande ist dagegen nicht entschieden genug Rechnung getragen, so dass der frühere hiemit stimmende päpstliche Erlass (No. 30) nicht, wie die übrigen, auf ungenügende Kenntniss der Sachlage, sondern, wie schon hervorgehoben, auf einen bestimmten Plan der Curie zurückzuführen sein wird.

Auch die Forderung des Ordens auf den dritten Theil Rigas muss als den bestehenden Zuständen widersprechend zurückgewiesen sein. [2])

---

[1]) Was Voigt, Preuss. Gesch. II, 304, über diese Theilung ganz bestimmt hinstellt, „Estland sei so getheilt, dass der Orden die eine Hälfte, die Bischöfe die andere erhalten," entbehrt jeder Begründung. Dazu übersieht er ganz (l. c. Anmrkg. 4), dass die folgende Auseinandersetzung die frühere abänderte.

[2]) Die städtische Verfassung ist noch zu wenig aufgeklärt, als dass wir hier Genügendes beibringen könnten. Auf jeden Fall scheint festzustehen, dass dem Orden keine vollständige Herrschaft über den dritten Theil der Stadt, wie er sie beansprucht hatte, gewährt ist.

An einzelnen Hoheitsrechten ist ihm aber Antheil eingeräumt, an andern wieder nicht. Die Münze z. B. befand sich 1225 in der Hand des Bischofs (U-B. I. No. 75: Monetam autem in civitate fieri cujuscunque formae, sit in potestate domini episcopi, etc.). Auch der von den Bürgern selbst zu wählende Richter wird nur dem Bischof präsentirt und von diesem investirt (Urk. No. 75). Ueber das Parochialrecht in der Stadt hatten sich dagegen Orden und Domconvent derart verglichen, dass jenem für seine Kirche ein Drittel desselben zustand, (U-B. III. No. 82, wird von den Priestern an der Ordenskirche gesagt: . . . tertiam partem parochiae, quam juste et pacifice possederant et habebant, etc.), bis er 1225 auf dasselbe verzichtete und

§. 7. Die Ereignisse bis zum Jahre 1219.

In den äussern Verhältnissen, denen wir uns nun wieder zu-
wenden, lässt sich, wie angedeutet, jene Fehde nicht verfolgen. Die
bekannten Gründe hinderten unsern Schriftsteller hier vollständig
zu sein; dazu mögen Bischof und Orden ihr Auftreten nach aussen
von derartigen Fragen weniger abhängig gemacht haben, als man
nach ihrer Bedeutsamkeit zunächst annehmen könnte. Ein nicht
zu übersehender Umstand ist hiebei, dass sich die hadernden Parteien nicht unmittelbar gegenüberstanden, dass die bischöfliche Sache
bei Alberts Abwesenheit in Philipp von Ratzeburg einen kraftvollen
und friedliebenden Vertreter gefunden.

Die Zeit der Waffenruhe mit den Esten — nur unterbrochen
durch Plünderungen der Litauer, oder Einfälle in deren Gebiet[1] —
benutzte der Bischof um Werke, die Schutz und Frieden verleihen
sollten, zu gründen: im Treidenschen Strich ward eine Burg errichtet, Fredeland geheissen, „weil sie das Land befrieden sollte." Dort
erschienen die Söhne Talibalds, des lettischen Häuptlings vom Lande
Tolowa vor ihm, um ihren griechischen Glauben in den der abend-
ländischen Kirche zu verwandeln. Mit Freuden nahm man sie auf,
und ihre bisher freiwillige Kriegsgenossenschaft ward jetzt in ein
bestimmtes Abhängigkeitsverhältniss zum Bischof verwandelt. Gegen die jährliche Leistung eines Masses Getreide von je zwei Pferden,
also der halben Abgabe der übrigen Bevölkerung, ward ihnen steter
Schutz gegen äussere Feinde zugesagt. [2]

Das Land Tolowa, das sich freiwillig dem Bischof aufgetragen,
blieb lange Zeit sein ausschliesslicher Besitz. Zwar war dem Orden

---

seine eigene Kirche frei erhielt, d. h. wol frei von der Verpflichtung, eine
bestimmte Zahl von Priestern anzustellen (U-B. I, 73). Aehnlich war es
bei dem Patronat-Recht an den Stadtkirchen, das den Bürgern ausdrücklich abgesprochen worden (U-B. I, No. 75: .... Rigenses tamen
nunquam possint constituere sacerdotem etc.), und welches dem Bischof zu zwei
Dritteln, dem Orden zu einem Drittheil zustand. Als der Bischof 1226 für
die Jacobskirche eine Exemption erhielt, ward dem Orden eine gleiche bei
seiner Georgencapelle bewilligt, während bei den übrigen das Recht in der
frühern Weise getheilt blieb (U-B. I, No. 82; III, No. 82).

[1] XVII. 2, 5, 7.

[2] XVIII. 3; vergl. Hansen, p. 13 ff.

ein Drittel des ganzen Liven- und Lettenlandes zugesprochen, doch
konnte bei diesem Gebiet, das eben nicht erobert, nur unter den
Schutz des Bischofs getreten war, eine Ausnahmestellung prätendirt
werden. Damals am wenigsten mochte man geneigt sein, ein Recht
des Ordens hier gelten zu lassen. Erst nach Verfluss von zehn
Jahren (1224), da man zu Einmüthigkeit auch in diesen Verhältnissen zurückgekehrt, ward mit Berufung auf die päpstlichen Bestimmungen von 1210 den Rittern ein Drittheil jenes Landstrichs
von Albert zuerkannt. [1]

So nahte sich die Waffenruhe dem Ende, ohne dass Friedens-
boten der Esten erschienen wären. Eine durch Bischof Philipp be-
rufene allgemeine Versammlung erklärte sich lebhaft für den Krieg.
Ein Heer, grösser als es sonst in jenen Gebieten gesehen ward,
„schlug sogleich das entlegene Rotalien mit einem harten Schlage"
(XVIII. 5); die Fastenzeit desselben Jahres (1215) brachte eine Unternehmung gegen das nördliche Saccala: die Burg des entschlosse-
nen Lembit fiel, Geiseln wurden gestellt, Geistliche des Bischofs
und ein Ordenspriester vollzogen gemeinsam die Taufe. (XVIII. 7.)

Diese Erfolge schreckten das ganze Estenland aus seiner Ruhe
auf: ein umfassender, wohlangelegter Plan, nach welchem die Oeseler vor Riga erscheinen, estnische Heere Letten und Liven bekäm-
pfen sollten, kam zur Ausführung, blieb aber bei tapferer Gegenwehr ohne Erfolg (XIX. 1, 2, 3 Anfg.).

Es folgten Raubzüge grausamer und verheerender als alle früheren: Ungaunien, in seiner Kraft gebrochen, bat um den Glauben
der Christen; Saccala, durch das Beispiel belehrt, folgte nach; Ro-
tala, das allein noch widerstand, ward zur Annahme der Taufe gezwungen. (XIX. 3, 4, 8.)

So waren die Deutschen überall im Uebergewicht, als Bischof
Albert im Sommer 1216 nach zweijähriger Abwesenheit heimkehrte
(XX. 1). Da wurden durch einen neuen gefährlichen Feind die

---

[1] XXVIII. 9. Die Angabe ist richtig, doch das Genauere ergiebt
sich erst aus L. U.-B. I, No. 70; hienach fallen dem Orden die Gebiete von
der Aa bis zum Astijerw zu, wodurch seine livländischen Besitzungen mit
den neuen estnischen (Saccala) in Verbindung gesetzt scheinen; zu diesem
Strich, der das Drittel ausmacht, erhält er aus unbekannter Ursache noch
das Land Agzele. (Einige genauere Lesarten der Urkunde s. bei Schirren,
Verz. livl. Gesch.-Quellen in schwed. Archiven etc. Bd. I, p. 1, No. 1.)

bisherigen Errungenschaften wiederum in Frage gestellt. Der dem Bischof bisher eng verbundene Fürst Wladimir, [1] der seine Herrschaft Pskow wiedererlangt, forderte von den Ungauniern Tribut, und schon hatten sich seine Heere auf dem Berge Odenpä festgesetzt (XX. 3). — Damit war auch der Augenblick gekommen, der dem Bischof Albert zu seinem vorenthaltenen Recht verhelfen sollte. Ungeachtet seine Kriegsmacht sich ununterbrochen an der Eroberung, seine Priester an der Taufe betheiligt, hatte man ihm, wie wir sahen, in Rom keinen Antheil am Estenlande zugewiesen. Die Lage war jetzt eine zu gefahrvolle, die Aufbietung aller Kräfte erfordernde, als dass der Orden jene gerechtfertigten Ansprüche nicht hätte befriedigen müssen.

Eine neue Theilung stellte die Parität zwischen ihnen her und genügte zugleich dem Rechte Theodorichs. Jedem ward ein Drittel der Einkünfte vom unterworfenen Estenland zugesprochen, da eine förmliche Scheidung des Besitzes unter den obwaltenden Verhältnissen kaum thunlich war. [2] Ueberhaupt scheint man hierauf den nach Emancipation des Ordens im Jahre 1210 allein richtigen Grundsatz zur Geltung gebracht zu haben, dass gemeinsame Erwerbungen, beiden gleichmässig, die von Einer Partei vollführten dieser ausschliesslich zufielen. Nicht ohne Einfluss mag hiebei gewesen sein, dass unterdess Honorius III. den Stuhl Petri bestiegen.

Auf den erneuten Hilferuf Ungauniens befestigten nun Bischöfliche und Ordensritter Odenpä, unternahmen selbst Streifzüge in russisches Gebiet, zwangen schon Jerwen zur Taufe und Geiselstellung (XX. 5, 6), da brach das drohende Unwetter von Osten ein. Ein nowgoroder Heer, dem sich die Esten bereitwillig angeschlossen, vermochte jene Veste zwar nicht zu erstürmen, doch der Mangel an Lebensmitteln, vergrössert seit dem Einzuge einer von Volquin herbeigeführten Entsatzmannschaft, zwang endlich zur Uebergabe (XX. 7, 8).

Unter so misslichen Umständen scheint man in Riga an Aufgabe eines Theils des Gewonnenen gedacht zu haben, allein die

---

[1] XV. 3; XVI. 7; XVII. 7.
[2] XX. 4. Die Auseinandersetzung über die Vertheilung des Gesammtgebiets zwischen Bischof und Orden, welche Hansen p. 16, hieran schliesst, ist in allen drei Punkten unrichtig.

Verweigerung der Ratification des letzten Uebereinkommens von Seite der Gegner nöthigte zu unmittelbarer Fortsetzung des Kriegs. Der Bischof, der Hilfe im Mutterlande suchte, fand den mächtigen Grafen Albert von Holstein zu einem Kreuzzug gegen die Heiden gerüstet. Seiner Ankunft (im Sommer 1217) folgten neue glänzende Unternehmungen. [1]

In Folge versprochener russischer Hilfe und auf Betrieb des unermüdlichen Lembit hatten sich gewaltige Scharen aus den verschiedensten Theilen des Estenlandes an der Pala zusammengezogen. Man kam der gefährlichen Vereinigung zuvor, ein schnell aufgebrachtes livländisches Heer überraschte am Matthäustage 1217 den Feind jenseit Fellins und schlug ihn in einer hochgefeierten Schlacht aufs Haupt. Die Frucht des Sieges war die abermalige Unterwerfung Saccalas. Ein Zug, der eigentlich Oesel galt, doch wegen widrigen Wetters gegen die Strandlandschaften gerichtet ward, vermochte die Provinzen von Rotalien bis Rewel und Harrien zu gleichem Entschluss. Auch Abgesandte der Jerwier erschienen, die sich wiederum der christlichen Kirche und ihren Leistungen zuzuwenden gelobten. [2]

Der Orden hat an jener Unternehmung und den letzten Errun-

---

[1] XXI. 1. L. U-B. I, No. 39; vergl. auch Usinger, Deutsch-Dänische Gesch. p. 194 ff.; hierüber ganz kurz ist Dahlmann, Dänische Gesch. I, 369.

Die Reim-Chr., die lange Zeit geschwiegen, wird für die nächsten Abschnitte, wo sie besonders die Anwesenheit fremder Fürsten feiert, sehr ausführlich (V. 803 ff.). Wenn auch die Tradition Manches hinzugefügt oder umgestaltet, Unwesentliches episch vergrössert hat, lassen sich doch fast alle ihre Angaben mit unserm Autor in Einklang setzen. Dass sie etwas von H. Uebergangenes enthielte, ist nicht anzuerkennen; die Thätigkeit der mündlichen Ueberlieferung tritt hier nur stärker hervor. — Die 1005—1178 erzählten Begebenheiten z. B. (welche in den Anmrkgg. p. 736 ff. für ihr eigenthümlich gehalten sind) möchten mit der von H. XXVII. 1 angeführten Schlacht an der Ymer identisch sein. Abgesehen von dem Hauptereigniss stimmen einzelne Züge, so die starke Betheiligung von Liven und Letten; dann sagt die Reim-Chr., der Marsch sei über Segewold und Wenden gegangen, und bei H. vereinigen sich die Ordensbrüder aus beiden Schlössern mit dem versammelten Heere, u. s. w.

Ebenso ist der V. 1423—1552 erzählte grosse Raubzug und die Niederlage der Litauer wol nur eine sagenhafte Entstellung des XXV. 3, 4 von H. Berichteten.

[2] XXI. 2, 3, 4, 5, 6; Reim-Chr. V. 1375—1412.

genschaften keinen Antheil genommen; H. spricht beim Zuge und
der Unterwerfung der Strandesten nur von den „Rigischen"; und
das Entscheidende bei den Jerwiern ist: „sie übergaben sich der
Rigischen Kirche in Gegenwart des Grafen Albert und aller Aeltesten der Rigischen."[1]) Es wäre die Anwesenheit der Ritter bei
diesem Acte nicht verschwiegen, falls sie hier betheiligt gewesen.[2])

Bei H. dürfen wir für jenes auffällige Sichfernhalten des Ordens keinen Aufschluss erwarten. Vielleicht hatte Graf Albert, der
bei den Erwerbungen für die Kirche besonders thätig erscheint,
Ursache, ihn von diesen Gebieten, auf die sich bald die Plane seines Oheims richten sollten, auszuschliessen. Ein Zusammenhang
zwischen der Pilgerfahrt des Holsteiners und den folgenden Unternehmungen der Dänen ist aus H. natürlich nicht bestimmt zu erweisen, aber an sich nicht unwahrscheinlich. Wenn nicht ursprünglich, konnte doch der Graf während seines livländischen Aufenthalts beschlossen haben, hier für das Interesse des dänischen Reichs
vorbereitend zu wirken. Die Idee eines grösseren Zuges gegen Oesel, welche geradezu als von ihm ausgehend bezeichnet wird (XXI. 5),
entspricht den bisherigen Absichten der Livländer wenig; wol aber
den Unternehmungen der Dänen.[3]) Zur Ausführung des Waldema-
rischen Feldzugs gegen Estland hat er dann offenbar beigetragen:
in seiner Begleitung begab sich der rigische Bischof zum Könige,
um ihm jene Bitte vorzulegen.

Die nächste Zeit brachte die lange von Osten drohende Gefahr,

---

[1]) XXI. 6: tradiderunt se Rigensi Ecclesiae, coram Comite Alberto et
universis senioribus Rigensium.

[2]) Die von Hansen p. 16, für den Ausschluss des Ordens bei den Erwerbungen angeführten Gründe sind weniger zutreffend: H. gebraucht den
Ausdruck „Livoniensis Ecclesia" in weitester Bedeutung, vergl. XX. 4; ein
weiterer Grund, die sich Unterwerfenden hätten die Abgabe gelobt, welche
der Bischof bei sich eingeführt, beruht auf einer unrichtigen Ansicht vom
Zehnten im Ordensgebiet. Die „mensura annonae" war überall bewilligt (Urk.
18 u. II. XVI. 5), und nach dem Aufstand von 1212 wurde zwar den abge-
fallenen Ordensunterthanen wieder die frühere Last auferlegt, doch nur diesen. Dazu heisst es an jener Stelle (XXI. 6) von den Jerwiern, sie wollten einen „consum perpetuum, vel annonae mensuram" darbringen.

[3]) X. 13; der Zug der Deutschen XIX. 9 scheint nicht bedeutend. Anderer Ansicht ist Usinger, Deutsch-Dänische Gesch. p. 195, der Alberts Unternehmung für eine blosse Pilgerfahrt hält.

aber auch ihre siegreiche Abwehr: wenige Deutsche leisteten da
dem übermächtigen Feinde ruhmwürdigen Widerstand, und als sich
dieser plündernd und mordend über ganz Liv- und Lettland aus-
breitete, brach sich seine Kraft an der kleinen Veste der Wenden.
Unverrichteter Sache zogen die Russen ab, nachdem man ihren Frieden verschmäht. [1])

Manches schien ein gutes Ende zu verkünden — ein Rachezug
war wieder nach Osten, eine glückliche Kriegsfahrt gegen die noch
ungebrochene Kraft der nördlichen Esten gerichtet worden [2]) —, da
traten Ereignisse ein, die in ihren Folgen gefährlicher waren als
alle bisherigen Hemmnisse, Ereignisse, durch welche die Deutschen
auf lange Zeit grossen, blutig errungenen Gewinnes beraubt, Zwietracht unter den Herrschern erregt, die eigene Freiheit gefährdet
wurde.

Bischof Albert hatte einen folgenschweren Schritt gethan, der
aber durch die gefahrvolle Lage wol erklärlich, als er mit dem
Grafen von Holstein, dem estnischen Theodorich und dem Abt Bernhard von der Lippe, welcher in diesem Jahre zum Bischof von Selonien geweiht wurde, [3]) im Sommer 1218 auf der Reichsversamm-
lung zu Schleswig vor König Waldemar erschienen war, um ihn,

---

[1]) XXII. 2—6. [2]) XXII. 7, 9.

[3]) Es scheint unrichtig, wenn H. (XXII. 1) denselben sogleich zum Bischof
von Semgallen ernannt werden lässt. Dass man schon damals an eine Eroberung
jenes Landes gedacht habe, was doch nothwendige Vorbedingung, ist nicht
ersichtlich; die Bitte der Bewohner im Jahre 1219 (XXIII. 3) gab wol den
ersten Anlass. Bernhard scheint 1218 nur für Selonien, dann nach Eroberung Mesothens erst zum Bischof auch dieses Theils von Semgallen bestimmt
zu sein; (XXIII. 4 ist jene Burg bereits zu seinem Sitz erwählt). Dies stützt
sich vorzüglich darauf, dass er in der päpstlichen Bestätigung vom October
1219 (L. U.-B. I, No. 43) und ebenso in zwei Schreiben vom April 1220
(No. 51, 52) nur als Bischof von Selonien bezeichnet wird; dazu nennt er
sich selbst in einer Urkunde vom September 1219 (Hamburg. Urk.-Buch
No. 432) „episcopus Selonensis." Auch der gut unterrichtete Albericus sagt
ad a. 1232: Primus Episcopus Seloniae fuit Dominus Bernardus, ... et
vocatur Episcopus Semigalliae. — Vergl. auch Kallmeyer, Die Begründung
deutscher Herrschaft und christlichen Glaubens in Curland während des XIII.
Jahrh. (Mittheilgg. zur livl. Gesch. IX, 164—165, 168—169), wo von Bernhard richtig als vom Bischof von Selonien gesprochen, aber kein erklären-
der Beweis gegeben wird.

der den baltischen Osten nie aus dem Auge verloren hatte, zu einem Zuge gegen Estland aufzufordern. Er versprach's „zu Ehren der Hlgen Jungfrau und zur Vergebung seiner Sünden" (XXII. 1). Bald werden wir sehen, wie es um jene uneigennützige Zusage stand!

§. 8. Das Verhältniss zu den Dänen, 1219—1222.

Bald erfüllte der König sein Versprechen: eine Flotte von 1500 Schiffen führte um die Mitte des Jahres 1219 ein Heer von Dänen, Deutschen und Slaven an die Küste des nördlichen Estenlandes. An seiner Spitze stand der kriegerische Fürst; ihm zur Seite die Bischöfe seines Reichs sammt dem estnischen Theodorich. An Stelle der alten Veste der Reweler erhob sich nun eine fremde Zwingburg; jener harte Kampf, der durch die Tapferkeit Wizlaws, des Vasallen von Rügen, aus einer schweren Niederlage in einen glänzenden Sieg verwandelt wurde, warf den Widerstand der Eingebornen nieder.

Der König selbst kehrte schon nach Vollendung des Schlosses heim; die Bischöfe aber — unter ihnen der zum Nachfolger des erschlagenen Theodorich ernannte Wessel — und eine Besatzung blieben zur Behauptung und Erweiterung der neuen Herrschaft zurück. Die Kämpfe dieses Jahres unterwarfen die Reweler dem Christenthum. [1]

Auch die deutschen Waffen waren inzwischen nach Süd und Nord siegreich vorgedrungen. Das Hilfsgesuch der von ihren Nachbarn gedrängten Semgallen von Mesothen führte die Taufe dieser Landschaft, die Besetzung ihrer Burg mit Mannen des Bischofs her-

---

[1] II. XXIII. 2; Annal. Stadens, auct. Alberto ad a. 1219. (M. G. SS. XVI. 357). Von den einander sehr ähnlichen dänischen Quellen sind hier am ausführlichsten Annal. Ryonses ad a. 1219: rex Waldemarus congregato exercitu permaximo cum mille quingentis longis navibus Estoniam intravit, et post multa bella totam terram illam ad fidem Christi convertit, et Danis subdidit usque in praesens. (M. G. SS. XVI, 406.)

Im Allgemeinen gewähren die nach den Untersuchungen von Usinger, „Die dänischen Annalen und Chroniken des Mittelalters" für diese Zeit überhaupt noch in Betracht kommenden dänischen Quellen neben II. fast gar keine Ausbeute.

bei. Der leichte Gewinn ging freilich ebenso schnell wieder verloren, aber nur auf kurze Zeit. Im Anfang des folgenden Jahres (1220) zog Albert und sein hoher Genosse, der Herzog von Sachsen, mit zahlreichem Heere ins Aagebiet, und zwang durch die blutige Erstürmung des Schlosses christliche Lehre und deutsche Herrschaft jenen Abtrünnigen auf. [1]

Der Orden auf der andern Seite nahm Estland zum Ziele seiner Unternehmungen. Lettische Schaaren, welche gegen heerende Russen aufgeboten, wurden durch Rudolf, den Meister zu Wenden, nach Jerwen geführt. Den Nachtheil, in welchen die Ritterschaft hier früher gerathen, da nur dem Bischof Geiseln gestellt waren (XXI. 6), wusste man wieder auszugleichen; andere mussten nun ihr gegeben werden! Als etwas Selbstverständliches erzählt dies H.; doch wird die Absicht Rudolfs klar, sobald wir an die frühere Geiselstellung uns erinnern. [2]

Der Aufforderung der abermals Unterworfenen, im Vereine mit ihnen den Glauben auch in das benachbarte heidnische Wirland zu tragen, lieh man williges Gehör. Durch einen verheerenden Zug des Ordens und der Bischöflichen ward jene ausgedehnte Landschaft der livländischen Kirche gewonnen. [3] So trugen allein die Harrier, „die stolzen Heiden", noch nicht das fremde Joch. Zu Anfang des März 1220, da eben die Eroberung im Süden der Düna vollführt war, schickte sich daher die Gesammtheit der Deutschen und ihrer Untergebenen an, es ihnen aufzulegen. Doppelt glücklich war die Kriegsfahrt, da die von Deutschen und Letten gebildete Abtheilung plündernde Oeseler aufs Haupt schlug, um dann noch mit den Uebrigen den ursprünglichen Plan auszuführen. An ihrem Sammelplatz erschienen Abgesandte der Provinz Warbola und stellten Geiseln. [4]

Friedlich neben einander hatten Deutsche und Dänen die Unterwerfung vollführt; diese freilich nur Rewel erworben, jene alles Uebrige! Unerwartet trat der Conflict zwischen ihnen hervor. Boten der Ritter brachten den Bischöfen Kunde von den neuesten

---

[1] XXIII. 1, 3, 4, 8.
[2] s. auch Hansen, p. 18.
[3] XXIII. 5, 6, 7.
[4] XXIII. 9.

Siegen nach Reval; dänische Mannen die Danksagung jener, jedoch mit dem Zusatze „ganz Estland gehöre ihrem Könige, sei ihm von den livländischen Bischöfen übergeben." Zugleich baten sie um die Geiseln der Warboler. Entschieden widersprach der Meister, in Gegenwart der Obersten seines Heeres. Von einer Schenkung wisse er nichts; Estland, mit Ausnahme Rewels und Oesels, sei unter der Marienfahne von Deutschen erobert; die begehrten Geiseln wolle er zwar, den König zu ehren, ihren Eltern zurückgeben, unbeschadet aber des Rechts der Deutschen. [1]

In schroffem Widerspruch zu diesen weitgehenden Forderungen der Dänen, aber auch mit seiner eigenen Erzählung, welche eine von der deutschen Eroberung unabhängige Ausbreitung der Andern an Estlands Küsten zeigte, hatte unser Schriftsteller allein „zur Ehre der Hlgen Jungfrau und zur Vergebung seiner Sünden" den König jenem Hilfsgesuch der Bischöfe willfahren lassen. Auch hier hat er den wahren Sachverhalt verschwiegen, das eigene Urtheil unterdrückt.

Dass Waldemar keine blosse Pilgerfahrt unternommen, ihm gewisse Zugeständnisse von Seiten Alberts gemacht sein mussten, lehrt der ganze Bericht; da aber H. über das Mass derselben schweigt, die jetzigen Ansprüche der Dänen keiner Kritik unterwirft, könnte man sie im vollen Umfang für berechtigt halten. Wir versuchen hier den wahren Thatbestand herzustellen.

Während man öfters jenen unglaublichen Worten, nach denen Waldemars Zug nur eine Kreuzfahrt sein sollte, beigepflichtet hat, werden wir einen Plan der Eroberung, dem auch Bischof Albert seine Zustimmung gegeben, gleich als feststehend ansehen dürfen.

Des Königs ganze Stellung, die Wichtigkeit jener Striche für das dänische Reich, welche durch frühere hieher gerichtete Unternehmungen genugsam anerkannt war, machte es ihm unmöglich nur in deutschem Interesse, nicht als selbständiger Eroberer, aufzutreten. Wie dies auch keineswegs beabsichtigt, beweisen die Landung in Estland, das folgende unabhängige Vorgehen, wie auch die frühere Verleihung aller zukünftigen Erwerbungen durch den Papst an den König. [2]

---

[1] XXIII. 10.
[2] L. U-B. III, No. 41 a.

Der Uebertritt Theodorichs zeigt dessen Hoffnung, von dieser Seite seinen estnischen Sprengel zu erlangen. [1]

Das Hauptinteresse knüpft sich demnach an die Frage, wie weit Albert damals zu Gunsten des neuen Mitkämpfers von seinem Rechte abgestanden. Dass sich die Zugeständnisse auf alle estnischen Gebiete bezogen, wie die Gegner behaupteten, also auch auf das schon lange unterworfene Saccala, Ungaunien und Rotalien, ist an sich unglaublich, da in der Abtretung der beiden ersten eine grobe Rechtsverletzung gegenüber dem Orden gelegen hätte, dieses mit seiner Burg Leal zum Sitze eines deutschen Bischofs bestimmt war. [2] Auch hätte der Papst in diesem Fall am 28. October 1219 dem livländischen Bischof nicht noch „das Estenland", d. h. also mindestens jene drei unterworfenen Provinzen, bestätigen, [3] die von Albert ausgegangene Wahl eines neuen Bischofs von Leal nicht anerkennen dürfen. [4]

So scheinen die Dänen wenigstens unberechtigten Anspruch auf das ganze Estenland erhoben zu haben. Dabei ist indess nicht versucht, jene Gebiete nun für sich zu occupiren: Saccala und Ungaunien dienten später nur als Lockmittel für den Orden; die Strandprovinzen sind erst nach dem unglücklichen Ausgang der Schweden eingenommen.

Hienach erübrigt noch die Frage, ob Albert auf das ganze damals (1218) noch nicht unterworfene Land, d. h. auf alle estnischen Gebiete mit Ausschluss jener drei verzichtet, womit dann auch ein weiteres Vordringen der Deutschen nach Norden verwehrt gewesen, oder ob er in unbestimmterer Weise den Dänen alle ihre Eroberungen, mochten diese nun grösser oder geringer sein, zugesichert habe, in welchem Fall ein gleichzeitiges Vorrücken der Livländer vorbehalten wäre.

Viele von H. angeführte Thatsachen liessen sich allerdings zu Gunsten des Bischofs deuten; gewichtigere Momente sprechen wider ihn, und für die bedeutendere Zusage. Der Meister wollte freilich (XXIII. 10) nur ein Eroberungsrecht auf beiden Seiten anerkennen,

---

[1] S. auch Usinger, Deutsch-Dänische Gesch. p. 196—197.
[2] Dass Theodorich zu den Dänen übergetreten, ändert hieran nichts; das von Deutschen eroberte und ihm zugedachte Land blieb deshalb doch deutsch.
[3] L. U.-B. I, No. 45.
[4] L. U.-B. I, No. 51, 52.

kraft dessen den Dänen die Rewelsche Landschaft, und ebenso den Seinigen alle ihre Erwerbungen zustanden; doch hat er sich später selbst zu andern Ansichten bekehrt, eine Schenkung Estlands an den Dänenkönig zugegeben, indem er für sie Schadenersatz vom Bischof verlangte. [1] Vor Allem beweisend ist Alberts eigene Antwort auf das Verlangen des Erzbischofs Andreas, „seine Priester nicht in das Estenland zu senden." Dieselbe scheint ausweichend, spitz, ohne sein Recht irgend wie zu betonen, ohne die Verleihung von seiner Seite zu bestreiten. [2]

Albert hatte also damals, wo an weitere Erwerbungen durch die Livländer kaum zu denken war, das ganze uneroberte Estenland dem Könige überwiesen. In Folge dessen nahm er selbst im Jahre 1219 eine zuwartende Stellung ein, wandte seine Macht zunächst gegen Semgallen, während der Orden, welcher sich durch das Versprechen wol nicht in gleicher Weise gebunden fühlte, die Züge nach Norden fortsetzte. Da die Ausbreitung der dänischen Herrschaft ausserordentlich langsam vor sich gegangen, ein Widerspruch von ihrer Seite sich bisher nicht geregt, hatte dann der Bischof, bestochen durch das Glück der deutschen Waffen, auch seine Mannschaft mit nach Wirland und Harrien ausgesandt. Die einmal vollbrachte Eroberung mochte man trotz der Zusage wol zu behaupten hoffen. Schlau genug hatten die Dänen bisher mit ihrem Rechte zurückgehalten, dem Vorrücken der Livländer ruhig zugeschaut: jetzt aber, da die Landschaften unterworfen waren, treten sie mit ihren Ansprüchen hervor um, ohne einen Blutstropfen vergossen zu haben, sich in ihren Besitz zu setzen. In gewaltsamster Weise sollte ihr Anrecht bald durchgeführt werden!

Unser Schriftsteller hat hier geschwiegen, doch kaum zu Gunsten seines hohen Gönners. Da er der Versprechungen Alberts gar nicht erwähnt, wird man zunächst allen Forderungen der Gegner Glauben schenken, was wenigstens für die drei alterworbenen Landschaften mit der Wahrheit nicht übereinstimmt. [3]

---

[1] L. U-B. I, No. 84, v. 20. April 1226: (Petebat siquidem magister ab episcopo) centum marchas pro dampno, quod magistro contingat, occasione donationis Estoniae, quae dicebatur facta per episcopum regi Danorum.

[2] XXIV. 2.

[3] Usinger, Deutsch-Dänische Gesch. 202, nimmt auch vom Bischof nicht gehaltene Versprechungen an, ohne aber ihr Mass zu bestimmen.

Um dieselbe Zeit trat auch auf kirchlichem Gebiet der Streit hervor. Für den getödteten Theodorich hatte Albert zu Ende des Jahres 1219 [1]) seinen Bruder Hermann, Abt zu Sanct Paul in Bremen, zum Bischof ernannt. Diesem ward nun, da die Feindschaft bereits ausgebrochen, von Waldemar (im Frühling 1220) die Ueberfahrt in sein Bisthum verwehrt. [2])

Weil H., ohne etwas hinzuzufügen, bereits früher (XXIII. 2) von dänischer Seite den Wessel an des erschlagenen Bischofs Stelle hatte setzen lassen, ist hier von vornherein ein Widerspruch angenommen worden. Dieser bestand aber nicht sogleich; wenigstens hat Albert die Wahl seines Bruders mit der des Dänen für vereinbar gehalten.

Theodorich war zum estnischen Gesammtbischof ernannt; [3]) mit seinem Tode fiel die Idee, die er vertreten hatte. Eine einseitige Wahl von Seiten Waldemars konnte natürlich nur für das dänische Estland Bedeutung haben, die Ernennung Hermanns allein für die deutschen Theile. So waren freilich beide Bischöfe an Stelle Theodorichs berufen, doch da nicht Jeder alle, jenem zugedachte Rechte erlangen sollte, war die Doppelwahl kein uncanonisches Schisma, sondern nur ein durch die veränderte politische Lage herbeigeführtes Auseinanderfallen der früheren Einheit — eine Trennung, welche keine Schwierigkeiten verursachte, da kein consolidirtes Bisthum, sondern bisher heidnische Landschaften getheilt wurden, die dem Theodorich zugesagt waren, welche er aber nie besessen hatte.

Keineswegs haben die Dänen den Wessel zu der vollen Stellung

---

[1]) Bonnell, Chronogr. p. 37; wegen der Winterzeit wird die Botschaft dem Neuerwählten auf dem Landwege zugesandt.

[2]) XXIII. 11; in dem letzten Satze (Hermann begiebt sich zu Waldemar) greift H. offenbar nach XXIV. 4 über.

Für die Ernennung auch L. U-B. I, No. 61; dann Annal. Stadens. ad a 1220: Thiderico Estiensi episcopo a paganis occiso, Hermannus abbas Sancti Pauli in Brema in episcopatum substituitur Lealensem. (M. G. SS. XVI. 357.)

[3]) Allerdings war er „ad titulum Lealensem" geweiht (Urk. 61), doch mit der Aussicht auf das ganze Estenland. Sein eigenes Verfahren zeigt dies: nachdem sein Recht im Süden anerkannt war, wendet er sich den Dänen zu, um es auch im Norden zu erlangen. Vergl. dagegen v. Brevern, Studien I, 100, Anmrkg. 4.

seines Vorgängers berufen wollen; nur zum Bischof von Reval ist er
ernannt. [1]) Später, da ihr Gebiet sich vergrössert hatte, wird ihm
erst mehr zugetheilt, aber auch zur Wahl noch eines Bischofs geschritten. [2]) Noch weniger ist bei Albert die Absicht vorauszusetzen,
durch seinen Bruder von Leal Jenen zu verdrängen.

Völlig bewiesen scheint die Rechtsgültigkeit beider Wahlen dadurch, dass beide Bischöfe von Rom anerkannt, beiden Unterstützung
zugesagt wird. [3]) Unvereinbar war die letzte Erhebung nur mit den
jetzigen auf das ganze Estenland, einschliesslich Saccalas, Ungauniens und der Strandprovinzen, gerichteten weltlichen Herrschafts-
ansprüchen der Dänen. Hiemit war die dem Hermann zugedachte
selbständige Stellung unmöglich geworden.

Durch jenen ersten Widerspruch liess Bischof Albert sich nicht
irren. Das Land, welches mit dem Blut der Seinigen gewonnen war,
gedachte er, trotz des früher gegebenen Versprechens, durch Vollziehung der Taufe in deutsches zu verwandeln. Er sandte seine
Priester aus über Embach und Pala, überall das Christenthum zu
verkünden. Aber auch die Dänen, welche das kriegerische Treiben
der Andern wol geduldet, begannen nun durch Theilnahme an dem
minder gefahrvollen Werke der Bekehrung dem einmal ausgespro-
chenen Rechte factische Geltung zu verschaffen. Die eilfertige Hast,
mit der sie den Deutschen zuvorzukommen suchten, als ob diese
Erfolge erst über den Anspruch ihrer Nation entschieden, gereichte
der andern Partei zu schwerem Anstoss.

Der Lettenpriester und sein Gefährte fanden in Wirland keine
Aufnahme mehr, und auch nach Jerwen war ihnen ein Däne vor-
ausgeeilt. Erfolglos bleibt die Betheuerung, dass das Land unter
der Fahne der Jungfrau erobert sei; auch der Erzbischof, den sie in
Reval aufsuchen, weiss nur von einem Recht des Königs.

---

[1]) In den päpstlichen Schreiben L. U-B. I, No. 49, 50 heisst er „Episcopus Revaliensis;" ebenso bei II. XXIV. 2 Ende.

[2]) XXIV. 2 Ende: er erhält noch Harrien, der andere Bischof (wol
Ostrad, nach Albericus ad a. 1214) Jerwen u. Wirland.

[3]) Dem Dänen durch Livl. U-B. I, No. 49, 50; dem Hermann in No. 51;
durch No. 52 wird er vom Papst dem Könige empfohlen. Ein eigenthümlicher Gegensatz zu Waldemars wirklichem Verfahren!

Eine Meldung ergeht von Andreas an Albert „nicht herunter-
hängende Zweige aufzusuchen, seine Priester nicht in die Winkel
Estlands zu senden." Aehnlich, doch über den Rechtspunkt hin-
weggehend, lautet dessen Botschaft. [1]

König Waldemar, der um diese Zeit wieder in jenen Gebieten
erschienen war, [2] lud nun Bischof und Orden vor sich. Während
ersterer nicht folgte, sondern hilfesuchend nach Rom eilte, sandte
die Ritterschaft den Rudolf von Wenden zur Verhandlung ab. [3]

Durch den wol ohne sein Vorwissen gethanen Verzicht auf die
estnischen Landschaften schien der Orden, der nun von weiteren
Eroberungen abgeschnitten war, wesentlich beeinträchtigt. So lange
noch Hoffnung dagewesen, das Versprechen ungeschehen zu machen,
war eine Trennung verhütet; bei dem jetzigen Verhalten der Dänen aber suchte er den ihm erwachsenen Schaden auf irgend
eine Weise zu ersetzen. Und Waldemar, der dem vereinten Deutschthum gegenüber seine Forderungen wol kaum hätte aufrecht erhalten können, wusste diese Stimmung zu nutzen, seine Gegner zu
trennen, auf eine für ihn höchst billige Weise sich im Orden einen
Verbündeten zu schaffen. In der Verleihung ganz Saccalas und
Ungauniens sammt ihren Nebenlanden (d. h. Normegundes, Mochas,
u. s. w.) welche, wie wir sahen, der Bischof ihm nie abgetreten,
bot er der Ritterschaft Ersatz für ihre Verluste! Der Orden ging
auf das Anerbieten ein, unter diesen Umständen ein Recht des Dänenkönigs nicht weiter bezweifelnd, des schweren Unrechts, das den
Bischöfen damit zugefügt war, nicht achtend. Selbstverständlich verzichtete er nun zu Gunsten Waldemars auf das übrige Estenland.

Der Gegner hatte seinen Zweck vollständig erreicht, den Orden,
wie die Zukunft lehrt, ganz auf seine Seite gezogen, um mit seiner
Hilfe weitergehende Plane zu verwirklichen.

[1] XXIV. 1, 2.
[2] Dies geht aus Annal. Lundens. ad a. 1220 (Nordalbing. Studien V,
51) hervor: Rex Waldemarus secundo ivit ad Estoniam etc.; und ebenso aus
Annal. Stadens. ad a. 1220: Rex Danorum iterum in Estoniam pergens, re-
vertitur. Diese Reise, welche sich aus Heinr. nicht ganz klar ergiebt, übersieht v. Brevern, Studien p. 104, bei seinen Folgerungen.
[3] v. Breverns Annahme, p. 105, und die Usingers, p. 203, der Ge-
sandte habe eigenmächtig, namentlich nicht im Einverständniss mit Volquin
gehandelt, scheint ungegründet und wird durch die folgenden Thatsachen
widerlegt.

8*

Das Abkommen erregte unter den Deutschen grossen Unwillen. Doch „Bischof Bernhard und die übrigen Rigischen kamen mit den Brüdern zusammen und indem sie Estland in Frieden zu theilen beschlossen, wiesen sie jedem der Bischöfe (Albert und Hermann) wiederum ein Drittel zu." [1] Nur ein allgemeiner Zwang, wie er später nochmals auf ihn ausgeübt wurde, kann den Orden hier zur Aufgabe des grössten Theils vom eben Gewonnenen bewogen haben. Denn wie wenig Ernst es ihm um das Zugeständniss gewesen, zeigte er bei der nächsten Uebereinkunft mit den Dänen, wo er sich die beiden Landschaften wiederum übertragen liess. H. freilich weiss nur von einem Vertrage in aller Freundschaft!

Nach der Verbindung mit dem Orden säumten die Dänen nicht, ihrem Anspruch auf das nördliche Land mit aller Rücksichtslosigkeit Nachdruck zu geben. Von ihnen aufgereizt fielen die getauften Harrier in Jerwen ein und brachten es so zur Anerkennung dänischer Herrschaft; auch Wirland, durch Drohungen eingeschüchtert, beugte sich ihnen. (XXIV. 2.)

Von den Deutschen ward inzwischen am Wirzjerw und Peipus — in den der Ritterschaft übergebenen Provinzen [2] — ruhig getauft. Einzelne Priester, die jene Grenze überschritten, hatten von den nördlichen Nachbarn schweres Ungemach zu leiden (XXIV. 5, 6).

Auch von anderer Seite schienen die Deutschen Beschränkung leiden zu müssen. Nach den estnischen Strandlandschaften, die von den Dänen nicht besetzt waren, hatte Johann von Schweden einen Zug gerichtet. Freilich endete das Unternehmen bald traurig genug, doch an Stelle der Schweden traten nun die Anderen mit ihrem Anspruch. [3]

Ebenso ungünstig wie hier hatte sich unterdess ausser Landes Alberts Geschick gestaltet. Den Nachstellungen des feindlichen Königs kaum entgehend, war er in Rom zugleich mit einer Gesandtschaft seines Gegners angelangt, daher ungünstig beschieden.

[1] XXIV. 2.

[2] XXIV. 5 werden Mocha, Wayga u. s. w. genannt, offenbar die „adjacentes provinciae" von Saccala und Ungaunien, welche der Orden erhalten hatte. Jene erscheinen immer als Zubehör der beiden grössern, so z. B. L. U-B. I, No. 61. Dies ist der einfache Grund, weshalb die Dänen dort die Taufe nicht stören.

[3] XXIV. 3; für die Ansprüche der Dänen: XXIV. 6 a, XXV. 5 Anfg.

Wie Honorius vor einem Jahre seine Wünsche in Betr eff dc geistlichen Machtstellung nicht berücksichtigt hatte, [1]) so verliess er ihn nun bei Wahrung der weltlichen. Auch Kaiser Friedrich war nicht im Stande ihm thätige Hilfe zu bieten. So blieb dem von Allen verlassenen, durch den Orden verrathenen Bischof kein anderer Ausweg, als sich seinem Feinde zu ergeben. Er selbst war von seinem Wirkungskreise ausgeschlossen, kein Pilgerschiff vermochte nach Schliessung des Lübecker Hafens Livland zu erreichen.

König Waldemar schien ganz der Mann, die günstige Gelegenheit bis aufs Aeusserste auszunutzen, seine Plane immer höher zu schrauben. „Livland sowol wie Estland" musste der Bischof in seine Gewalt geben, ersteres aber mit der Bedingung, dass seine Prälaten und Stiftsvasallen, die Deutschen sammt Liven und Letten darein willigten. [2]) Soweit Heinrich.

Das Verhältniss, unter dem beide Länder übertragen, ist natürlich als ein verschiedenes zu denken: bei Estland war es vollständige Ueberweisung, ein Verzicht auf alle Ansprüche, wie der König ihn bereits vom Orden erlangt hatte; bei Livland, für das allein die Clausel Bedeutung haben konnte, ist, wie spätere Ereignisse zeigen, [3]) die drückende Schutzvoigtei angestrebt worden.

Ueber die Stellung des Ordens kann hienach nicht weiter Zweifel herrschen: von der Einwilligung aller Deutschen, selbst der Eingebornen, wird die Unfreiheit abhängig gemacht, allein nicht von der seinen. Da Albert die Interessen der Gesammtheit mit Uebergehung seiner zum Austrag bringen wollte, muss sich derselbe bereits für Waldemar und für die fremde Abhängigkeit erklärt haben.

Dabei hat unser Autor das Abkommen kaum richtig überliefert. Jene Clausel mag freilich die vom Bischof gestellte sein; der König dagegen muss — Späteres weist mit Bestimmtheit darauf hin —

---

[1]) Alberts Wunsch, zum Erzbischof erhoben zu werden, hatte er abgeschlagen (L. U-B. I, No. 47). Directes Entgegenwirken gegen den Lunder ist darin nicht zu sehen, höchstens die Absicht, ihm mit gleichem Recht zur Seite gestellt zu werden.

Wol durch sich selbst widerlegt ist die Annahme Hansens, p. 21, 26, Albert habe sich im dänischen Gebiet die geistlichen Befugnisse vorbehalten und erwartet die dortigen Bischöfe unter sich gestellt zu sehen!

[2]) XXIV. 4. [3]) XXV. 2.

die Nichtausführung seines Plans an weitere Bedingungen, mindestens den Widerspruch aller Livländer, also auch den des zu ihm
stehenden Ordens, geknüpft haben. An sich schon ist es unglaublich, dass Waldemar den Vorschlag des Bischofs, bei dem seine Absicht von vornherein hinfällig gewesen wäre, angenommen habe.

Dem Bischof Hermann, der bereit war, seinen Sprengel vom
Könige zu empfangen (XXIII. 11), ward die Erlaubniss zur Ueberfahrt noch verweigert, damit auch dem Vertrage Bernhards mit
den Rittern die Zustimmung versagt.

Ein starker, wahrhaft nationaler Widerstand erhob sich sogleich
gegen die dänische Anmassung. Die gesammte Bevölkerung erklärte zu Ehren Christi und der Jungfrau, nicht für den Dänenkönig,
gekämpft zu haben, lieber das Land zu verlassen als jenem zu
dienen!

Erzbischof Andreas, der hievon vernommen hatte und vor Allem
durch eine schwere Belagerung, die er von den Oeselern in Reval erlitten (Ostern 1221), [1] zur Einsicht gelangt war, wie im Gegensatz
zum Deutschthum seine Stellung im Lande unhaltbar sei, zeigte sich
zur Nachgiebigkeit bereit. Bischof und Ordensmeister begaben sich
zu ihm. Gegen Abschluss einer allgemeinen Bundesgenossenschaft
zwischen Deutschen und Dänen versprach hier der Prälat seinen ganzen Einfluss für die Wahrung livländischer Freiheit aufzubieten.

„Die weltliche Herrschaft in Saccala und Ungaunien übergaben
sie dem Orden, die geistlichen Rechte aber Bischof Albert." [2] Der
Hauptgewinn war ersichtlich bei den Dänen. Allerdings mit Aufgabe der späteren, bei der geringen äussern Macht, welche sie in
jenen Landen entwickelt, beinahe ausschweifend zu nennenden
Herrschaftsideen, haben sie allein durch schlaue Politik ihre Absichten völlig verwirklicht. Mit wenig Anstrengung hatten sie sich
zu Herren des nördlichen Estenlandes gemacht, als solche nun die
Anerkennung der Deutschen erlangt. Die eingegangene Kriegsgenossenschaft — für die Anderen von keiner, für sie von der höch-

---

[1] II. XXIV. 7; Annal. Lundens. ad a. 1221: Urbs Revalø obsessa est
primo.

[2] XXV. 1.

— 119 —

sten Bedeutung — sicherte jenem Besitz die Dauer. Das hier fest-
gestellte Verhältniss der beiden Nationen ist das für die nächste
Zeit massgebende.

Auch der Orden hat den Schaden, welcher ihm aus Herbeiru-
fung der Dänen überhaupt erwachsen war, und für den ihm schon
jener Vertrag mit Waldemar einen Ersatz geboten, dessen er aber bei
dem folgenden Abkommen mit Bernhard wieder verlustig ging, in
der früheren Weise auf Kosten der Bischöfe auszugleichen gewusst.
Seine Verbindung mit den Gegnern benutzend, liess er sich allein
die beiden Provinzen zum zweiten mal ertheilen und vernichtete
damit den letzten Vergleich, der hier den Bischöfen ihr Recht
gesichert.

Dem B. Albert war mit der geistlichen Gewalt daselbst eine nur
ungenügende Concession gemacht, [1] sein Bruder jeden Anspruchs
beraubt.

So bedeutende Opfer brachte der Bischof um die Hauptgefahr, Livlands Unfreiheit, zu verhüten. Der von H. als einziges Erforderniss
angegebene Protest der Geistlichen und Vasallen, der Deutschen
und Eingebornen genügte also nicht. Obgleich derselbe mit grosser
Einhelligkeit erfolgt war, musste jenes Versprechen vom Erzbischof
so theuer erkauft werden!

König Waldemar, wol überzeugt, dass die von ihm wirklich
gestellten Bedingungen nicht erfüllt würden, dazu unbekannt mit
den Zusicherungen seines Primas, versuchte seine Herrschaftsgelüste
auf Livland jetzt ins Werk zu setzen. Der Ritter Gotschalk erschien
in Riga, um für ihn die Voigtei der Stadt zu übernehmen. Ein so
übler Empfang ward freilich dem Ankömmling bereitet, die Bevöl-

---

[1] Eine Folge dieses Vertrags ist der XXV. 5 Ende, angedeutete Zustand: die Ritter herrschen in allen Schlössern Saccalas und Ungauniens,
verwalten die Voigteien und treiben Abgaben ein. Davon wird dem Bischof
„sua pars" aufbewahrt. Es sind wol die aus den geistlichen Rechten flies-
senden Einkünfte, nicht aber ein volles Drittel, wie es ihm ehemals als
theilweisem Landesherrn zugestanden hatte. Ein Anrecht darauf kann aus
den geistlichen Befugnissen nicht gefolgert werden. (Von einem Viertel des
Zehnten, wovon Hansen, p. 25, spricht, kann ausserhalb des Liven- und
Lettenlandes nicht die Rede sein.)

kerung zeigte eine so feindliche Gesinnung, dass er „verwirrt" alsbald wieder das Land der Hlgen Jungfrau verliess. [1]

Die Gefahr der dänischen Abhängigkeit ist aber keineswegs als völlig beseitigt angesehen worden, denn „zu derselben Zeit verbanden sich rigische Bürger und Kaufleute mit Liven und Letten zu einer Eidgenossenschaft gegen den König und alle ihre Widersacher." [2] Wer die letzteren seien, sagt H. nicht, doch die Ereignisse sprechen. Die Schwertbrüder senden ihre Knechte aus und setzen einige der Livenhäuptlinge gefangen, wodurch der Plan der Uebrigen vernichtet wird!

Nur die gegründete Befürchtung, der König werde trotz der Zusicherung des Andreas bei seinen verderblichen Absichten beharren, konnte ein derartiges Bündniss veranlassen. Damit es sich aber in gleicher Weise gegen den Orden richtete, muss derselbe nicht nur in seiner dänenfreundlichen Stellung beharrt, sondern auch als ein gleich gefährlicher Feind der Freiheit betrachtet, als Verletzer allgemeiner Interessen erschienen sein. Allein für die Verfechtung bischöflichen Rechts in Saccala und Ungaunien hätte sich eine solche Opposition kaum herausgebildet.

Nach unserer bereits berührten Annahme hat eben Waldemar (was an sich natürlich, ja selbst berechtigt erscheint, falls er sich mit dem Orden nicht schon vorher verständigt) die Aufgabe seines Plans ebenso sehr von dem Widerspruche der Ritterschaft, als von dem des übrigen Livlands abhängig gemacht. Zu einer solchen Erklärung nun war jene, der ihr unrühmliches Verhalten noch bei der letzten Uebereinkunft die grössten Vortheile eingetragen hatte, bisher nicht zu bewegen gewesen. Die Lage schien bei allen Verheissungen des Primas eine ungesicherte: offene Feindschaft gegen den König, von dem noch Unheil drohte, wider den Orden, der dasselbe förderte, hatte sie hervorgerufen!

Der Zustand war ein nach allen Seiten hin gefährdeter. Zu den Zerwürfnissen inmitten der Bevölkerung, der Unbill von den Dänen kam die Anwesenheit eines überlegenen äussern Feindes im Lande.

---

[1] XXV. 2. [2] XXV. 3.

Wochenlang schon lagerten starke russische Heere und ihnen
verbündete Litauer mit Mord und Brand in den livischen und lettischen Gebieten. Geringen Widerstand vermochte man ihnen bei
dem innern Zwist entgegenzusetzen; nur von dem eigenen Besitz
wehrte der Meister die Plündernden ab. [1] Erst als alle Landschaften ausgeraubt, ohne dass grössere Erfolge erreicht wären, zog sich
der Feind langsam und unbehindert zurück.

Von nun an nahmen die Ereignisse wieder eine erfreulichere
Wendung. Den Litauern ward durch fast völlige Vernichtung be-
der Heimkehr aus Russland, ihren Verbündeten durch ununter-
brochene Raubzüge der Deutschen, Letten und Esten reichlich ver-
golten, was sie in Livland verübt. [2]

Zum Theil wol in Folge der entschiedenen Haltung der Bevölkerung waren gleichzeitig mit der äusseren Bedrängniss auch die
inneren Wirren überwunden. Der Orden hatte seine unnatürliche
Stellung zum Deutschthum sammt der unnationalen Politik aufgegeben, sich dem übrigen Livland wieder angeschlossen. Wie bei
H. immer, lässt sich die Wandlung nur in ihren Wirkungen erkennen.

Rigische Kaufleute, die mit ihren Gütern nach Rotalien gezogen, waren für diese Betretung königlichen Gebiets von den Dänen gefesselt nach Reval geführt. Zusammen verlangten Bischof
und Ordensmeister die Auslieferung; sie ward verweigert. Erst
das Gerücht von einem Zuge deutscher Heere nach Norden, welchen
jene gegen sich gerichtet wähnten, hatte die Befreiung zur Folge. [3]

Das gemeinsame Auftreten Alberts und Volquins den Dänen
gegenüber, die Verwendung des Meisters für die Kaufleute, deren
allgemeine Verbindung wenigstens an dem Aufruhr theilgenommen,
zeigt die Abwendung des Ordens von seinen bisherigen Genossen,
ein besseres Einvernehmen mit den Deutschen.

Bedeutsamer sollte der Umschwung gleich darauf hervortreten.
König Waldemar war im Frühjahr 1222 mit Heeresmacht nach

---

[1] Wenn H. hier, XXV. 3, die innere Fehde betont, so meint er nur die
zwischen Orden und Bevölkerung. Niemals spricht er von der zwischen
Orden und Bischof.
[2] XXV. 4, 5, 6.
[3] XXV. 5.

Oesel gezogen, es sich unterthänig zu machen. [1]) Bei ihm erschienen als Abgesandte des ganzen Landes Bischof Albert, der Meister
mit seinen Rittern und einige Liven, um jene hochwichtige Angelegenheit zu endlichem Austrag zu bringen. Einmüthig, also mit
Einschluss der Ritterschaft, erhoben sie Einspruch gegen die Abhängigkeit und baten das Land der Hlgen Jungfrau in seiner Freiheit
zu belassen, so dass der König nach einer Berathung mit den Seinigen nun ihrem Verlangen willfahrte, Livland in seinem ganzen
Umfang dem Bischof frei übertrug. Welches der vielen für Waldemar in Betracht kommenden Momente (ob die Uebereinstimmung
des Landes, oder die Zusage des Andreas, oder die Bundesgenossenschaft, welche nur so zu erhalten war) hiebei den Ausschlag gegeben, ist kaum zu entscheiden. Auf jeden Fall ist nach gewonnener
Einhelligkeit unter den Deutschen, welche wir für eine der gestellten Vorbedingungen halten mussten, die Ausführung jenes Plans
unterblieben.

Wie in diesem Punkt, trägt der Vergleich überhaupt den Character einer Bestätigung des mit dem Erzbischof Vereinbarten.
Treue Kriegshilfe gegen alle Feinde sagten die Deutschen dem Könige und den Seinigen zu; nach wie vor wurden in Saccala und
Ungaunien sämmtliche Hoheitsrechte den Brüdern, [2]) die geistlichen
Befugnisse dem rigischen Bischof eingeräumt. Hatte auch der Orden die ungerechtfertigte Verbindung aufgegeben, so zeigte er sich
doch nicht geneigt, ihren Vortheilen zu entsagen. [3])

[1]) II. XXVI. 2; Annal. Stadens. ad a. 1222: Rex Danorum Leslen-
sem terram (statt „Osiliam") cum comite Alberto ingreditur, et fugatis
hostibus christiani nominis, urbem in ea aedificat, quae non multo post de-
struitur a paganis. (M. G. SS. XVI. 357.)

[2]) Ob jene Länder dem Orden frei übertragen sind, oder mit welcher
Beschränkung, ist nicht ersichtlich. Das Verlangen des Königs „sibi perpetuam fidelitatem praestare" scheint nur auf die Kriegshilfe zu gehen. — Gewisse Rechte hat er sich vielleicht vorbehalten: so finden wir XXVI. 6 den
Dänen Hebbe als Voigt in Saccala (vergl. Usinger, p. 212). Dies Verhältniss
müsste aber jetzt erst begründet sein, denn XXV. 5 heisst es von den Rittern in den beiden Provinzen „erant procurantes advocatias."

[3]) Usinger, p. 209, 211 u. 212, betrachtet merkwürdiger Weise die
Frage über das Estenland als noch unentschieden. Von ihr ist bei den letzten Verträgen nicht mehr die Rede, weil Albert schon bei seiner ersten
Uebereinkunft mit dem Könige (XXIV. 4), der Orden noch früher (XXIV. 2),
auf jenes Gebiet verzichtet hatte.

Wenn des Bischofs Bruder Dietrich und einige Ordensglieder auf Waldemars Bitte sogleich in der neuaufgeführten Dänenburg zurückbleiben, so wird dies mehr für eine Sicherstellung des Königs in Bezug auf die gegebenen Zusagen, als für eine erste Ausführung derselben, wie H. es fasst, zu halten sein.

Recapituliren wir am Schlusse dieser Verwicklungen noch einmal die Weise, in der H. sie vorführt, so mangelte vor Allem eine richtige Grundlage der ganzen Beurtheilung. Waldemar wird anfangs als blosser Kreuzfahrer dargestellt; später mussten alle seine Herrschaftsforderungen für gültig gehalten werden, da der Schriftsteller sich über Zusicherungen des Bischofs überhaupt nicht äusserst eben weil letzterer selbst die wirklich gegebenen nicht respectirte. Die unwürdige Stellung des Ordens, sein Zwiespalt mit dem Bischof, sein Halten zu den Dänen sind dann verdeckt. Erst aus geringfügig erscheinenden Momenten konnte auf sie geschlossen werden. Zwar nimmt derselbe vom Könige die beiden estnischen Landschaften, dem folgt jedoch sogleich die „friedliche" Theilung durch Vermittlung Bernhards. Sie war keine aus dem freien Willen des Ordens hervorgegangene! Dies zeigte sich schon bei dem folgenden Vertrage mit dem Lunder, wo H. wieder allgemein sagte: „sie (also auch Albert) gaben den Rittern Saccala und Ungaunien," obgleich dies nur von den Dänen ausgehen konnte. Das dauernde Einverständniss des Ordens mit den Plänen der Gegner wurde allein einem leicht zu übersehenden Umstande — der Uebergehung seines Namens — entnommen, weil die vom Könige gestellten Bedingungen, in denen der Gegensatz klar ausgesprochen wäre, um deswillen verschwiegen sind.

Die folgende Verbindung der Livländer wider Waldemar „und alle ihre Widersacher" erwies sich bald als auch dem Orden geltend (doch nur weil letzterer gegen sie auftrat); die besondere Ursache des feindlichen Verhaltens ist indess erst im Zusammenhang mit früheren Folgerungen einigermassen aufzuklären. Die Stelle an sich liess ebenso sehr an andere Motive, die Verfolgung viel allgemeinerer Zwecke von Seiten der Opposition denken, da sie sich „gegen alle Widersacher" richtet. Der Ausdruck „alle" begreift thatsächlich nur den Orden in sich. — Um den feindlichen Gegensatz nicht mehr zu markiren, ist natürlich auch die Annäherung der Parteien verwischt: gleich als sei ein Umschwung gar nicht eingetreten, verwendet sich der Meister für die Kaufleute und tritt einträchtig mit den Uebrigen den Ansprüchen des Königs entgegen.

Bei Weitem nicht Alles bietet der Schriftsteller hier offen dar: aus mehr versteckten Andeutungen vervollständigt sich der Zusammenhang ein wenig.

§. 9. Der Aufstand von 1223—1224 und der Vertrag über das Estenland.

Geeint standen die fremden Mächte da, welche die Herrschaft in jenen Landen erlangt. Nochmals sollte es sich zeigen, nun auf anderem Gebiet, welch' ein Fehler begangen war, da man die Dänen zu Genossen der Eroberung herbeigerufen. Ihre Macht war hier wegen der Kürze ihrer Dauer, mehr noch in Folge der unklugen Härte, mit welcher eine frühere Empörung niedergeschlagen, [1] so wenig festgegründet, dass ein Aufstand, hervorgerufen durch eine einzige Niederlage, ihr im Augenblick ein Ende machte. Die Deutschen, gleichzeitig nicht minder bedroht, da die eigenen Untergebenen von der Erhebung der nördlichen Stammesgenossen mitfortgerissen waren, mussten der Dänen Regiment wieder aufrichten.

Das Unheil ging von Oesel aus. Die Besatzung des von Waldemar kaum halbvollendeten Schlosses hatte den zahlreichen Schaaren der Eingebornen nicht widerstanden. Die Vertheidiger zogen ab, die Zwingburg ward von Grund aus zerstört, die Siegesnachricht verbreitete sich über das ganze Estenland. „Sie machte Heiden und Esten Muth, das fremde Joch zu brechen, den fremden Glauben abzuwerfen."

Die Oeseler traten mit Harriern und Strandbewohnern zu einer Verbindung zusammen, der sich auch Jerwier und Wiren anschlossen. [2] Da vermochten die Saccalaner, welche mit den Ordensbrüdern in den Schlössern des Landes zusammenwohnten, „die bösen Herzensgedanken gegen ihre Herren nicht weiter zu verhalten." An einem der ersten Sonntage des neuen Jahres (1223) wurden die

---

[1] XXIV. 7.
[2] XXVI. 3, 4.

Deutschen in Fellin getödtet, die in der Kirche befindlichen einzeln hervorgelockt und gefesselt; in Odenpä und Dorpat, wohin als Siegestrophäen die blutigen Schwerter und Kleider der Gemordeten gesandt wurden, zögerte man nicht jenem Beispiel zu folgen. Ueberall bereitete sich das Volk zu energischem Widerstande vor. Die Russen von Nowgorod und Pskow wurden als Hilfe herbeigerufen, ihnen von der Beute zuertheilt, in Gemeinschaft die Burgen besetzt, Belagerungswerkzeuge gebaut, die Kunst des Schleuderns geübt.

Dem Christenthum entsagte man völlig und nahm die heidnischen Bräuche wieder auf. „Den Frieden wünschten sie zwar," liessen die Saccalaner nach Riga melden, „doch so lange ein Knabe ein Jahr alt, oder eine Elle hoch noch im Lande wäre, wollten sie den Glauben nicht annehmen." [1]

„Da erneuerte sich der Krieg in allen Grenzen des Estenlandes." Während hier die Deutschen erlagen, war auch die Herrschaft der Dänen völlig zu Grunde gerichtet. Reval, das eine gefährliche Belagerung überstanden (XXVI. 11), bildete ihren einzigen Haltpunkt.

Der Aufstand hatte damit seine grösste Ausdehnung gewonnen: es begann die Reaction des Deutschthums und seiner Verbündeten. Die vom Orden nach Ungaunien gerichteten Verheerungszüge haben ihn überzeugt, wie die eigene Macht nicht ausreiche, dieser Empörung Meister zu werden. Es war abermals ein Moment erschienen, welcher ihm, der der Billigkeit lange widerstrebt hatte, dieselbe aufzwang. Von Bischöflichen und allen Deutschen, die er um Beistand angegangen, ward einmüthig die Forderung gestellt, er solle zuvor der Kirche der Hlgen Jungfrau, dann dem Bischof Hermann ihre Antheile am Estenland überlassen, sich mit seinem Drittel zufriedengeben. Wol oder übel verstand er sich dazu. Damit hatte der langwierige Streit endlich eine sachgemässe Erledigung gefunden, indem man zu demselben Grundsatz zurückgekehrt, der schon bei der Theilung von 1216 anerkannt war (XX. 4). Die zugesagte

---

[1] H. XXVI. 5, 6, 7, 8, 9; Annal. Stadens. ad a. 1224: Estones fidem catholicam reliquerunt, foedus ineuntes cum barbaris et Ruthenis. Sed vindictam in eos exercuit novus exercitus peregrinorum. (M. G. SS. XVI. 358). Die letzte Nachricht bezieht sich entweder auf H. XXVII. 1 oder XXVIII. 1. ff.

Hilfe ward nun gewährt, ein gemeinsam aufgebrachtes Heer nach Saccala gesandt, ohne freilich grössere Erfolge zu erzielen. [1]

Durch den furchtbaren Raubzug im Frühling 1223 zeigten die Esten, wie sie ihren Gegnern noch gewachsen waren; die Niederlage aber, welche sie heimkehrend an der Ymer erlitten, [2] bildet den Wendepunkt in jenem Kampf.

Die bedeutenden von Bischof Bernhard gesammelten Streitkräfte zwangen Fellin nach vierzehntägiger Belagerung zur Uebergabe; ohne Widerstand ergab sich das Schloss an der Pala; damit war Saccala gewonnen. [3]

Zwar erschienen die Russen in der Hoffnung auf eigene Machterweiterung jetzt wieder auf dem Kampfplatz, doch das von ihnen verursachte Hemmniss war nur ein vorübergehendes. Nachdem sie in vierwöchentlicher Bestürmung gegen Reval nichts ausgerichtet hatten, begnügten sie sich den vertriebenen Fürsten von Kokenhusen mit geringer Mannschaft nach Ungaunien zu senden. Im festen Dorpat liess er sich nieder, das umliegende Land brandschatzend und zur Anerkennung seiner Herrschaft zwingend. [4] Bereits um die Weihnachtszeit gedachten die Rigischen derselben ein Ende zu machen, als man sich der schwerbedrängten, seit der Gefangennahme ihres Königs wol ganz ohne Unterstützung gelassenen Dänen erinnernd, den Zug nach Harrien wandte. Nach dem Fall von Lone stand es ihnen offen; Abgesandte der übrigen Esten versprachen Wiederannahme des Christenthums und stellten Geiseln. [5]

Nicht allein für die Dänen, oder nur um den Vertrag zu erfüllen, scheinen die Livländer hier gewirkt zu haben. Zwar von Harrien wurden jenen die Geiseln überwiesen, [6] nicht so von Jerwen und Wirland, welche später „von den undankbaren Gästen arg beunruhigt sind, weil sie von den Rigischen das Christenthum empfangen hatten." [7] Das Verfahren stimmt zu den früheren Ansprüchen gerade auf jene beiden Landschaften und zu den späteren

---

[1] XXVI. 12, 13. [2] XXVII. 1. [3] XXVII. 2.

[4] XXVII. 3, 5. [5] XXVII. 6.

[6] In den Worten (XXVII. 6): „Danis vero homines restituerunt et in villas suas liberos reliquos remiserunt" möchte statt „homines" „obsides" zu lesen sein.

[7] Vergl. auch v. Brevern, Studien I, 122.

Zerwürfnissen, in Folge deren Wilhelm von Modena dieselben den
Dänen „als streitig" entzog. (XXIX. 6, 7.)

Das übrige Estenland beugte sich schon; nur der Kampf gegen
das aufrührerische Ungaunien und die Russen dauerte noch fort,
als Bischof Albert im Frühling 1224 in Begleitung seines Bruders
heimkehrte, welchem jetzt, nachdem der Streit über deutsches und
dänisches Estenland entschieden, die lange verweigerte Reise von
dem gefangenen Waldemar gestattet worden. [1]
Die erste von den Machthabern vorgenommene Handlung war,
die estnische Frage, welche nach so verschiedenen Durchgangspe-
rioden endlich vor Kurzem eine befriedigende rechtliche Lösung
gefunden, in diesem Sinne auszuführen. Es handelte sich um die
Theilung des deutschen Estlands, Saccalas und Ungauniens, welche
durch den Orden stets gehalten, dann der Strandprovinzen, die mehr
durch die Macht der Thatsachen den Deutschen wieder zugefallen
waren, — kurz der bereits vor Ankunft der Dänen eroberten Gebiete, auf welche Albert nach unserer Ansicht Jenen nie ein Recht
eingeräumt hatte. [2] Das uns in der Kürze mitgetheilte Ergebniss war,
dass dem livländischen Bischof das Strandgebiet, bestehend aus sieben Kilegunden, seinem Bruder Ungaunien und dessen Nebenlande,
dem Orden Saccala zufiel, oder, wie es später genauer heisst, diese
Provinz nebst Nurmegunde, Mocha und halb Wayga. [3]
Dies die Angabe H.'s über den Vorgang. In ein ganz anderes

---

[1] XXVIII. 1. Von einer Anerkennung Hermanns für das ganze Estenland (von der Usinger, p. 358 spricht) konnte überhaupt, und auch jetzt
nicht die Rede sein. Waldemar hatte ihn früher gehindert, weil alle estnischen Gebiete entweder von ihm besetzt, oder dem Orden ertheilt waren.
Nach den Zugeständnissen des letztern konnte Hermann sein Bisthum nun
im deutschen Estland finden, aber auch nirgend anders.

[2] Auf die Strandlandschaften, welche von den Deutschen jetzt wol ohne
Weiteres besetzt sind, haben die Dänen übrigens noch nicht verzichtet.
XXVIII. 7 hebt H. besonders stark das Recht der Seinigen hervor; auch
Wilh. von Modena hat, wie ersichtlich werden wird, sie eine Weile als
streitig betrachtet.

[3] XXVIII. 2, 9.

Licht wird derselbe freilich durch die Urkunden vom Juli 1224 [1]) gestellt, nach denen er nicht blosse Verwirklichung des dem Orden abgezwungenen Zugeständnisses, sondern in der Art seiner Ausführung eine neue Errungenschaft der bischöflichen Partei ist, ein neuer Beweis, wie die bischöfliche Macht den Orden jetzt überragte.

Es war demselben durch den Vertrag vom Jahre 1210 ausserhalb der Grenzen Liv- und Lettlands Unabhängigkeit von der geistlichen Gewalt, volle Freiheit neuer Erwerbungen bewilligt, nur bei dem Landbesitz Auseinandersetzungen mit neuen Kirchenhäuptern vorgesehen. Allein eine Theilung der neuen Gebiete auch mit dem rigischen Bischof war nothwendig geworden. Und zu dieser materiellen Beschränkung fügten die augenblicklichen Umstände eine neue bedeutsame auf rechtlichem Gebiet, welche die verheissene

---

[1]) L. U-B. I, No. 61, 62, 63. (Einige genauere Lesarten der beiden letzten s. bei Schirren, Verz. livl. Gesch.-Quellen etc. Bd. 1 p. 1 No. 2, 3.) Die Aufeinanderfolge der beiden letzten Urkunden ist zu verändern, die Bischof Hermanns v. 23. Juli (No. 62) hinter die Alberts v. 24. Juli (No. 63) zu verweisen. Das Urkundenbuch nennt die letztere eine Bestätigung der beiden frühern; eher möchte sie als Einleitung der beiden andern zu betrachten sein, wofür auch die Reihenfolge, in der alle drei dem Papste zur Bestätigung vorgelegt wurden, spräche (U-B. I, Regg. No. 73).

Doch müssen wir 62 hinter 63 setzen, so dass diese in die Mitte kommt. In einer Entscheidung Wilh. v. Modena (Livl. U-B. III, No. 74) heisst es mit Bezug auf die beiden Documente vom 23. und 24. Juli 1224: (Dubitationem facere videbatur) quia litterae quae dicebantur et ex ipsa verborum serie videbantur ultimae, inspecta litterarum data, primae potius videbantur, unde allegabatur intervenisse scriptoris errorem. Es wird also anerkannt, dass 62 (v. 23. Juli) nur durch einen Schreibfehler das ältere Datum erhalten habe und hinter 63 (v. 24. Juli) gehöre.

Die formelle Entwicklung in allen dreien ist nun anders zu denken: in 61 handelt Albert in seiner Function, Bischöfe einzusetzen und zu dotiren: Hermann erhält sein Bisthum, was die Vorbedingung zum Folgenden ist; 63 giebt die eigentliche Auseinandersetzung unter Mitwirkung aller Betheiligten: Albert bekommt seinen Antheil und es wird hier zuerst ein Recht des Ordens auf die Hälfte des dem Hermann bereits verliehenen Gebiets anerkannt; 62 endlich ist Ausführung des letzten Punkts, die Uebertragung seines Antheils an den Orden durch den Bischof Hermann selbst. — Diese Aufeinanderfolge einzelner Acte ist natürlich rein formell: die Zuweisung eines Gebiets an Hermann z. B. (durch die erste Urkunde, 61) zeigt, dass man über die ganze Vertheilung schon im Klaren war, obgleich sie hier noch nicht ausgesprochen wird.

Selbständigkeit aufhob, den Orden auch hier in den alten Zustand niederdrückte. Nicht, wie bis dahin zu erwarten stand, als eine den beiden geistlichen Machthabern völlig gleichberechtigte Gewalt, nahm er an dieser Auseinandersetzung Theil, sondern erst in zweiter Linie. Seine allmählig verringerten materiellen Ansprüche scheinen zwar befriedigt, nicht aber die auf Unabhängigkeit. Wir werden bei Uebergehung der rein formellen, erst später gemachten Acte dieser Theilung doch in rechtlicher Beziehung zwei Vorgänge zu erkennen haben: beim ersten sind nur die Bischöfe betheiligt, die sich derart über das verfügbare Land auseinandersetzen, dass der livländische ungefähr ein Drittel mit allen geistlichen und weltlichen Rechten (cum omni jurisdictione spirituali et temporali), Bischof Hermann die übrigen zwei Drittel unter denselben Bedingungen erhält: durch einen weiteren Act ertheilt dann letzterer die Hälfte seines Landes dem Orden, jedoch mit beschränktem Recht.

Diese Aeusserlichkeit bildete die Form, unter der die Ritterschaft zu dem neuen Bischof in dasselbe Verhältniss gezwängt ward, welches in Rücksicht auf die bisherigen Gebiete zwischen ihr und dem rigischen Kirchenhaupte bereits bestand. Die Lehnsabhängigkeit ist auch hier eingeführt, wobei die Stellung zum rigischen Bischof ersichtlich als Vorbild diente. Alle die Bestimmungen, wie sie in Rom festgesetzt waren (in Urk. No. 16), sind wiederholt. Zum Theil wörtlich schliessen sich die Urkunden Alberts und Hermanns (No. 63 und 62) an jene Vorlage an. [1]

· Der Orden, der das Land mit Kirchen, Zehnten und allen weltlichen Einkünften von der Hand des Bischofs erhält, ist seinem Lehns-

---

[1] Einige Punkte aus den drei Urkunden stellen wir beispielsweise zusammen :

Urk. 16.	Alberts Urk. (63).	Hermanns Urk. (62).
... ad hanc concordiam devenistis (1) ut videlicet ipsi fratres tertiam partem earundem terrarum ... teneant a Rigensi episcopo	..... (1) et ex terris eisdem magister et fratres militiae tenebunt de manu ipsius (Heremanni) ... medietatem etc.	... talem fecimus compositionem, (1) ut videlicet a nobis .. ipsi (Fratres Militiae) teneant mediam .. regionem episcopatus nostri;
(2) nullum sibi ex ea temporale servitium praestituri nisi quod ad defensionem ecclesiae et	(2) impensuri ei perinde debitam suo episcopo obedientiam ... et intendentes ad promo-	(2) (Pro his terris) nullum nobis temporale servitium aliud exhibebunt, nisi quod pro epis-

herrn zu keinerlei weltlichem Dienst, [1]) aber zu steter Vertheidigung von dessen Gebiet verpflichtet. In den einzelnen Mitgliedern erhält die Ritterschaft sich frei, nicht aber in ihrem Meister, welcher auch hier dem Bischof Gehorsam leistet.

Als kirchlichem Oberhaupt bleiben dem Bischof natürlich sämmtliche geistliche Rechte vorbehalten, wie dort: die Bestätigung der von den Rittern anzustellenden Priester, die Visitation mit Vergütung der Kosten, u. s. w. Ueberall sehen wir die alten Bestimmungen wiederholt. [2])

Urk. 16.	Alberts Urk. (63).	Hermanns Urk. (62.
provinciae perpetuo contra paganos intendent;	tionem, defensionem et confirmationem suae ecclesiae;	copatu nostro incursu hostium ... decertabun
(3) verum magister eorum, qui pro tempore fuerit, obedientiam semper Rigensi episcopo repromittet;	(3) Verum magister, qui ibi pro tempore fuerit, semper obedientiam ipsi episcopo repromittet.	(3) et in spiritualibus nobis obedient etc.

[1]) Das dem Bischof Albert im Ordenslande zukommende Viertel des Zehnten ward hier nicht eingeführt.

[2]) Bei engem Anschluss der beiden Urkunden 62 und 63 an einander und an die gemeinsame Vorlage, zeigt die Hermanns (62) doch einige Abweichungen. Da dieselben mehr durch Nachlässigkeit entstanden als beabsichtigt scheinen, zudem keine praktische Bedeutung erhielten, konnten sie im Text übergangen werden. — Im Ganzen ist die Urkunde Alberts die besser concipirte. Mehr mit Voraussetzung der geistlichen Rechte Hermanns im Ordensgebiet, hebt sie die „obedientia" des Meisters scharf hervor. Dem gegenüber weiss 62 nur von einem Gehorsam in geistlichen Sachen, was bedeutsam ist im Zusammenhang mit etwas Anderem. Sie spricht nämlich auch von einer dem Orden übertragenen „jurisdictio civilis", wovon jene nichts sagt. (Eine Urkunde Alberts aus derselben Zeit, No. 70, die Theilung Tolowas enthaltend, gebraucht allerdings auch diesen Ausdruck, doch ist er hier von keiner weiteren Bedeutung, da das Verhältniss der beiden Gewalten schon längst geregelt war.) Während nun später aus Urkunde 16 die Gerichtsbarkeit des Bischofs über den Meister gefolgert ward (vergl. hier p. 74 Note 3), und dies bei der jetzt von Albert ausgestellten ebenfalls möglich war, gab die Fassung von 62 (die doch dasselbe enthalten sollte wie 63) zu mancherlei Zweifel Anlass. Bei Gelegenheit der Bestätigung unsers Vertrags im Jahre 1225 durch Wilhelm von Modena (L. U-B. III, No. 74) ward es fraglich, welche Form, ob die Alberts oder Hermanns, massgebend sein sollte. Der Procurator des letztern erklärte, das Wort „jurisdictio" sei dort unrichtig gebraucht. Doch die principielle Schwierig-

Die Bedeutung dieser unerwarteten Normirung der Stellung des Ordens ist nicht zu verkennen: das Streben nach Unabhängigkeit war auf einem nicht unansehnlichen Gebiet fehlgeschlagen, die livländische Hierarchie hatte einen neuen Sieg gewonnen!

Das Verhältniss von H.'s Bericht zu den Urkunden haben wir hienach noch festzustellen. Das Factische ist im Allgemeinen richtig durch ihn überliefert. Auch nach den Actenstücken (deren rechtliche Seite bisher nur betrachtet wurde) erhält Hermann das Binnenland — Ungaunien, Sobolitz und halb Waigele (bei H. Wayga) —, da das ihm eigentlich zustehende Strandgebiet durch die benachbarten Heiden vielfach gefährdet, der Sitz Leal schon lange zerstört sei (Urk. 61); der Orden die sich westlich daran schliessenden Striche, Saccala, Nurmegunde, Mocha und die andere Hälfte von Waigele; [1]) Albert endlich die Strandgegenden, die unmittelbar mit seinem livländischen Besitz zusammenhingen.

Ein unpassendes Zerreissen der Nachricht wird man bei H. allerdings auszusetzen haben: erst nach der Eroberung Dorpats (§. 9) erfahren wir die Theilung Waygas, als ob sie erst später vorgenommen wäre; hier zuerst hören wir von den Gebieten, welche dem Orden ausser dem Hauptland verliehen wurden. Möglicherweise liegt darin

---

keit löste sich, da Volquin, um seine Auslegung des Worts befragt, ihm keine besondere Bedeutung beilegte, in Folge deren der Ordensmeister in der Gerichtsbarkeit etwa anders gestellt würde, als nach Urkunde 63. (Dies ist natürlich erst Resultat der Vermittlung des Legaten; die vorher von einander abweichenden Ansichten der Parteien sind in der Urkunde übergangen.) Jetzt bekannte er sich vollständig zu den Ausführungen, welche Wilhelm wol kurz zuvor für die Jurisdictionsverhältnisse dem Vertrage von 1210 gegeben hatte (L. U-B. III, No. 73 b.), und stand damit auf dem Rechtsboden der Urkunde Alberts (63). Diese Auslegung ward bestätigt, wodurch die Ungenauigkeiten in Hermanns Ausfertigung ihre practische Bedeutung verloren. — Bei der päpstlichen Bestätigung tritt der Unterschied merkwürdiger Weise wieder hervor: dem Orden ward sie 1226 mit Zugrundelegung der Urkunde Hermanns (62) ertheilt (durch U-B. III, No. 93 a), dem Hermann selbst 1229 (durch U-B. I, No. 102) auf Grundlage der Urkunde Alberts (63).

[1]) Freilich nicht durch's Loos, was H.'s Ausdruck XXVIII. 2: „Saccalam in sorte pro parte sua receperunt" zu sagen scheint. Vielleicht ist es der falsch verstandene Ausdruck einer Urkunde. L. U-B. III, No. 87 a (die genauere Greuzregulirung zwischen Saccala und Ungaunien) heisst es s. B.: (Saccala) quae est in sorte et parte magistri.

ein an sich freilich unverständlicher Anklang an das Richtige, eine An
deutung des doppelten Rechtsacts, wenn der Orden zuerst nur Saccala
Bischof Hermann Ungaunien „mit seinen Provinzen" empfängt, woraul
dann eine zweite Auseinandersetzung eben über diese Nebenlande
erfolgt. [1]) Der vollen Wahrheit entspräche dies freilich nicht (da es
nicht auch auf Saccala geht), und vor Allem hätten wir hier eine
Unterscheidung der Zeit nach, während sie doch rechtlich war.

Was vorzüglich bei H.'s Angaben zu rügen ist, bezieht sich
nicht sowol auf das, was er gesagt, als darauf, dass er Vieles nicht
gesagt hat. Die wichtige Form, unter welcher sich der Vertrag
vollzog, bleibt unberücksichtigt. Allein aus den Urkunden ist ersichtlich, wie 1210 zwischen Bischof und Orden ein bestimmtes Abhängigkeitsverhältniss begründet ist, das ausserhalb gewisser Grenzen
aufhören sollte, wie aber unter dem Einfluss der wachsenden geistlichen Macht dasselbe ebenso im Estenlande hergestellt wurde. [2])

Nachdem das starke von den Russen und Esten gehaltene Dorpat nach langer, verzweifelter Gegenwehr noch im August der
Waffenmacht der vereinten Livländer erlegen (XXVIII. 3, 4, 5, 6),
war innerhalb deutschen Herrschaftsgebiets kein Gegner mehr zu
bestehen. Bisher feindliche Nachbarn, Curen, Semgallen, Oeseler
suchten Frieden.

Albert konnte nun Besitz nehmen von den Strandlandschaften;
der Orden richtete sich in Saccala ein; Bischof Hermann traf umfassende Vorkehrungen für den äusseren Schutz und die hierarchische
Ordnung seines Landes.

Sicherheit und Ruhe zogen nach langjährigen Kämpfen zum
ersten mal wieder in jene Gebiete ein. Die Bevölkerung verliess
die Burgen und die Verstecke des Waldes, die während der Kriege
aufgesucht waren, richtete die zerstörten Dörfer auf und begann

---

[1]) Hansen, p. 30, verbindet unrichtig, wenn er den Antheil des Ordens
an diesen Nebenländern als Ersatz für den beim Aufstand erlittenen Schaden
fasst. Die Entschädigung erhält der Orden von den Esten, von deren Leistungen im vorigen Satz die Rede war (XXVIII. 9).

[2]) Wol zu sehr ist man hier H. gefolgt. Das Lehnsverhältniss ist deshalb zu wenig, die Bildung desselben nach dem schon bestehenden, niemals
beachtet worden.

ı Frieden den Acker zu bauen. „Das ganze Volk ruhte im Schutze des Herrn." [1]

§. 10. Der Legat Wilhelm von Modena und Livlands Beziehungen zum Kaiserthum.

Mit Schilderung der sicheren Friedensruhe leitet uns der Schriftsteller zu dem Wirken eines Mannes hinüber, dessen Thätigkeit die neubegründeten Verhältnisse ihrer letzten Vollendung entgegenführen, ihnen eine gewisse Weihe verleihen sollte.

Auf die durch einen besonderen Boten überbrachte Bitte Alberts um einen Abgesandten Roms erschien der Bischof Wilhelm von Modena [2] in der ersten Hälfte des Jahres 1225 in der Mündung der Düna. Die Ausbreitung des Glaubens, die Lage der Neubekehrten, ihr Verhältniss zu den Gebietern zu erforschen, schien seine vornehmste Aufgabe. Zwei Reisen machten ihn mit den Zuständen bekannt. Livland, Lettland, ganz Saccala und Ungaunien wurden durchzogen, das Volk zur Treue im Glauben ermahnt und in ihm belehrt; tadelnde Worte trafen die Unbeständigkeit der Einen, Lobeserhebungen den Eifer der Andern, Forderungen der Milde richtete er an die deutschen Herrn, vor Allem die Ritter. [3] Festigkeit im Christenthum dort und Billigkeit hier sollten ein friedliches Beieinanderwohnen herbeiführen, der neuen Gründung Kraft verleihen. — Die zweite Wanderung ging in die südlichen Grenzgebiete der Liven, Letten, Selen: überall eindringliche Ermahnung und das Verlangen der Nachsicht. Eine gleiche Thätigkeit entwickelte er in der Stadt, wo das Volk fleissig unterrichtet, reichlich Ablass ertheilt, Vieler Streitigkeiten entschieden wurden.

Auch auf die Nachbarn dehnte er seinen Einfluss aus. Boten der Oeseler und Strandesten wechselten hier mit den Bischöfen der Dänen und den Gesandten Nowgorods. [4]

---

[1] XXVIII. 7, 8, 9; XXIX. 1.

[2] Vergl. im Allgemeinen die ausführlichen Regesten für Wilhelm in SS. rer. Prussic. II, 100 ff.

[3] Fünf mal wiederholt dies H. Es stimmt zu dem Schutzbrief des Papstes für die Neubekehrten, L. U-B. I, No. 71.

[4] XXIX. 2, 3, 4, 5.

In seltsamem Gegensatz zu dieser friedestiftenden Thätigkeit steht der an den deutschen Grenzmarken gerade jetzt neuerwachende Streit. Durch Unterdrückung des gewaltigen Aufstands auch in den dänischen Provinzen glaubten die Deutschen die alten Ansprüche auf Jerwen und Wirland neubegründet zu haben; andererseits wurden Alberts Strandlandschaften unablässig von den Dänen beunruhigt. Estnische Boten hatten den Legaten schon zwei mal um Sicherheit vor ihnen angerufen. [1]

Den Deutschen bot die Schwäche der ihres Oberhaupts noch immer beraubten Gegner eine treffliche Gelegenheit ihren Forderungen Geltung zu verschaffen. Noch im Herbst (1225) bemächtigten sich die bischöflichen Stiftsvasallen von Odenpä durch einen kühnen Handstreich der Schlösser Wirlands und begannen hier ihr Regiment. [2]

Durch Massnahmen, die beiden Theilen gleich unerwartet waren, wollte der Legat diesen Uebergriffen ein Ziel setzen. Nachdem zunächst die deutschen Eindringlinge gezwungen worden, den neuen Besitz unter den Schutz des römischen Stuhles zu stellen, geschah ein Gleiches bei den Dänen: Sowol auf die Herrschaft in den streitigen Landschaften Jerwen, Wirland und Harrien, als auf die Ansprüche in Betreff der Wiek mussten sie vorläufig verzichten (XXIX. 6). Auch Bischof Albert ist veranlasst, seinem Rechte auf letztere zunächst zu entsagen. [3] Ausdrücklich bemerkt dies H. nicht; ihm mag

---

1) In Saccala (XXIX. 3), dann in Riga (§. 4). Das „Et recepit eos" wird nicht wie das spätere „in manus Summi Pontificis eos collegit" (§. 7) zu verstehen sein. Kaum glaublich ist es, dass der Legat dem Bischof die factische Herrschaft entzogen habe, bevor die Dänen hier zur Aufgabe ihrer blossen Ansprüche veranlasst waren (§. 6). Der Plan, diese Länder interimistisch unter den Schutz des Papstes zu stellen, scheint erst entstanden, als auch in Wirland ein ernsterer Kampf begonnen hatte.

2) v. Brevern, Studien I, 135 und öfter, lässt von den Dänen abgesetzte Aelteste überall eine grosse Rolle spielen. Dies stützt sich allein auf Brandis.

3) Nachdem Wilhelm den Dänen Harrien wiedererstattet, heisst es XXIX. 7: „Illam vero Kiligundam, quae Maritima vocatur, cum alia tota Maritima ... in Summi Pontificis Romani accepit potestatem;" auch sendet er seine Priester nach Sontagann. (An erster Stelle muss hier übrigens statt „Maritima" der Name einer dieser Provinzen, etwa Rotalien oder Sontagana, gestanden haben.)

das Eingeständniss bei dem «als unzweifelhaft hingestellten Recht der Deutschen (XXVIII. 7) schwer geworden sein!

Eine vom Legaten im Anfang 1226 unternommene Reise in das nördliche Estenland sollte den so eigenthümlichen, den streitenden Parteien gleich unliebsamen Zustand jener Provinzen sichern. Hiebei verstand er sich zu einigen billigen Concessionen, indem er den Dänen das nie bestrittene Harrien, dem rigischen Bischof wol bald darauf die südlichen Strandbezirke wiederum überwies. [1] Die übrigen Gebiete aber wurden von ihm persönlich „zu Handen des Papstes angenommen,“ so gut wie möglich organisirt und unter einen eigenen Statthalter gestellt.

Ueber die hier zu Grunde liegenden Absichten könnte man streiten. Kaum etwas Anderes möchten wir darin erkennen, als den freilich auf sehr ungewöhnlichem Wege durchgeführten Wunsch, der Fehde der herrschenden Nationen bis zur endlichen Feststellung des Rechts ein Ende zu machen. Ob schon damals Pläne zu Gunsten der Deutschen, wie sie späterhin hervortraten, mitunterliefen, ist kaum zu entscheiden. Aber nach Allem, was uns über die Thätigkeit des Modeneser Bischofs überliefert ist, sind wir keinesfalls berechtigt, ihn phantastisch-ausschweifender Ideen, von Aufrichtung eines geistlichen Staats „auf Grundlage der Freiheit der mehr als halbheidnischen Nationalen“, [2] zu zeihen.

Seine Schöpfung erwies sich übrigens nicht kräftig genug, um fernerem Hader vorzubeugen. Bald standen beide Parteien wieder in den Waffen, und noch mannichfache, hier nicht mehr zu erwähnende Wandlungen erfuhr jene Frage, ehe sie 1238 endgültig entschieden ward. [3]

Die letzte Zeit seines dortigen Aufenthalts widmete der Legat wieder der livländischen Kirche. Auf einem in der Fastenzeit ge-

---

[1] XXX. 2 steht von ihnen nur Rotalien unter der päpstlichen Verwaltung; s. v. Brevern, Studien I, 140, Anm. 3.

H. ist consequent genug, auch diese Veränderung nicht ganz klar auszusprechen.

[2] v. Brevern, Studien I, 135, 141.

[3] Ueber alles Vorstehende s. XXIX. 7, XXX. 2. Aus der letzten Stelle ist zu ersehen, dass zunächst die Deutschen den Kampf wieder begonnen haben.

haltenen Provinzialconcil wurden die Verordnungen Innocenz III.
verlesen, neue, den besonderen Verhältnissen entsprechende, hinzugefügt.

Hierauf und „nach Beendigung der Angelegenheiten zwischen
Bischöfen, Orden, Geistlichkeit und Stadt" kehrte er zu den Schiffen zurück. [1]

Damit werden wir denn zum ersten mal auf eine Seite seiner
Wirksamkeit hingewiesen, welche nicht als die geringste erscheint,
der er sich während der ganzen Zeit zugewandt, die ihn noch im
Hafen von Dünamünde beschäftigte. Es ist sein Wirken in Beilegung und Entscheidung von Streitigkeiten unter den Machthabern,
von dem zahlreiche Urkunden Zeugniss ablegen. II. aber bleibt
hier seinem Verfahren treu, Verhältnisse, die dem alltäglichen Leben
ferner liegen, besonders wenn in ihnen ein Zwist der obern Gewalten hervortritt, ausser Acht zu lassen.

Wir haben nur im Allgemeinen auf diese Entscheidungen einzugehen, um des Autors Stellung zu jenen Vorgängen, die Unvoll-
ständigkeit des aus ihm zu gewinnenden Bildes zu erkennen.

Das Verhältniss der verschiedenen mehr selbständigen Gewalten zu einander war noch ein wenig klares, mindestens nicht scharf
begrenztes: zu keiner Einigkeit war man darin gelangt, ob der
Meister und die einzelnen Ritter der Gerichtsbarkeit ihres bischöflichen Lehnsherrn unterworfen seien, oder nicht; unbestimmt schien
es, wo die Befugnisse des städtischen Richters aufhörten, die des
Bischofs begannen. Dann handelte es sich um den Grundbesitz der
Einzelnen, seine Scheidung von andern Gebieten: weder Bischof
Hermann und der Orden, [2] noch Riga mit seinen Nachbarn, dem
Lambert von Semgallen [3] und den Cisterziensern von Dünamünde, [4]
brachten es hier zu einer Verständigung.

Schwieriger waren die Fälle, wo Billigkeit den Ausschlag geben
musste, weil keine Rechtsnormen existirten. „Einen nicht geringen
Theil des Tages brachten die Parteien dabei zu," sagt eine Urkunde, [5]
„ohne zu einem Resultat zu gelangen."

[1] H. XXIX. 8.
[2] L. U-B. III, No. 87 a.
[3] L. U-B. I, No. 76.
[4] L. U-B. I, No. 78, 79, 80.
[5] L. U-B. I, No. 83.

Hier nun ward die Vermittlung Wilhelms angerufen und ebenso sehr mit Wahrung des Rechts, als mit Berücksichtigung besonderer Verhältnisse traf er seine Entscheidungen. Mit richtiger Weiterentwicklung der Stellung des Ordensmeisters zum Bischof ward die
Gerichtsbarkeit des letztern über jenen festgestellt und damit ein Prä-
judiz auch für das Verhältniss der Brüder zum Dorpater Kirchen-
haupt gegeben; [1] auf der andern Seite, zur Erhaltung sonstiger
Selbständigkeit der Ritterschaft, dem Dompropst die Excommunication ihrer Glieder untersagt; [2] in treffender Anwendung analoger
Fälle die Exemption der Pilger und fremden Kaufleute von dem
Parochialrechte des Propstes zu Gunsten anderer Kirchen festgestellt. [3]

Zumeist zeigen seine Aussprüche die Befolgung des von ihm
ausdrücklich hervorgehobenen Grundsatzes „nos: autem aequitatem
potius quam justitiae rigorem sequentes"; [4] vor Anderm empfiehlt
er denselben den zur Beilegung künftiger Grenzstreitigkeiten ernannten Schiedsrichtern. [5] Meist vermittelnd lauten seine Urtheile, wie
das mit seinem Schiedsrichteramt auch am besten vereinbar scheint.
Erkennt er ein specielles Recht des Einen gegenüber dem Andern
an, so ist er wieder bemüht, dem minder Begünstigten einen ähnlichen Vorzug einzuräumen, um Neid und Zwietracht fernzuhalten.
Während er das alleinige Patronat des Bischofs an der Jacobskirche
gelten lässt, wendet er dem Orden das gleiche bei der des hlgen
Georg zu; [6] die mannichfachen Forderungen der Ritter an den Bischof werden gebilligt, und ebenso die des letztern an jene, um sie
dann alle gegen einander auszugleichen. [7]

Vor andern bedeutsam sind die Entscheidungen für die Stadt
Riga. Während wir bisher über dieselbe aus Urkunden wenig, fast
nichts aus H. erfahren haben, finden wir sie nun im Besitz einer
eigenthümlichen Rathsverfassung; an ihrer Spitze einen Richter,
dessen Befugnisse eben geordnet; [8] über ein ausgedehntes Markge-

---

[1] L. U-B. III, No. 73 b., 74.
[2] L. U-B. III, No. 85 a.
[3] L. U-B. III, No. 82 a.
[4] L. U-B. I, No. 88.
[5] L. U-B. I, No. 89.
[6] L. U-B. I, No. 82; III, No. 82.
[7] L. U-B. I, No. 84.
[8] L. U-B. I, No. 75.

biet verfügend, dessen Grenzen jetzt fixirt werden;[1] an den Eroberungen als selbständige, den andern gleichberechtigte Macht theilnehmend.

Gerade diese Frage über Vertheilung der neuen Erwerbungen zählte zu den schwierigsten, weil neben den früher Berechtigten die Bürger mit ihren Ansprüchen hervortraten. Was H. stets zu verhüllen gesucht und dennoch deutlich aus Allem hervorging, dass der Einzelne mit Missachtung andern Rechts die augenblickliche Lage stets für sich hatte ausnutzen wollen, wird hier unumwunden ausgesprochen: „Das allgemeine Gerücht, wie die Thatsachen seien Beweis genug für ein solches Verhalten." Um diese Wurzel des Uebels für immer zu entfernen, stellte man ein genaues Theilungsverhältniss für alle Zukunft fest, durch welches Allen, die in Wirklichkeit Mühen und Kosten der Feldzüge trugen, Belohnung gesichert ward. Neben dem Bischof von Riga und dem Orden sollten die Bürger je zu einem Drittel die weltliche Herrschaft in neugewonnenen Gebieten erlangen, den zu ernennenden Bischöfen dagegen alle geistliche Rechte und Einkünfte (auch der Zehnte) vorbehalten bleiben — eine Festsetzung, die auch im letzten Punkt von den früheren wesentlich abweicht.[2] Die Bildung neuer rein-geistlicher Territorien sollte von nun an verhindert werden.

Diese Vermittlerrolle scheint in der That wichtig genug, um zunächst als Hauptzweck des livländischen Aufenthalts Wilhelms angesehen zu werden; doch glauben wir denselben wo anders gefunden zu haben, nicht durch H. allein, aber von ihm unterstützt.

Gleich nach seiner Ankunft, da ihm die Ausdehnung christlicher Herrschaft, die Gründung von fünf Bisthümern mitgetheilt worden, hatte der Legat seine Boten zurückgesandt, um in Rom den Sachverhalt darzulegen.[3] Es muss in dem Erkunden der Landeszustände, das bei H. einen beinahe rein persönlichen Charakter trägt, also ein Haupttheil auch seiner officiellen Mission bestanden haben.

---

[1] L. U-B. I, No. 78, 87.
[2] L. U-B. I, No. 83.
[3] H. XXIX. 2: Et statim remisit nuncios suos in curiam Romanam, rerum veritatem summo Pontifici rescribendo.

Die Veranlassung zu seiner Absendung war nun, wie wir uns erinnern, von Albert, und zwar von diesem allein, ausgegangen. Ein
bestimmter praktischer Zweck, nicht allein der Wunsch, der Curie
ein günstiges Bild von Livland vorzuführen, wird ihn dabei gelei-
tet haben.

Hiezu stimmt vortrefflich die Nachricht des Raynald, Papst
Honorius habe damals die Gründung eines Metropolitansitzes in Livland beabsichtigt und die Ausführung dieses Plans (im November
1225) seinem Legaten anheimgestellt. [1])

Hieraus scheint sich die Absicht Alberts, der eigentliche Zweck
der ganzen Legation zu ergeben. Jetzt, da seine weltliche Macht
und sein Ansehn so hoch gestiegen, war für den livländischen Bischof der geeignete Zeitpunkt gekommen, das früher vergebens An-
gestrebte wieder aufzunehmen, sich auf immer den Ansprüchen des
Bremer Erzstifts zu entziehen, [2]) die von ihm ernannten Bischöfe
sich auch amtlich unterzuordnen, einem Abfall derselben, wie dem
Theodorichs, vorzubeugen.

Auf seine Bitte hatte sich darum der Legat mit dem Stande
der Dinge im Lande vertraut gemacht, sein Bericht war günstig
ausgefallen, die Antwort des Papstes — eine solche ist jene Nachricht,
wie aus der Zeitangabe ersichtlich wird, — lautete zustimmend.
Zur Ausführung ist der Plan freilich nicht gleich gelangt. Wilhelms
Abreise muss der Ankunft des Schreibens bald gefolgt sein; es bedurfte wol noch einiger Auseinandersetzungen in Rom.

So scheint denn auch — was für uns von besonderem Interesse
ist — das gerade damals entstandene Werk unsers Autors, welches
dem heimkehrenden Legaten wol übergeben ward, zugleich ein Mittel gewesen zu sein, jene Ideen Alberts zu unterstützen, den guten

---

[1]) Raynaldi Annal. Eccles. ad a. 1225, §. 16 (Tom. XIII, p. 349): Verum
longe felicius per id tempus in Livoniae regionibus religio effloruit, in quibus Christianae fidei cultus adeo auctus et amplificatus est, ut Pontifex de
nova ibi metropolitana sede instituenda cogitarit, perque literas egerit cum
Guillelmo, episc. Mutinensi, A. S. L., quem id praestare jussit, quod in sa-
cram rem utilius videretur, seque de tota re faceret certiorem. Adscripta est
hujusmodi literis dies XIII kal. decemb. (Nach den Epp. Honorii III, lib. X.
ep. 125.)

[2]) Noch 1223 hatte der Papst jene Anmassungen abweisen müssen; L.
U.-B. I, No. 57.

Eindruck, welchen die Zustände, auf den Italiener hervorgebracht, in Rom recht lebhaft zu erneuern. Dass H. unter solchen Umständen über jene Angelegenheit schweigt, ist äusserst erklärlich; die Bemerkung von dem Bericht Wilhelms, in Verbindung mit der andern Angabe, macht indess die Vermuthung ziemlich wahrscheinlich und hellt so die praktischen Tendenzen unseres Buches etwas auf.

Woran jene Sache dann gescheitert, ist nicht ersichtlich. Möglicherweise war es die Thronbesteigung des den Livländern weit weniger wohlgesinnten Gregor, welche hindernd dazwischengetreten.

Um dieselbe Zeit da jener Plan seiner Ausführung sich mindestens näherte, verwirklichte sich ein anderer weitgehender der livländischen Kirchenhäupter. Es ward der wiederhergestellten und der neubegründeten Herrschaft im Norden eine ihren Machtverhältnissen entsprechende Stellung im deutschen Reichsverbande zugewiesen. [1]

Nachdem zuvor (am 6. November) der bisher ausserhalb des Reiches stehende und damals gerade in Deutschland weilende Bischof Hermann vom Könige Heinrich die Regalien für sein Land erhalten hatte, waren am 1. December 1225 durch sein ganzes Gebiet, sowie durch das seines Bruders Albert (beide mal mit Einschluss der von ihnen dem Orden verliehenen Striche) Marken errichtet, und ihnen diese Fürstenthümer mit den Rechten anderer Fürsten (so dem des Münzens, dem, an ihren Sitzen und anderen geeigneten Orten Stadtverfassungen zu begründen) ertheilt. [2] Die volle königliche Gerichtsbarkeit sollten sie ausüben, „da durch sie

---

[1] L. U-B. I, No. 64, 67, 68. Namentlich über die Echtheit derselben vergl. Excurs IV.

[2] Diese Rechte sind dem Bischof Albert wol schon von König Philipp zugestanden, wenigstens schon früh von ihm ausgeübt. Die Aufzeichnung des ältesten Rigischen Stadtrechts (L. U-B. I, No. 77) fällt wol vor 1225 (s. v. Bunge, Einleitung in die liv- est- und curländische Rechtsgesch. p. 141); die Rathsverfassung führt sich auf Wilhelm von Modena zurück (L. U-B. I, No. 114), war also den jetzt ertheilten Privilegien wenigstens gleichzeitig; das Münzrecht des Bischofs in Riga wird 1213 erwähnt (L. U-B. I, No. 27), dann wieder im December 1225 (L. U-B. I, No. 75.).

die Grenzen des Kaiserthums und der Christenheit erweitert seien, sie als Fürsten des Reichs aufrichtig geliebt würden."

Als Fürsten werden hier die livländischen Bischöfe nicht zum ersten mal anerkannt — Hermann war es durch den Empfang der Regalien, Albert durch die Belehnung von Seiten Philipps geworden [1]) — doch ihre Länder, ihnen allgemein mit Fürstenrecht verliehen, sind hier erst zu Marken erhoben.

Jene Verleihungen hatten zunächst ein praktisches Interesse. Der wahrscheinlich eingetretene Verzicht des Dänenkönigs auf Hermanns Gebiet ward hier gewissermassen bestätigt, den noch nicht völlig aufgegebenen Ansprüchen jenes auf die estnischen Besitzungen der rigischen Kirche ein rechtliches Hinderniss entgegengesetzt, die Lehnsabhängigkeit des Ordens zum ersten mal anerkannt, indem die Markerhebung der geistlichen Territorien sich auch auf Ordensland erstreckte. So ist die Zugehörigkeit jener Gegenden zum deutschen Reichskörper auf politischem Gebiete anerkannt, während sie auf geistlichem bereits gelöst war, bei einem Theile dieser Länder nie bestanden hat. [2])

Auch diese Plane und Erfolge der bischöflichen Brüder, so wichtig sie gewiss erscheinen, liegen ausserhalb H.'s Bereich, sind von ihm völlig übergangen.

Mit dem Aufhören der livländischen Thätigkeit des Modeneser

---

[1]) Ficker, Vom Reichsfürstenstand p. 97, entscheidet sich hier nicht vollständig. Auf Grund von Urkunde 64 lässt sich das Fürstenrecht Hermanns bestimmt für die frühere Zeit hinstellen, womit der dort (p. 96) allgemein ausgesprochene Grundsatz, dass jeder Reichsbischof auch Reichsfürst sei, bestätigt wird. Hermann war durch die Belehnung Reichsbischof geworden und sogleich auch als Fürst bezeichnet (Urk. 64: tamquam dilectum imperii principem sincere diligimus). — Da die Nachricht über Alberts Belehnung nur bei H. (X. 17) erhalten ist, lässt sich sein früheres Fürstenrecht nicht ganz strict erweisen, doch nach der vorigen Analogie darf man es voraussetzen.

[2]) Die Verleihung Friedrich II. an den Erzbischof von Magdeburg, nach welcher diesem die Länder jenseit Livlands gehören, die dort durch ihn consecrirten Bischöfe von ihm die Regalien erhalten sollten (L. U–B. III, No. 42 a.), ist sichtlich erfolglos geblieben. Bischof Hermann war gerade vom Magdeburger geweiht (H. XXIII, 11) und empfängt jetzt die Regalien vom Reich.

Bischofs hatte H.'s Werk bereits einen Abschluss erreicht: neue gewaltige, von Jenem hervorgerufene Ereignisse liessen den abgebrochenen Faden nochmals aufnehmen. Zu Anfang 1227 fielen Oesels Burgen in deutsche Hand, beugte sich sein Volk dem Glauben der Christen. [1]) Mit Schilderung dieser Grossthat der Seinen, des Triumphs der Kirche scheidet der Autor von uns.

Und so sprechen wir denn hier, wo auch unserer Untersuchung ein Ende gesetzt ist, den Wunsch aus, bei Anerkennung der Vorzüge unseres Buches auch seine Mängel richtig hervorgekehrt, die zu Anfang ausgesprochene Meinung von minder befriedigender Behandlung der politischen Verhältnisse erhärtet zu haben. Eingehendere Rücksichtnahme auf öffentliche Actenstücke, Vergleich ihrer Angaben mit denen des Schriftstellers und Beobachtung auch des vom Verfasser mehr verborgen Dargebotenen, wie sie hier versucht sind, scheinen die Erforschung jener hochwichtigen Zeit nicht unwesentlich fördern zu können.

---

[1]) XXX. 1, 3, 4, 5.

Excurse.

Excurs I.

Die Quellen der späteren livländischen Chroniken mit besonderer Berücksichtigung Heinrichs.

Indem wir unsere Ansicht über die Benutzung H.'s bei späteren livländischen Geschichtschreibern hier erhärten wollen, haben wir unsern Autor zunächst nur als Quelle überhaupt nachzuweisen, welches Verhältniss von den Herausgebern zum Theil nicht erwähnt, zum Theil geradezu in Abrede gestellt ist. Dabei sind wir, so weit es hier möglich war, auch auf die Art und das Mass wie er verwerthet worden, so wie die anderweitigen Vorlagen der jüngeren Werke eingegangen, um zugleich die über Gebühr vernachlässigte Frage nach dem Werthe der letzteren für die älteste Zeit ein wenig weiter zu bringen.

Im Allgemeinen möchte aus der Untersuchung hervorgehen, dass in den zu besprechenden Aufzeichnungen kaum irgend eine werthvolle Nachricht, die auf verlorene Quellen deutete, erhalten ist, dass sich vielmehr das Meiste auf unser Buch, dann die Reim- und Ordens-Chronik zurückführen lässt, während die übrigen Angaben sich durchgängig als eigenmächtige Zusätze und Producte der mündlichen Tradition ergeben, oder aus weitläufigem Ausmalen und Missverständnissen der Späteren entstanden sind.

Wir lassen die einzelnen Chroniken ihrem Alter nach folgen, wobei die für die älteste Zeit ganz kurze Horners (SS. rer. Livonic. II, 879) und die Nyenstädts (Monumenta Livoniae antiquae II, 20—22) übergangen sind, da sie H. nicht benutzt haben, die von David Werner,[1] weil sie nur auszüglich gedruckt ist.

1. Bartholomäus Grefenthal zeigt in seinem bis 1557 gehenden „Chronicon Livoniae"[2], bei den Berthold, Albert und Volquin betreffenden Nachrichten (p. 3 und 7) eine, wenn auch nur geringe Beeinflussung durch H.'s Bericht. Beim Ende des zweiten Bischofs finden wir Jahr und Tag richtig angegeben. Es ist dies die erste genaue Zeitangabe, welche H. (II, 6), und er wol ausschliesslich, überliefert hat.

1) Vergl. v. Bunge, Einleitung in die liv-, esth- und curländische Rechtsgesch. etc. p. 10.
2) Mon. Livon. antiq. V, 1 ff.

Einzelnes ist Jenem wol durch das Chronicon Carionis vermittelt, welches er gleichfalls benutzt und auch citirt.[1])

2. Augustin Eucaedius entwickelt in seinem „Aulaeum Dunaidum,"[2]) einer in Hexametern geschriebenen Geschichte der Erzbischöfe von Riga eingehende Kenntniss unseres Buches. Schon in der Widmung an den mecklenburgischen Prinzen Sigismund August tritt dieselbe klar hervor. Es werden hier unter den zur Zeit Bischof Alberts nach den Ostseeländern gezogenen Herren und Kirchenfürsten einzelne genannt, welche weder in Urkunden noch in der Reim-Chronik erscheinen, sondern nur bei H.: so „Wenceslaus, Rugiae princeps" (p. 397) und bei H. XXIII. 2; „Marquardus Stadensis" (l. c.) erklärt sich allein durch Missverständniss der Nachricht unsers Autors XIV. 5: Tunc Comes de Sladem, Marquardus miles cum aliis peregrinis, . . . in Teutoniam redire desiderantes etc.;[3]) endlich „Andreas Archiepiscopus Lundensis" (p. 398) aus H. X. 13.

Dasselbe Verhältniss lässt sich in den Berthold und Albert behandelnden Abschnitten des Epos weiter verfolgen. Man vergl. die Beschreibung vom Tode des ersteren.

V. 218: Indomito dum Praesul equo per maxima fertur
   Agmina militibusque suis cor nobile firmat,
   Sive errore malo, seu laevo numine Divum,
   Incertum: sensit medios illapsus in hostes.
   Illum omnes telis petere, illum ad fata vocare etc.

mit H. II. 6: Episcopus Bertoldus equi, ab eo male detenti, velocitate immiscetur fugientibus etc. Diese näheren Umstände werden weder von der Reim- noch der Ordens-Chronik angegeben, deren einer freilich die gleichfolgende Nachricht vom Tode Caupos entlehnt ist.[4])

Bezeichnend sind auch des Dichters Verse von Alberts jährlicher Reise nach Deutschland.

V. 245: Mos erat huic Vati: quoties Orionis astrum
   Surgebat, fluctus pelago et se plurimus alto
   Volvebat, toties Germanos ibat ad urbes,
   Atque hyemem, quam longa, illis degebat in oris.
   Interea pubem bello aptam, ac fortia Martis
   Pectora militiae signum cogebat in unum. etc.

Das Factische ist H. entnommen, entweder der einzelnen Notiz VIII. 1: „(episcopus Albertus) tam in Teutoniam eundo, quam inde redeundo singulis annis frequentem et intolerabilem fere laborem sustinet," oder es war aus dessen ganzer Lectüre zu gewinnen.

Wenn indess bei den zwei letzten Stellen auch an eine nur indirecte

---

1) Vergl. die Ausgabe p. 4 Anmerkung 2, und p. 5 Anmerkung 1.

2) SS. rer. Livonic. II, 393 ff.

3) Livl U-B. 1, No. 15 erscheint der Graf unter den Zeugen als „comes Henricus de Slade."

4) Vergl. Livl. Reim-Chr. V. 503 ff. (SS. rer. Livonic. I, 531) und Ordens-Chr. Cap. 134 (SS. rer. Liv. I, 345).

Abhängigkeit, durch Vermittlung von Krantz,[1]) gedacht werden könnte, so muss die Nachricht von der Belagerung Riga's durch die Curen, II. XIV. 5 unmittelbar entlehnt sein. Eucaedius' Worte lauten hierüber

V. 361: IIi (Curetes) Rigam nuper longa obsidione prementes,
    Ausi omnes immane nefas, subvertere muros
    Tentarant, civesque sibi crudelibus ausis
    Subjicere, et patrias Germanum pellere ad urbes,
    At Deus, et miseros rursus fortuna revisens
    Adfuit, in solido et gemebundos laeta locavit.
    Nam Stadii Comes egregius, nil tale timentes
    Tollentesque animos, et laeta luce fruentes:
    Arripit infidas acies, Marquardus, et urget
    Agmina praecipitans subito turbata tumultu.
    Illi omnes fugere, et lachrymis exposcere pacem,
    Non bellum fremere, et gentes turbare quietas:
    Discere justiciam at cupiunt, nec temnere Christum. etc.

Trotz der sich allgemeiner haltenden, der Mittheilung von Thatsächlichem widerstrebenden Weise des Dichters ist II.'s Erzählung hier nicht zu verkennen. Zugleich ist diese Stelle ein sehr deutlicher Beleg für die freien poetischen Umgestaltungen, welche sich der Verfasser mit seinem Stoffe erlaubt hat: dem Grafen von Stadem (den er, wie schon vorhin, zum Grafen von Stade macht und wieder Marquard nennt) weist er, dem Zwecke seines Epos entsprechend, die Rolle des Retters zu, wozu die Vorlage keineswegs Veranlassung bot. Sie nennt (XIV. 5) den Grafen und den Ritter Marquard unter den zur Zeit des Anzugs der Curen in die Heimath zurückkehrenden Pilgern und sagt darauf von letzterem: Marquardus miles, rediens a Dunenmunda inter medios hostes civitatem intravit et postea societati Fratrum Militiae se conjunxit.

3. Balthasar Russow hat sich in dem Abschnitte seiner „Chronica der Prouintz Lyfflandt,"[2]) welchen er „Wo Lyfflandt erstlick gefunden vnde tho dem Christendome gekamen ys" (p. 11 ff.) überschreibt, und der die Zeit bis 1237 behandelt, bekanntermassen der Ordens-Chronik als Hauptquelle bedient. Zunächst, bis p. 13 oben,[3]) wo er zu Ende cap. 137 seiner Vorlage steht, schreibt er sie ausschliesslich aus: es finden sich nur geringe Aenderungen, die später zu besprechen sein werden; dann folgt ein grösseres Einschiebsel aus anderer Ueberlieferung, so dass erst p. 13 unten, mit dem Satze „Do hefft Meister Vinno vele guder daden gedan," die Erzählung der Ordens-Chronik, c. 138 wieder aufgenommen wird. Der Bericht über den Tod Vinno's, die Erwählung des Nachfolgers, die Thaten des Herzogs Albert entsprechen der Ordens-Chronik c. 138—142; auch die folgende Geschichte von einem falschen Legaten und der Eroberung und Be-

---

1) Dieser berichtet, Vandalia lib. VI. Cap. 10 u. 11 von dem Tode des zweiten Bischofs und dem Herbeiziehen der Pilger eben nach H. (vergl. hier p. 2, Anmerkung 9).

2) SS. rer. Livonic. II, 1 ff.

3) Bis zu dem Satze „Tho disser tydt hefft Bisschop Albrecht" etc.

festigung Revals stammt aus ihr, c. 147—150,[1]) nur schiebt Russow sie an einer andern Stelle ein, und ordnet sie passender an. Darauf haben wir abermals, von p. 14 unten („Tho dersülnigen tydt hebben de Rüssen" etc.) bis p. 15 unten („Vmme disse tydt quam ock ein Graue von Arnstede" etc.) einen Passus aus andern Quellen vor uns; während das Folgende, die Züge gegen Oesel, Semgallen und Litauen und der Fall Volquins (p. 15 und 16) wieder der Hauptquelle c. 145, 146, 151 entlehnt ist. Nachdem einige zur Zeit Alberts erschienene Pilger aufgezählt worden, ist dann der kurze Schlussbericht über die Vereinigung des Ordens mit den Deutschherrn wieder der Hauptquelle, wenn auch in ausserordentlich verkürzter Form, entnommen.

Wo er die Ordens-Chronik benutzt, hat er sie mit geringen Aenderungen und Zusammenziehungen wörtlich ausgeschrieben. Man vergleiche beispielsweise:

Ordens-Chronik c. 127:	Russow p. 11:
„De Christenn worden Do frolyck vnd kregenn moith, vnd gyngenn vryglick vp dath Landt, went en duchte, Gott hadde sie dar gesandt. Sze haddenn groth guth In eren Schepen, dath verkofften sye dar vele beth, den anderwharr," etc.	„Do worden de Koeplüde frölick, kregen einen guden modt, vnd gingen fry vp dat Landt, Wente ene duchte, Godt hedde se darhen gesandt, vnde se hadden groth Gudt in eren Schepen, welckes se mit grotem Vordeel vnde gewin gegen andere Wahr (!) vorbütet hebben." etc.

Trotz der durchgehenden Uebereinstimmung finden sich indess einzelne sachliche Abweichungen, welche sich allein durch die Annahme, dass Russow eine von der uns erhaltenen abweichende Recension der OrdensChronik benutzt habe, erklären lassen. Er nennt z. B. p. 13 die drei Schlösser Segewold, Wenden und Ascheraden als Werke Vinno's, entsprechend der Reim-Chronik V. 630 ff., während die Ordens-Chronik c. 137 nur Wenden aufführt; er bezeichnet ferner (l. c.) den Mörder des Meisters als einen „Pleger tho Wenden," was sich aus der Reim-Chronik V. 687 ff. ergiebt, während die Ordens-Chronik nichts davon enthält. Andererseits fehlen ihm einige märchenhafte Angaben, welche sich gerade auch in der Reim-Chronik nicht finden, sondern erst in der Ordens-Chronik auftauchen: so die vom Eintritt Bischof Alberts in den Orden (Ordens-Chronik c. 136), dann die Meinung, dass der Mörder Vinno's von den Heiden zu seiner That veranlasst sei (c. 138).

Dass dem Russow nun die Ordens-Chronik, nicht deren Quelle, die Reim-Chronik, als Vorlage gedient habe, ergiebt die formelle Aehnlichkeit oder vielmehr Gleichartigkeit. Ferner ist es durchaus unwahrscheinlich, dass

---

1) Nicht, wie Strehlke (Hermanni de Wartberge Chronicon Livoniae, Separatausgabe p. 21, Note 2) meint, aus Wartberge. Der Wortlaut wird für uns beweisen:

Ordens-Chr. c. 150:	Russow p. 14:
„vnd tymmerden do die borch van Steynen sehre Vast mith muhren vnd Tormen seher hoch."	. . . . . „hefft he (Volquin) de Borg tho Reual van Steinen fast, vnde mit Müren vnde Törmen sehr hoch gebuwet," etc.

er neben jenem Hilfsmittel die Reim-Chronik zugezogen, sie fortwährend mit einander verglichen, und letztere als das Ursprüngliche erkannt habe, um das Plus, welches die Reim-Chronik gegenüber dem von ihr abgeleiteten Werke bot, aufzunehmen, und andererseits die Nachrichten, welche die Ordens-Chronik unabhängig von ihrer Quelle enthielt, zu verwerfen. Solch' kritisches Verfahren wird man hier unmöglich annehmen dürfen. So führen jene Angaben, welche Russow, mit der Reim-Chronik übereinstimmend, theils mehr, theils weniger als die Ordens-Chronik bietet, auf eine verlorene Recension der letzteren, welche sich enger als die unsrige an die Reim-Chronik anschloss: Manches aus ihrer Quelle muss sie mehr enthalten haben, dann von einigen sich jetzt in der Ordens-Chronik findenden fabelhaften Zusätzen frei gewesen sein. [1])

Wir haben hienach noch einiger Abweichungen Russows von der Ordens-Chronik zu gedenken, welche indess mit der abweichenden Recension nicht zusammenhängen: einige Episoden jener, welche auch die Reim-Chronik bietet, gehen ihm ab. Da wir bemerkten, wie die von ihm benutzte Version die ursprüngliche Quelle sogar ausführlicher wiedergiebt, als die uns erhaltene, so haben wir keinen Grund anzunehmen, dass die jetzt bei Russow fehlenden Erzählungen schon in ihr ausgelassen waren. Dazu muss der Russowsche Text der ältere gewesen sein, und hätten ihm jene Darstellungen gefehlt, so könnten sie sich nicht in unserm finden. Erst Russow hat dieselben übergangen, wie sie denn auch in seine mehr übersichtliche Behandlung der ältern Zeit nicht recht passten.

Es gehören hieher die Details des Berichts, den Meinhard dem Papste abstattet (Ordens-Chronik c. 131); die Sage von den Schicksalen zweier von den Esten gefangener Ritter (c. 139); die Erzählung von der Ermordung eines Deutschen durch ein estnisches Ehepaar (c. 143). Auch der Anwesenheit Alberts von Orlamünde gedenkt er nur kurz und sehr am unrechten Orte (p. 14 unten), während er die Borwin's ganz übergeht.

Aus allgemeiner Kenntniss bringt er hie und da Bemerkungen und Verbesserungen an: der Zahl 1158 setzt er (p. 11) hinzu „by Keyser Frederick Barbarossæ tyden;" während die Ordens-Chronik c. 132 im Jahre 1170 Innocenz II. als Papst aufführt, nennt er (p. 12) Alexander III., ebenso wie 1204 richtig Innocenz III., wo die Vorlage c. 136 Alexander III. hat.

Als zweite Quelle Russows haben wir Heinrich zu nennen, dessen Benutzung dem Herausgeber (Vorw. p. X.) ungewiss erscheint. Gleich anfangs finden sich einige Momente, die auf jene Quelle deuten. Dem Namen Meinhards fügt er (p. 12) hinzu: „ein Mönnick van Segeberge;" den ersten Meister nennt er nicht wie die Ordens-Chronik „Vynne" sondern mit der

---

1) Jene sehr märchenhaft klingende Erzählung von einem falschen Legaten, welchen die Dänen den Deutschen gesandt, um sie von ferneren Eroberungen abzuhalten, von der die Reim-Chr. nichts weiss, muss sich also schon in der ältern Recension der Ordens-Chr. gefunden haben. Und wir vermuthen wirklich in jenem Legaten eine durch die parteiische Tradition freilich beinahe bis zur Unkenntlichkeit entstellte historische Person. Hier ist es indess nicht möglich, unsere Ansicht auszuführen.

bei H. gebräuchlichen Form „Vinno". Später wird die Abhängigkeit deutlicher. Die mit der falschen Zahl 1208 und einer fabelhaften Reise Bischof
Hermanns beginnende Erzählung von der schwedischen Expedition nach Estland (p. 13) ist entschieden II. XXIV. 3 entlehnt. Der ganze Verlauf ist
der gleiche, und ebenso die Einzelheiten, wie der Name des Königs, die
Begleitung der Bischöfe und des Herzogs Carl, die Besatzung von 500 Mann
(H. nennt nachher so viel Erschlagene), u. s. w.

Selbst in den Worten lässt sich Aehnlichkeit nicht verkennen:

H. XXIV. 3:	R. p. 13:
„(venerunt Osilienses) et obsiden-tes eosdem Suecos pugnaverunt cum eis, et ignem apposuerunt ad castrum corum. Et exiverunt Sweci ad eos, dimicantes cum eis, et non valuerunt tantae resistere multitudini. Et ce-ciderunt Sweci interfecti ab eis, et captum est castrum" etc.	„Do hebben de Oeselers vnde de Wyckschen datsüluige Huss wedde-rumme mit aller macht belegert, vnde mit Vüer beengestiget. Vnde alse de Schweden tho den Fienden heruth gefallen weren, vnde nicht gemeinet, dat se so starck syn scholden, sint se alle vmmeringet, vnde erschlagen worden. Darna hebben de Oeselers . . . . dat Huss gestormet, erauert," etc.

Die Erzählung der Eroberung Dorpats und ihrer Folgen (p. 14, 15) ist,
wenn auch verkürzt, ebenfalls II. entlehnt. Nachdem Russow, nach XXVIII,
1 und 3, einen missglückten Belagerungsversuch und einen Friedensantrag
erwähnt, folgt seine Erzählung II. XXVIII. 5, 6. Die Versammlung des
Heers (fälschlich nennt er dabei statt Astijerw den Wirzjerw), die Aufforderung an den russischen Fürsten zum Abzug, die Eroberung mit Sturm, das
Niedermachen aller Gefangenen, der Zug des Nowgoroder Entsatzes bis
Pskow — alles dies sind übereinstimmende Züge.

Die folgende Angabe von Friedensgesuchen der Oeseler und Esten und
der Nachzahlung des Zinses ist aus II. XXVIII. 7; die Schilderung des Friedens aus XXIX. 1. Letztere geben wir beispielsweise:

H. XXIX. 1:	R. p. 15;
„Et exiverunt Estones de castris suis, resedificantes villas suas exu-stas et Ecclesias suas; . . . . similiter et Livones . . . de latibulis silvarum egredientes, in quibus annis jam plurimis . . . latitaverant: et re-diit unusquisque . . . ad agros suos et arabant et seminabant in securi-tate . . . quam ad quadraginta annos ante . . . non habebant," etc.	„Darna hebben de Esten allenthal-uen sick vorsammelen, vnde neuenst Kercken vnde Klusen, ock ere eigen Hüser vnde Dörper buwen möten, vnde alse de yenigen, so beth anher lange tydt in den Wiltenissen geschu-let hadden, mussten heruor kamen, eren Acker vnuorhindert tho buwende, welckes in velen Jaren nicht gesche-hen was."

Die Darlegung der Einrichtungen Bischof Hermanns, die Einsetzung von
Burgvassallen, die Ernennung des Propstes und der regulirten Domherrn
sind aus II. XXVIII. 8. Irrthümlich spricht er nur von Dorpat, wo von

Odenpä die Rede ist, und nennt den Propst Othmar, statt Rotmar. In dem ganzen Passus finden sich nur zwei eigene Zusätze Russows, der über den Grafen von Orlamünde, und die Freibauern in Livland.

Endlich ist noch eine dritte Art von Nachrichten bei Russow zu erwähnen, die wol kaum auf eine bestimmte Quelle zurückzuführen sind. Sie behandeln vorzüglich die Gründung von Klöstern und Bisthümern, wobei Richtiges mit Unrichtigem vermengt ist.

Schon p. 11 finden wir die Notiz „Nicht lange darna (nach der Gründung Uexkülls) ys dat Huss Dalen ock gebuwet worden;" [1] die Angaben über die Stiftung der Bisthümer Leal und Dorpat u. s. w., über Pernau und Hapsal (p. 13), dann die des Klosters Falkena (p. 15), verbinden Wahres mit Sagenhaftem; dasselbe gilt von der Expedition Waldemars und der Erbauung Wesenbergs und Narva's (p. 13). Der Charakter dieser Angaben berechtigt zu der Annahme, dass sie der mündlichen Tradition entstammen, in welcher sich derartige Ueberlieferungen von Bisthums- und Klostergründungen recht wol erhalten konnten.

Zu Ende, in der zusammenfassenden Bemerkung über die nach Livland gezogenen Pilger (p. 16) bemerken wir noch Kenntniss des kurz zuvor erschienenen Gedichts von Eucaedius, oder wenigstens des Vorworts zu demselben. Die Erstgenannten (den Herzog von Sachsen u. s. w.) kannte Russow freilich aus der Ordens-Chronik; bei den Folgenden, die sich aus Heinrich ergeben, finden sich aber einige Unrichtigkeiten, die auch bei Eucaedius erscheinen, und die Russow unabhängig von ihm nicht auch begangen hätte: jener weiss (p. 397) von drei holsteinischen Grafen, und ebenso letzterer von „etlicken Grauen van Holstein;" der Graf von Stade, statt des von Sladem, kommt auch hier vor; ebenso stimmen die folgenden, richtigen Namen des Grafen von Aldenburg und Bernhards von der Lippe.

Was die chronologischen Angaben Russows betrifft, so hat er dieselben, wo er der Ordens-Chronik folgt, dieser unmittelbar entlehnt, einige durch einfache Schlüsse gewonnen. Bei dem aus Heinrich Genommenen und den Nachrichten von Gründungen hat er ganz fabelhafte Zahlen hinzugefügt. Wie

---

1) Es ist eine öfter wiederkehrende Ansicht, dass jenes Schloss von Meinhard gegründet sei; schon Eucaedius sagt

V. 194: „Non hic sua nomina coelat
Dala, relucentes a Praesule ducta sub auras."

Auch Brandis nennt es (Mon. Livon. III, 53) vom ersten Bischof erbaut. Quelle hiefür möchte die jedenfalls späte Inschrift im Schlosse Ronneburg sein, die Brandis p. 54 mittheilt:
Christum Livonibus Meinhardus praedicat anno
Milleno Centeno nongeno quoque quarto,
Templum Kerckholmum medio Rubonis in amne
Exstruit, Uxeliam, Dalenque ad littora condit.

Auch die Nachricht, dass Holm die erste Kirche, Uexküll und Dalen die ersten Schlösser gewesen seien, welche sich in der gegen Russow gerichteten und bald zu nennenden Flugschrift §. 9, findet, scheint auf jene Verse zurückzugehen. Nur wird, um den Irrthum zu vermehren, nicht der erste, sondern der zweite Bischof als Gründer bezeichnet.

willkürlich er dabei verfahren ist, zeigt sich p. 14: nachdem er aus der Ordens-Chronik, welche hiebei keine Zeitangabe macht, die Geschichte vom falschen Legaten erzählt, beginnt er den Bericht von der Einnahme Dorpats (nach Heinrich) ruhig mit den Worten „Tho dersülvigen tydt."

4. Wir knüpfen hieran einige Worte über eine äusserst interessante Flugschrift, „Begangene irrthümbe und Fehler dess liefländischen Chronickenschreibers Balthasaris Russouwens"[1] betitelt, deren anonymer Verfasser (jedenfalls ein sehr eifriger harrischer oder wirischer Adliger) es sich zur Aufgabe stellt, die völlige Werthlosigkeit, vor Allem die Parteilichkeit des Russowschen Werks darzuthun. Jeder Kundige werde zur Einsicht kommen, dass es jenem Autor „nicht allein an rechter vnd grundlicher erfahrung vnd wissenschaft, Derselbigen geschichte, handel vnd sachen, wouon er zu schreiben sich fürgenommen, sondern auch an verstandt, kunst vnd geschicklicheit Die zum Cronick schreiben gehören, gar sehr gemangelt" (p. 287). Als die Tendenz des Werks bezeichnet er (p. 288) die Erzeugung von „verachtung vnd Verkleinerung des Adelischen standes vnd erhebung seiner bluttsfreunde der Bauwren." In sehr derber Weise, und unter vielen boshaften Bemerkungen rückt dann der Anonymus jenem seine Irrthümer einzeln vor, wobei er sich für die ältere Zeit ersichtlich auf Heinrich stützt. Zwar theilt er nicht viel Positives aus ihm mit, doch alle seine Einwände erklären sich aus dieser Quelle. Während Russow Heinrichs Werk nur an einigen Stellen zugezogen hatte, erkennt sein Gegner letzteres richtig als den ursprünglichsten und besten Bericht, und bekämpft alle von ihm abweichende Angaben.

So verbessert er §. 10 (p. 293) den Namen „Cobbe" in „Caupe" und bemerkt von diesem Häuptling „vnd ist zwar kein geriuger vnd schlechter man sondern der Lyuen König gewesen," entsprechend II. VII. 5: „(Caupo) qui quasi rex et senior Livonum fuerat;" die Angabe über die Kirche von Uexküll „welche zuuorn vnd ehe die statt Riga erbauwet die erste Thumbkirche in Liefflandt gewesen" entspricht VI, 4. — §. 11 erklärt er sich gegen die (aus der Reim-Chronik stammende) römische Reise Meinhards und Caupo's, weil sie „der rechten alten beschreibung der liefflendischen geschichte gantz vnd gar zu wiedern." Unter jener alten Beschreibung versteht er eben Heinrichs Chronik. §. 12 verwirft er die unrichtige Ansicht, dass Berthold elf Jahre regiert und den Bau Riga's begonnen habe. Es sei dies „durchaus falsch vnd in der alten wahren beschreibung der Liefflendischen geschichte viel anders zu finden." Es folgen dann Nachrichten aus H. über Albert und den Orden. §. 13 wendet er sich gegen die Nachricht, dass Vinno einen russischen Fürsten erschlagen und Gercike und Kokenhusen eingenommen habe, weil es „mitt der rechten alten beschreibung der liefflendischen geschichte viel anders zu beweisen." Im §. 14 hat er besonders noch bekannte Urkunden benutzt, nur in der Bemerkung, dass „Bapst Honorius der 3 seines Palatium Cantzlern Guilielmum den Bischoff von Mutina

---

[1] Archiv für die Gesch. Liv-, Est- und Curlands VIII, 287—313.

in Liefland abgefertiget," wieder II., bei dem es XXIX. 2 heisst: „Et misit (Honorius III.) venerabilem Mutinensem Episcopum, palatii sui cancellarium, Guilibelmum" etc. Das Weitere reicht schon über die Zeit II.'s hinaus.

5. **Mauritius Brandis** hat den uns interessirenden Zeitraum, bis 1237, in dem 3., 4. und 5. Buche seiner Chronik [1]) behandelt. Bei der Ausführlichkeit des Berichts wird es nicht möglich sein, alle seine Angaben zu berücksichtigen; die Werke, welche wir als seine Quellen erkannt, versuchen wir an einzelnen Beispielen als solche nachzuweisen.

Der Herausgeber, Paucker, „glaubte aus der grossen Aehnlichkeit mit der Reim- und Ordens-Chronik allerdings schliessen zu dürfen, dass diese dem Brandis vorgelegen," ohne dass er indess gezeigt hätte, welche der beiden einander so nahestehenden Ueberlieferungen hier benutzt ist, oder ob beide zugleich zugezogen. Es wird nicht schwer sein, die Reim-Chronik als seine Hauptquelle zu erweisen. [2])

Es kann die Erzählung vom Ende Caupo's (p. 57) nur aus ihr V. 513 —522, stammen. Während die Ordens-Chronik c. 134 nur von der Verwundung und dem bald eingetretenen Tode weiss, berichtet Brandis nach jener von vier Wunden, und jenem Vergleich, den der Sterbende mit den fünf Wunden Christi angestellt. [3]) — Die Stiftung des Ordens (p. 68) ist aus jener Quelle V. 595—606.

Die Worte des Papstes

V. 605: „Die (die Ritter) suln in des stules schirme sin
     Aller pabeste vnd min."

corrumpirt Brandis und führt sie folgendermassen aus: „Sie sollten imgleichen des Päbstlichen Stuhls Beschirmer seyn und heissen, dagegen von der Päbstlichen Heiligkeit und deren folgenden Successoren in die Beschirmung Gottes und seiner lieben heiligen St. Petri und St. Pauli angenommen sein." Auch der Name „Gottesritter" bei Brandis, der sonst nicht vorkommt, ist aus V. 599: „Die gotes ritter heisen da." — Der Bericht von der Pilgerfahrt Herzog Alberts (p. 97 ff.) konnte in diesen Einzelheiten nur der Reim-Chronik V. 914 ff. entnommen werden. In Folge des Worts

V. 1024: „Er truc des marschalkes stab",

womit das Reichshofamt des Herzogs angedeutet wird, sagt Brandis der Meister habe jenen zum Marschall des Heeres ernannt. — Die Details des grossen Raubzugs der Litauer (p. 106 ff.) finden sich ebenfalls nur in jener Vorlage V. 1423 ff. Der Weg, welchen sie eingeschlagen, durch Semgallen über Mone in die Wiek, dann nach Jerwen, Nurmegunde u. s. w. ist genau derselbe. Statt „Mone" liest Brandis hiebei „Alohn".

Hieran anschliessend bemerken wir, dass sich an einer einzigen Stelle

---

1) Mon. Livon. antiq. III.

2) In der Einleitung zur Reim-Chronik p. 519 wird dies allerdings schon bemerkt, doch nicht bewiesen.

3) Reim-Chronik V. 517: „Er hatte vier wunden
     Vnd sprach zu manchen stunden:
     Vumpf wunden got durch mich entpfienc."

— der Erzählung von zwei gefangenen Ordensbrüdern (p. 95—96) — die Benutzung der Ordens-Chronik c. 139 nicht bestreiten lässt. Schon der Name „Velliamas" bei Brandis ist dem „Villiamas" der Ordens-Chronik (Note 5) weit ähnlicher als dem „viliemes" der Reim-Chronik V. 797; vor allen Dingen aber sagt Brandis, wovon nur die Ordens-Chronik weiss, dass die beiden Ritter schliesslich getödtet seien. Selbst der Wortlaut ist ziemlich der gleiche:

Ord.-Chr. c. 139:	Brandis p. 96:
. . . „Vnnd alse die Heyden vernehmen, dath sie vann Hunger nicht steruen kunden, So doden sie die Broders mith grothen Pynen."	. . . „bis endlich die Heyden gewahr wurden, dass sie von Hunger nicht sterben konnten, und sie erwürgten."

Auffallend genug ist diese einmalige Benutzung, besonders da Brandis unmittelbar darauf (beim Herzog Albert) wieder zur Reim-Chronik greift.

Wir gelangen nun zu der zweiten Hauptquelle von Brandis, zu Heinrich. Der Herausgeber, welcher letzteren so häufig zum Vergleich heranzieht, hat, auffallend genug, das Abhängigkeitsverhältniss nicht anerkannt.

Während er in der Ausgabe sich widersprechend äussert,[1] erklärt er sich in seinen späteren „Regenten, Oberbefehlshabern und Oberbeamten Ehstlands" (Vorw. p. XII.) entschieden gegen wenigstens unmittelbare Benutzung H.'s. Wir glauben sie für Brandis in höherem Masse nachweisen zu können, als für die meisten anderen Chronisten.

Zu Anfang ist sein Einfluss weniger bedeutend, wenn auch immer kenntlich: p. 47 heisst Meinhard „ein Augustiner-Mönch des Klosters Segeberg" (H. I, 2); p. 48 erscheint neben „Cobbe" die Form „Kaupe", und die Bemerkung „der die Zeit auch der andern (Liven) Herr und König war" (VII. 5); p. 60 findet sich die Regierungsdauer Bertholds richtig auf zwei Jahre angegeben, während die andern Berichte elf Jahre haben; p. 66 nennt er unter den von Albert herbeigeführten Rittern, „Daniel und Conrad von Meyendorff," eine unrichtige Wiedergabe von V. 2, wo Daniel Bannerow und Conrad von Meyndorp erscheinen.

Weiterhin wird das Verhältniss noch deutlicher: p. 68—69 bringt er bei der ersten Landtheilung, die sich nur bei H. XI. 3 findende und sonst niemals ausgeschriebene Angabe „derowegen der Bischoff ihnen (den Rittern) seinem Versprechen nach, das dritte Theil des damals innehabenden, nemlich die über Aa'ischen Länder (s. Note 13) . . . einräumete" etc. — Auch der Anfang bei Brandis „Ihrer (der Ordensbrüder) ward auch von Tage zu Tage mehr" lautet sehr an H. an.

Alle die Mittheilungen über Kokenhusen sind dann aus H.: die Uebergabe der Hälfte der Burg an den Bischof (p. 71) aus XI. 2; die Ermordung der Hilfsmannschaft, die Einäscherung durch den Fürsten selbst (p. 72) aus

---

1) P. 47, Note 7: „Die Origines Heinrichs scheinen ihm völlig unbekannt geblieben zu sein;" dagegen bemerkt er p. 75 Note 1, dass Brandis durch die Erfindung eines jüngeren Caupo die Reim-Chronik und Heinrich wol in Einklang habe setzen wollen!

XI. 9 verkürzt; [1]) die folgende Ankunft Alberts mit deutschen Rittern, der
Zug nach Kokenhusen, die Anlegung des neuen Schlosses und die Theilung
desselben (p. 74) ist aus XIII. 1 wörtlich abgeschrieben.

Die Mittheilung von der Abtretung ihres Drittels an jenem Besitz von
Seiten der Ritterschaft an den Bischof (p. 76), wobei Brandis fälschlich —
wahrscheinlich weil es zu seiner vorigen Erzählung besser passt — Fellin
statt Autina setzt, ist aus XVI. 7. Ueber diesen Tausch liegt allerdings eine
Urkunde vor, [2]) doch giebt Brandis hier gerade nur soviel wie II., während
die Acte viel Genaueres bietet.

Die Schilderung der Belagerung Dorpats (p. 100 ff.) stimmt in allen
Einzelheiten mit H. XXVIII. 5, 6. Die Namen der beiden ersten Stürmenden
sind bei II. §. 6 „Johannes de Appeldern et minister ipsius Petrus Ogus;“
bei Brandis p. 101 „Johann von Appeldorn, sammt seinem Diener Peter Ugo;“
in beiden Berichten lassen die Deutschen von der Besatzung nur einen Vasallen des Grossfürsten von Susdal am Leben, den sie wohlausgerüstet heim-
senden, um die Trauerkunde zu überbringen; bei beiden ist der nowgorodsche
Entsatz nur bis Pskow gekommen; von demselben, da er den Fall Dorpats
vernommen, sagt

H. XXVIII. 6:	Br. p. 102:
… „cum dolore vehementi et in- dignatione reversi sunt in civitatem suam.“	… „sind sie mit grossem Unmuth und Schmerzen wiederum in ihre Stadt und Landschafft verrückt.“

Die Angaben H.'s XXVIII. 8 über die Einrichtungen Hermanns von Dorpat hat er (p. 103) geradezu übersetzt, ebenso wie er die folgenden, des
§. 9, p. 104 ziemlich getreu wiedergiebt.

Bei der Nachricht über die Sendung Wilhelms von Modena nach Livland
(p. 104 ff.), die er aus H. XXIX. 2 entnommen hat, bieten sich zugleich
neue Beweise für die Flüchtigkeit, mit der er gelesen. H. nennt den Boten
Mauritius, er Martinus; bei jenem residirte der Papst damals in Bari (Ba-
rione“), bei ihm „zu Bononin.“

Weitere Beispiele bieten sich überall; wir wählten mit Absicht die Angaben über die zum Theil geringfügigen Besitzänderungen, welche nur H.
überliefert, und vor Brandis ihm Niemand nacherzählt hat; dann einzelne
durch die gleichen Details beweisende Erzählungen.

Von den Spätern hat besonders Russow auf sein Buch eingewirkt, wofür hier ein Beispiel. Nachdem Russow die Erwerbung der beiden russischen
Burgen an der Düna erzählt (p. 13), bringt er an ganz unpassender Stelle
die Ernennung Bischof Hermanns, dann den Einfall der Schweden (nach
Heinrich), endlich eine ganz verworrene Nachricht von den Eroberungen der
Dänen. Alle diese Mittheilungen sind in vielen ihrer Einzelheiten bei Brandis wiederholt (abgesehen davon, dass er andere Jahreszahlen setzt, die in
seinen Bericht besser passen), vor Allem in ganz derselben willkürlichen Rei-

---

1) Der Name des litauischen Fürsten, Scirmund, rührt erst von Brandis her.
2) Livl. U-B. I. No. 38.

henfolge und Verknüpfung, wie sie von Russow wol erst hergestellt ist.
Nach der Einnahme Gercikes (p. 76—78) — die meist nach der Reim--Chro-
nik V. 660—686, doch mit vielen eigenen unglaubwürdigen Zusätzen gegeben ist — wird Hermann zum Bischof von Leal erwählt. Während dieser,
ebenso wie in der Vorlage, eine mythische Reise zu Albert macht (p. 79),
fallen die Schweden in die Wiek ein. Ihr Schicksal ist Jenem vollständig
nacherzählt (p. 79, 80). Dann besiegt der rigische Bischof, ebenso wie dort,
die Strandbewohner (p. 81) und Waldemar schickt ein Heer nach Estland,
das Harrien und Wirland erobert (p. 81—83). — Weiterhin werden wir auf
die Benutzung Russows zurückkommen.[1])

Wenn Brandis auch überall sehr unglaublich klingende Zusätze macht,
unendlich viele Details mehr weiss als seine Vorlagen, so lassen sich die einzelnen Nachrichten bei ihm doch ziemlich leicht auf ihre Quellen zurückführen. Das Gefüge grösserer Partien zu durchschauen macht er dagegen recht
schwer, da er Vorgänge, die ganz unabhängig von einander ihm vermittelt
sind, vielfach verbindet, aus dem einen Motive für den andern entlehnt, ohne
dass seine Gewährsmänner Veranlassung dazu gegeben. Wir führen ein Beispiel für die vielen sich darbietenden an:

Als der Exfürst von Kokenhusen zu Ende 1223 Dorpat besetzt hatte
(II. XXVII. 5), beschlossen die Rigischen zu Anfang 1224 dasselbe zu
belagern; wegen anderer Unternehmungen wird der Plan aufgegeben (§. 6),
dann aber, nach einer vergeblichen Aufforderung an den Russen abzuziehen
(XXVIII. 3), sogleich, noch im August desselben Jahres, ausgeführt (§. 5
und 6). Was macht nun Brandis aus diesem einfachen Bericht? Nachdem
er Heinrich folgend die Ankunft des Fürsten in Dorpat und seine Räube-
reien, dann den Plan der Deutschen zum Jahre 1223 berichtet (p. 83, 84),
wird ihre Absicht vereitelt, weil — der Ordensmeister Vinno eben jetzt ermordet wird (p. 84, 85, 86). Da Brandis nämlich aus der Reim-Chronik
die Erwählung des Meisters zum Jahre 1204 erzählt (p. 69), und letzterer
nach dieser Quelle achtzehn Jahre regierte, musste sein Tod ungefähr in dieselbe Zeit fallen, in die jener beabsichtigte Zug der Deutschen gehörte. Die
Ermordung (die 1209 geschah) wird ihm daher Ursache des Aufschubs! Doch
die Sache wird noch weiter ausgesponnen. Nachdem König Waldemar sich
jetzt erst persönlich nach Estland begeben (p. 86—94),[2]) berichtet er,
wiederum nach II. XXVIII. 3, jene erfolglose Aufforderung des Bischofs und
Ordens an den Russenfürsten (94, 95). Während dort sogleich die Belagerung folgt, lässt er lange Verzögerungen eintreten, um die Erzählung der
Ordens-Chronik c. 139 von den zwei gefangenen Rittern, und die daran sich
schliessende der Reim-Chronik (V. 803—882 und 914—1216) von einer

1) Dass Brandis auch einige Urkunden zugezogen hat, z. B. die König Heinrichs von 1225, die
Verträge zwischen Bischof Hermann und dem Orden (p. 124), u. s. m., braucht nicht weiter ausgeführt zu werden, da er dies selbst bemerkt und im VI. Buche den Wortlaut der Documente
giebt.
2) Hiebei folgt er Russow p. 18; es beschäftigen ihn aber fast ausschliesslich lächerliche ety-
mologische Ableitungen des Namens Reval.

Reise Alberts nach Deutschland und den Thaten des Herzogs von Sachsen in Livland einzuschieben (p. 95—100). Jedes dieser Begebnisse wird mit einzelnen von Heinrich berichteten in Verbindung gebracht, mögen sie einander auch noch so fernstehen. Hierauf erst tritt die Belagerung und Erstürmung Dorpats ein (p. 100 ff.), wie sie H. erzählt.

In Folge der ganz ausserordentlichen Leichtfertigkeit, mit der die einzelnen Nachrichten weiter ausgemalt, die verschiedenartigsten Vorlagen vermengt sind, wie durch die Erfindungsgabe des Compilators, welche die hie und da entstehenden Widersprüche auszugleichen,[1] die Lücken zu ersetzen weiss, gewinnt der Bericht einen ganz eigenthümlichen, freilich keineswegs glaubwürdigen Charakter. Da dies Buch von allen andern wesentlich abweicht, sie an Reichhaltigkeit übertrifft, hat man in ihm öfter Benutzung werthvoller, sonst verlorener Quellen erkennen wollen. Sehen wir von einer einzigen Nachricht ab, so darf man dem für den ganzen übrigen Bericht widersprechen: wir wenigstens finden keine irgend wie glaubwürdige Angabe, welche sich nicht durch bessere, ältere Zeugnisse belegen liesse.

Brandis weiss freilich (p. 111), dass die Veranlassung zu der Unternehmung Volquins gegen die Semgallen, den er nach der Reim-Chronik V. 1691 ff. erzählt, die Zerstörung des Klosters Dünamünde gewesen sei. Dass eine solche 1228 stattgefunden, ersehen wir auch aus dem Chronicon Dunamundense;[2] ob die Brandissche Combination mit dem Zuge aber richtig ist, muss zweifelhaft bleiben, da die Reim-Chronik gar keinen Zeitpunkt für denselben angiebt.

Auch in jener mysteriösen Geschichte von einem falschen Legaten (p. 114 —117) hat neuerdings v. Brevern (Studien I, 153) Benutzung eines verlorenen guten Berichts entdecken wollen. Leidet schon die Erzählung, wie sie die Ordens-Chronik c. 147—150 bietet, an vielen Unzuträglichkeiten, so ist dies bei der des Brandis in noch viel höherem Grade der Fall. Einige Grundzüge seiner Angaben lassen sich übrigens bestimmt auf Russow (p. 14) zurückführen, der selbst aus der Ordens-Chronik schöpft. Zu Anfang (p. 114) folgt er ihm vollständig; in der ganzen Erzählung finden sich formelle Aehnlichkeiten:

Russow p. 14.	Brandis p. 114.
„Derwegen hebben se gepracticeret“ etc.	„Unterstunden sich darauf zu practiciren“ etc.

und ebenso Russow (l. c.): der falsche Legat befiehlt den Deutschen die Heiden nicht zu belästigen „ydt were den suke, dat de Heyden“ etc., und Brandis (p. 116) „es wäre denn Sache dass die Heiden“ etc. Diese Sätze erscheinen als reine Uebertragung aus dem Plattdeutschen. — Ueberall weiss Brandis mehr als seine Quelle: in dieser tritt die Eroberung Revals erst

---

1) Ein Beispiel ist sein jüngerer Caupo (p. 75). Da er den Häuptling nach der Reim-Chronik schon zur Zeit Bertholds sterben lässt, derselbe aber bei Heinrich noch bis zum Jahre 1216 vorkommt, hilft er sich durch Erfindung eines Sohnes Caupo.

2) Ad a. 1228: „in die beati Bernardi abbatis devastata est (abbatia Dunemunden) a Curonibus et Semigallis.“ (Separatausg. des Herm. v. Wartberge p. 153.)

nach der Entlarvung des Betrügers ein; bei ihm machen die Deutschen, von den estnischen Aeltesten aufgefordert und von Papst Gregor dazu autorisirt (!), bereits den Einfall, während die Dänen sich mit ihren betrügerischen Plänen noch tragen (p. 114—115). Diese Aenderung scheint indess durch die Combination der Russowschen Erzählung mit dem von II. XXIX. 6 Berichteten entstanden zu sein. Hier besetzen die Deutschen, von den Aeltesten Wirlands herbeigerufen, im Herbst 1225 die Schlösser des Landes. Die Verbindung ist am Ende nicht kühner, als die von uns vorher analysirte.

Freilich werden auch weiterhin die Umstände beim Erscheinen des Pseudolegaten viel detaillirter als von den Andern erzählt, doch wenn wir die Möglichkeit des hier Berichteten etwas ins Auge fassen, dazu einzelne augenfällige Ausschmückungen (wie z. B. den Brief, welchen Bischof Albert „auf der Post“ an den Meister sendet) bedenken, so möchte sich uns mit einiger Gewissheit ergeben, dass hier keine glaubwürdige Quelle zu Grunde gelegt, dass das Meiste der reichen Erfindungsgabe des Compilators entsprungen sei. [1]

Nur an einer Stelle hat es mit der Benutzung verlorener Quellen seine Richtigkeit, in dem Bericht über die Vereinigung des Schwertbrüderordens mit dem der Deutschherrn (p. 125—134). Man hatte keinen Grund, ihm hier, wo er sich ausdrücklich auf seinen Gewährsmann beruft, [2] zu misstrauen. In etwas anderer Form war der Bericht auch schon in der Ordens-Chronik zugänglich. — Doch jene Eine Stelle, die den Ruf des Brandis noch ein wenig stützen konnte, auch sie wird jetzt werthlos, da die Veröffentlichung jenes Berichts in seiner ursprünglichen Form durch Herrn Dr. Strehlke bevorsteht.

So möchte unser Urtheil über den Schriftsteller dem des Herausgebers ziemlich entgegengesetzt lauten: Brandis bietet für die Erforschung der ältesten Zeit eben so wenig wie alle Späteren; keiner der Letzteren hat aber in der Weise wie er die ältere Geschichte verfälscht.

6. Dionysius Fabricius, der Verfasser der „Livonicae Historiae compendiosa Series,“ [3] zeigt in den für uns in Betracht kommenden Abschnitten über die drei ersten Bischöfe, und die Meister Vinno und Volquin (p. 444—449) sowol Kenntniss der von der Ordens-Chronik ausgehenden Ueberlieferung, wie einiger Nachrichten Heinrichs. Es ergiebt sich übrigens

---

1) Es sei nur noch bemerkt, dass alle erhaltenen Berichte über jenen falschen Legaten, wenigstens mittelbar auf die Ordens-Chronik zurückgehen. Ein Irrthum ist es, wenn Napiersky (Anmerkungen zur Ordens-Chronik, SS. rer. Livonic. I, 875 oben) Voigt in dänischen Quellen Bestätigung für jene Nachricht finden lässt. In dänischen Geschichtswerken findet sich nichts Derartiges, und Voigt, Preuss. Gesch. II, 319, citirt für seine Angaben nur „Estrup, Idea hierarchiae Romanae“ etc. (Havniae 1817), ein Buch, das seinerseits für jene ganze Angelegenheit keine einzige Quelle anführt, sondern hier lediglich auf der durch die Ordens-Chronik vermittelten Ueberlieferung beruht (vergl. p. 25).

2) p. 127 „Hermann (statt Hartmann) von Heldrungen . . . . . der diesen Handel umständlich beschrieben hat;“ p. 131 „Hermann von Heldrungen, aus dessen schriftlichen Bericht ich dieses habe.“

3) SS. rer. Livonic. II, 427 ff.

sehr bald, dass ihm Alles nur durch Russow überliefert ist, als dessen lateinische Uebersetzung seine Arbeit hier zum grössten Theile erscheint.

Schon bei Meinhard bemerken wir dies: der Papst wird hier, ebenso
wie bei Jenem, Alexander III. (nicht Innocenz II.) genannt; der Bischof stat-
tet keinen langen Bericht ab, sondern es heisst nur der Vorlage entsprechend:
„Pontifex percunctatus a Meinardo ejusque comite, provinciae et gentis illius
morem et vitam" etc. [1]) Weiterhin wird die Abhängigkeit von Russow noch
deutlicher. Man vergleiche:

<table>
<tr><td>Russow p. 13:</td><td>Fabricius p. 445:</td></tr>
<tr><td>„Tho disser tydt hefft Bisschop Al-
brecht de beyden Bisschopsdöme Leal
vnde Vggenus gestifftet, ...
. . . .
vnde ys einer mit namen Hermannus,
ein Abhet van Bremen de erste Bis-
schop tho Leal gewesen, welcker ock
dat Huss Leal vnd dat Jungfer Klo-
ster darsülvest gebuwet het," etc.</td><td>„Hisce ferme temporibus idem Epi-
scopus Adalbertus, duos alios Episco-
patus, alterum in districtu Uggenus,
qui postea dictus dorpatensis, alterum
lealensem, diversis in locis fundavit.
Lealensi Cathedrae praefecit Abbatem
bremensem Hermannum nomine, qui
arcem Leal et Monasterium ibidem
exstruxit."</td></tr>
</table>

Die folgenden Angaben führt er in sehr freier Weise aus: während seine
Quelle von einer Reise Bischof Hermanns und der inzwischen eingetretenen
schwedischen Expedition spricht, nachher kurz erwähnt, dass der folgende
Bischof von Leal ebenfalls Hermann geheissen (was übrigens unrichtig ist),
lässt Fabricius jeden dieser beiden eine Reise machen und berichtet auch
von zwei estnischen Zügen der Schweden! Erst an zweiter Stelle bringt er
die Erzählung Russows, in welcher dieser Heinrich folgte. Die Uebereinstimmung ist hier vollständig:

<table>
<tr><td>Russow p. 13:</td><td>Fabricius p. 446:</td></tr>
<tr><td>. . . „Do hebben de Oeselers vnde
de Wyckschen datsülvige Huss wed-
derumme mit aller macht belegert,
vnde mit Vůer beengestiget. Vnde
alse de Schweden tho den Fien-
den heruth gefallen weren, vnde nicht
gemeinet, dat se so starck syn schol-
den, sint se alle vmmeringet, vnde
erschlagen worden."</td><td>„Aesthones vero ex Insula Osel
districtuque pernaviensi, qui alias
dicitur Wike, colligentes exercitum,
magna vi adoriuntur Svecos, et arcem
obsidione cingunt Leal, igneque eos
angustiantes qui in arce erant. Epi-
scopus cum Carolo Capitaneo sta-
tuunt confligere cum Aesthonibus,
quos cum non tam multos sperassent,
ab Atheis et Barbaris omnes ad unum
caeduntur" etc.</td></tr>
</table>

Die Nachrichten über Waldemar, Herzog Albert und den falschen Legaten übersetzt er wörtlich; man vergleiche:

<table>
<tr><td>Russow p. 14:</td><td>Fabricius p. 447:</td></tr>
<tr><td>„Do ydt auerst vormercket wordt,</td><td>„Verum cognita fraude legatum</td></tr>
</table>

---

1) Nennt Fabricius den zweiten Bischof einen „Abbas Lucanus", so führt dies auf Eucaedius
(p. 404), bei dem allein jene auffallende Form vorkommt.

Russow p. 14:

dat ydt vmme den Legaten nicht recht was, hefft men en also affgeferdiget, dat he dar nicht mehr begerde thokamen. Dadorch Meister Volquin vororsaket geworden ys, den Denen de Borg sampt der Stadt Reuel mit allen thogehörigen Landen tho nemende, welckes denn ock geschehen ys."

Fabricius p. 447:

hunc fictitium eo honore exceperunt, ut non facile secundo legati munus obiret. Hinc Volquinus Magister incitatus est, ut Danis pro hac fraude arcem et civitatem revaliensem eriperet. Quod et factum est."

Die Mittheilungen über die Einnahme Dorpats und die Einrichtungen Bischof Hermanns sind etwas verkürzt; die kurze Notiz Russows von der Gründung Falkena's giebt ihm Gelegenheit, eine heitere Erzählung, wie die schlauen Klosterbrüder daselbst ihre Einkünfte zu vermehren gewusst, einzuflechten (p. 447—448).

Alle weiteren Angaben seines ersten Theils sind wieder aus Russow, nur übergeht er die Aufzählung von Pilgern, die jener (p. 16) giebt.

7. In der Schrift des Melchior Fuchs, „Das rothe Buch inter Archiepiscopalia," etc.[1] ist eine Einwirkung H.'s nicht in Abrede zu stellen, doch wird sich bei der Kürze, mit der die älteste Zeit hier behandelt ist, nicht genau entscheiden lassen, ob dieselbe eine unmittelbare gewesen. Die Worte über den ersten Bischof, p. 732: „Der erste Evangelische Prediger ist ein Augustiner Mönch von Segeberg aus Hollstein gewesen, Nahmens Meinhardus" etc. rührt ursprünglich von H. her, könnte aber auch durch Brandis (p. 47) vermittelt sein; die Nachricht über die Stiftung des Ordens (l. c.) zeigt trotz der Vermengung mit sonst verbreiteten irrigen Ansichten ebenfalls jenen Einfluss: die Verbindung wird „Ordo Militiae Christi" genannt, als ihre Abzeichen sind Schwert und Kreuz (nicht wie gewöhnlich Schwert und Stern) erwähnt. — Für diese Zeit hat der Verfasser namentlich Urkunden, die sich auf die Stadt Riga beziehen (so z. B. viele Entscheidungen Wilhelms von Modena), benutzt und legt ihren Inhalt treu und ausführlich dar (vergl. p. 733—734).

8. Thomas Hiärn behandelt in seiner „Ehst- Lyf- und Lettländischen Geschichte"[2] die ältere Periode sehr ausführlich (I, 65—94), und zwar in engem Anschluss an Heinrich, welchen er eigentlich nur auszüglich mittheilt. Diese Abhängigkeit ist auch von J. G. Arndt (Liefländ. Chronik, Vorr. p. 5) erkannt, und ebenso in dem älteren Vorwort zu Hiärn (p. XVI.).

Er spricht (p. 66) von den „Annales Livoniae" und bringt dabei eine Nachricht aus Heinrich. Daneben haben ihm verschiedene abgeleitete livländische Berichte vorgelegen, so z. B. Russow, dessen Einfluss deutlich zu erkennen ist.

---

1) SS. rer. Livonic. II, 729 ff.
2) Mon. Livon. antiq. I, II.

Russow p. 12:	Hiärn p. 74:
„Disse Bröder des Ordens mûsten dragen wytte Menteleu mit einem Rydtschwerde vnde mit einem roden Sterne" etc. [1])	„(Die Schwertbrüder trugen) weisse Mäntel mit einem Reit-Schwert und einem rothen Stern" etc.

Das dem Russow eigenthümliche Beiwort „vprichtig" erscheint auch bei ihm; Vinno heisst dort „ein vprichtig Man", hier „ein aufrichtiger und rechtschaffener Mann." — Dass auch Brandis, gegen den er häufig polemisirt, hier zugezogen, ist bekannt.

Bei Hiärn ist, namentlich gegenüber der Art von Brandis, ein bedeutender Fortschritt bemerkbar: die mannichfachen benutzten Werke werden treu wiedergegeben, ihre Angaben nicht unpassend vermengt, die Gewährsmänner meist genannt; dabei finden sich kleine Ansätze zur Critik. Dass aber durch ihn, vermittelst Ueberlieferung sonst verlorener, werthvoller Nachrichten, die älteste Geschichte gefördert sei, kann man nicht behaupten.

9. Christian Kelch geht in seiner „Liefländischen Historia" etc. (Rudolphstadt, 1695) auf unsere Zeit weniger genau ein. Wie seine Erzählung von p. 45 an zeigt, folgt er hier Heinrich. Er spricht (l. c.) von einem geschriebenen „Chronicon" und giebt dabei eine Mittheilung aus Jenem; p. 51 citirt er H.'s eigene Worte. [2]) Der gute Bericht ist aber vielfach verdorben, theils durch Nachlässigkeit des Benutzenden, theils in Folge des Heranziehens späterer Werke: Brandis wird p. 49 angeführt, dann auch Hiärn. [3])

Gerade in wesentlichen Punkten hat er die schlechteren Vorlagen vorgezogen, so bei der Stiftung des Ordens (p. 54), in der Angabe von Vinno's achtzehnjähriger Regierungsdauer u. s. w.

———

Die vielfache Benutzung Heinrichs bei den Späteren möchte damit erwiesen, die Bedeutung der letzteren für die älteste Zeit mindestens angedeutet sein. Eine speciellere Untersuchung, als sie hier möglich war, würde ohne Zweifel ihren gänzlichen Unwerth darthun.

———

1) Diese viel verbreitete irrige Ansicht scheint von Peter von Dusburg ausgegangen, bei dem es heisst: Cum itaque predictus dux (Conradus de Masovia) videret . . . . . fratres milites Cristi appellatos cum albo pallio, rubro gladio et stella, qui tunc in partibus Lyvonine fuerant etc. (SS. rer. Prussic. I, 85.)

2) Gruber hat sich hievon nicht überzeugt; wol aber Arndt, Liefländ. Chronik, Uebersetzung der Gruberschen Vorrede, p. 2, Anmerkung.

3) Vergl. Mon. Livon. antiq. I, Vorw. p. XI.

Excurs II.

Der Verfasser, seine Nationalität und damit zusammenhängende Fragen.

Nachdem wir in Betreff der Person unsers Verfassers der bestehenden Ansicht bereits beigepflichtet haben, kommen wir hier auf die Frage zurück, da wir jene Meinung in etwas anderer Weise motiviren, alle für dieselbe sich darbietenden Argumente vollständiger zusammenfassen wollen.

Dass der Autor Geistlicher ist, braucht nicht mehr ausgeführt zu werden; wenn wir ihn aber den in Estland taufenden beizählen, fussen wir nicht auf die bisher angezogene Stelle XXIV. 5: Ubi postea Dani Ecclesiam aedificaverunt, sicut et in aliis plurimis villis a nobis baptizatis fecerunt. Der Verfasser gebraucht das „nos" allerdings stets richtig, d. h. von einer Anzahl, in welche er unmittelbar eingeschlossen ist, aber eine bestimmte, engere Begrenzung des in ihm Zusammengefassten — wie Hansen sie mit der Bedeutung des Worts verbunden glaubt (Einleitung p. 16) — ergiebt sich keineswegs. Doch hiervon später. Auch an jener Stelle ist die Bedeutung des Worts durchaus unsicher. Den eigentlichen Act der Taufe, bei welchem freilich nur an die Priester zu denken wäre, scheint der Schriftsteller gar nicht im Auge zu haben, sondern allgemeiner die Bekehrung und die Gesammtheit derer, welche dieselbe bewirkten. Wie er XXIV. 1 von den Wiren sagte: „Danos ... ad se vocaverunt et baptizati sunt ab eis" (nicht „a sacerdotibus eorum"), so kann auch dort die ganze deutsche Partei gemeint sein.

Beweisender ist XXIII. 7. Hier ist von der Taufhandlung selbst die Rede, und in den Sätzen: „ . . . et statim caterizavimus eum (Kyriawanum)", so wie bei: „Dumque jam cum sacro linire deberemus oleo" können allein die Priester gemeint sein, unter denen sich, wie der durchgehende Gebrauch der ersten Person Plur. beweist,[1] auch unser Verfasser befunden haben muss.

Hat es demselben nach der im Mittelalter beliebten Weise auch nicht gefallen, sich direct zu nennen, so finden sich doch Momente genug, welche

---

[1] Besonders schlagend ist die Erzählung XXIII. 9, wo die Abtheilung, welcher der Verf. sich beizählt, immer enger begrenzt wird.

ihn kenntlich machen. Da wir überall bemerken, wie er es nicht unterlässt, auf seine auch noch so entfernte Betheiligung an den berichteten Ereignissen aufmerksam zu machen, so lässt sich mit Gewissheit schliessen, dass er dort, wo sich die Gelegenheit bot, von seiner persönlichen Wirksamkeit etwas mitzutheilen, nicht mehr Selbstverleugnung entwickeln, dass der Bericht, welcher die taufenden Priester einzeln aufführt, die Erfolge jedes darlegt, auch seinen Namen aufgenommen und seine Thätigkeit überliefert haben wird.

Von den unter den Esten taufenden Geistlichen kommen vier überhaupt nicht in Betracht: der junge Theodorich (XXIV. 5, 6) ward zu Anfang 1223 von den Aufständischen an der Pala ermordet (XXVI. 5); Peter Kakewald und Otto wirken, während der Verfasser die römische Reise angetreten (XIX. 5, 6) in Saccala und Ungaunien (XIX. 7); Hartwich endlich, der nur ein mal kurz erwähnt worden (XXIV. 6b), wird wegen der komisch-boshaften Bemerkung über seine Beleibtheit (XXVI. 7) als Verfasser unmöglich. [1]

So bleiben uns Salomo und Ludwig, Alobrand und Heinrich, unter welchen wir auf diejenigen hingewiesen werden, welche am häufigsten genannt sind. Der beiden ersten geschieht nur je ein mal kurz Erwähnung (XXIV. 6a und XXIV. 1), während dem andern Paar eine ganz ausserordentliche Aufmerksamkeit geschenkt ist. Alobrand und Heinrich erscheinen öfters verbunden (z. B. XI. 7, XVII. 6), und ein Hinweis auf die Autorschaft Eines dieser Beiden liegt schon darin, dass auch der Genosse derart berücksichtigt ist.

Hier an letzter Stelle dürfen wir uns unbedingt für Heinrich entscheiden. Geht man vom rein Aeusserlichen aus, so kommt Alobrand allerdings im Ganzen beinahe ebenso oft vor; [2] er ist eben der ältere, der schon drei mal vor 1208, wo Heinrich zum ersten mal auftritt, erwähnt werden konnte. Doch von 1208 an begegnet uns letzterer zwölf mal, jener nur acht mal. Mehr Gewicht wird auf die Art der Erwähnung zu legen sein. Während sich nun über Alobrand meist nur kurze Angaben finden (XI. 7 und XIII. 5 sind allein ausführlicher, und an erster Stelle ist von Beiden die Rede), sind die über H. zum Theil ausserordentlich eingehend, behandeln Einzelheiten aus seinem Leben und seiner Thätigkeit, mit denen sich jene nicht entfernt messen können. Wie hervorgehoben ist, macht sich der Verfasser unseres Buches gern bemerkbar, wenn er auch nur seine Gegenwart durchscheinen lassen kann: dem entspricht allein H.'s Autorschaft, dessen zumeist gedacht ist, während Alobrand als Verfasser, den Genossen vor sich bevorzugt hätte.

Dass H.'s persönliche Erlebnisse besonders berücksichtigt sind, ergiebt sich

---

1) Der Propst Johannes, an den man vielleicht denken könnte, spielt eine bedeutende, namentlich auch politische Rolle, was auf unsern Autor nicht passt; sodann wird er auf jedem Zuge, den er mitmacht, namentlich aufgeführt, was XXIII. 7 (wo der Verf. anwesend ist) nicht geschieht.
2) Er erscheint: VI. 2, X. 14, X. 15, XI. 7, XIII. 5, XVI. 3, XVI. 4, XVII. 6, XVIII. 2, XXII. 4, XXIV. 1; Heinrich: XI. 7, XII. 6 (an drei getrennten Stellen), XV. 1, XVI. 3, XVII. 6, XVIII. 3, XXIV. 1 und 2, XXIV. 5, XXIV. 6b, XXIX. 7.

häufig genug: wir erinnern nur an die Belagerung Beverin's (XII. 6). Derartige Schilderungen sind freilich nicht selten, wenn eine grössere feindliche oder eine deutsche Burg eingeschlossen ist; es möchte dies aber die einzige, derart detaillirte von der dazu noch erfolglosen Bestürmung eines einfachen lettischen Schlosses sein. Bezeichnend genug ist dabei des Verhaltens H.'s gedacht. Wenn dann die von einer Plünderungsfahrt heimkehrenden Letten ihrem Priester Geschenke von der Beute machen (l. c.), so ist es ein kleiner Zug, der ihn allein interessiren, beinahe ihm allein im Gedächtniss bleiben konnte.

Besonders beachtenswerth, namentlich Alobrands wegen, ist endlich die Vorführung der Missionsreisen H.'s (XXIV. 1, 2, 5). Nachdem vom Ersteren bloss bemerkt worden, dass er nach Saccala gesandt, Viele aus Jerwen getauft hätte und dann zurückgekehrt sei, ziehen Peter und H. aus. Die Zeit, die sie in jeder Landschaft zugebracht, ihr Weg, die einzelnen Dörfer, wo sie wirken, die Zahl der täglich Getauften werden genannt. Ebenso ist es bei seiner Reise mit Theodorich: sieben Tage lang taufen sie in Normegunde täglich 3 — 400; in Lappegunde kommen sie bis zum Dorfe Kettis, werden hier zurückgewiesen, bekehren drei Dörfer an der Grenze Wirlands, und kommen in den Hain des Tharapita. Auf der Rückkehr verweilen sie in Mocha eine Woche und gewinnen täglich 3—400 Menschen; auf dem Wege nach Wayga, um den Wirzjerw herum, finden sie einige noch heidnische Dörfer, jene Landschaft selbst aber schon christianisirt. Sie eilen nun nach Sogentagana, wo sie eine Woche bleiben; die einzelnen getauften Dörfer werden genannt. Nachdem sie noch an beiden Seiten des Embach gewirkt, kehren sie nach Odenpä um. So viel derartige Einzelheiten das Buch giebt, lässt sich doch nichts mit dem hier Gebotenen vergleichen. Vieles konnte nur dem, der es erlebt, mittheilenswerth erscheinen.[1]) Dabei werden von ihm einige mehr oder minder heroische Züge erzählt, die als kleine Opfer, die der Verfasser seiner Eitelkeit darbrachte, aufgefasst werden können: man erinnere sich an sein Verhalten bei der Belagerung Beverins (XII. 6), wie er die Gefangennahme Bischof Philipps verhindert (XVI. 3), mit Peter den Dänen gegenübertritt (XXIV. 2), endlich die Götzenbilder niederschlägt (XXIV. 5).

Manches Andere, was für seine Autorschaft spricht, kann dem hinzugefügt werden: Während z. B. alle übrigen Geistlichen einfach beim Namen genannt sind,[2]) wird der H.'s fast durchgängig in leicht verständlicher Weise umschrieben: allein an vier Stellen (XI. 7, XVI. 3, XVII. 6, XXIV. 1, 2) kommt derselbe vor, sonst erscheint stets der „Lettenpriester" oder „Priester von der Ymer." Es lässt sich das beim Verfasser recht wol begreifen, der, wenn er sich auch nicht als solchen genannt hat, doch nicht wie von einer dritten Person von sich sprechen mag, sondern nach Art des Evangelisten Johannes

---

1) Dass H.'s Begleiter auf diesen Reisen nicht Verfasser sein können, ist früher gezeigt.

2) Nur XIII. 2 ist statt des Namens Daniel die Umschreibung „sacerdos in Ydumaea" gewählt.

sich kennzeichnet (vergl. „der Jünger, den Jesus lieb hatte"). Und beinahe streng beweisend, wenn wir die Sprache jenes Evangeliums im Auge haben, ist dass H. öfter schlechtweg „der andere Priester" genannt wird, z. B. XI. 7 . . . „reversus est Alobrandus. Alter vero" etc.; bei H.'s Reise mit Theodorich heisst es: „Et ibat alter sacerdos, succidens imagines" etc., ohne dass der Name des Gefährten, oder ein „alter" vorausgegangen wäre; oder XXIX. 7: „Sacerdotes . . . Petrus videlicet Kakewaldus cum confratre suo, alio sacerdote" etc. [1]

Einige geringfügigere Momente liessen sich noch anführen: die Romfahrt mit dem Bischof Philipp und die Beschreibung von dessen Ende passen jedenfalls auf H. am besten, der in nächster Beziehung zum Bischof stand (XVIII. 3); ebenso das Lob der Letten, auf das wir noch zu sprechen kommen.

Aus allen jenen Punkten zusammen, von denen manche mit grosser Bestimmtheit auf H. als den Verfasser hinwiesen, während andere die Wahrscheinlichkeit der Annahme immerhin erhöhten, möchte sich seine Autorschaft mit ziemlicher Sicherheit ergeben.

Was nun die Nationalität unseres Verfassers betrifft, so haben wir unsere Uebereinstimmung mit dem Resultat der Jordanschen Untersuchung bereits ausgesprochen, aber eine abweichende Ansicht wegen eines Theils der Beweisführung angedeutet.

Die kurze negative Argumentation, durch Darlegung der unrichtigen Erklärung des Beiworts „de Lettis" (XVI. 3), scheint die einzig mögliche, aber auch genügende, und hiernach das onus probandi auf der andern Seite zu liegen. Die übrigen Ausführungen, mit denen mehr positiv erwiesen werden soll, dass weitere Gründe jene lettische Abstammung geradezu unmöglich machen, H. deshalb ein Deutscher sein müsse, scheinen nicht stichhaltig. Wir gehen auf dieselben etwas näher ein, um den Stand der ganzen Frage und einiger ihr verwandter zu beleuchten.

Wenn Jordan zunächst die fremde Herkunft H.'s deshalb für unmöglich hält, weil dieser als Lette nicht vor 1206 in die Hände des Bischofs gelangen konnte und der Zeitraum von 1206—1208 gewiss ungenügend sei, um den Ungebildeten zum christlichen Priester heranzuziehen — so wendet er sich hiemit nur gegen die für Livland nicht zu beweisende Ansicht Grubers, dass Geiseln zu Priestern ausgebildet worden, welche hier um so weniger passt, da von den Letten nie solche Sicherheit verlangt ist. Die von Hansen aufgestellten Analogien bleiben noch immer offen. H. könnte ebenso wie der Priester Johann zu Meinhard (X. 7) gleich anfangs zu Albert gekommen sein; beim Dolmetscher Philipp (XV. 9) wird uns überhaupt nicht gesagt, wie er an den bischöflichen Hof gelangte, jedenfalls aber nicht als Geisel. Diese Möglichkeiten liessen sich im Gegensatz zu Jordans Entwicklungen weiter verfolgen, ohne auf irgend welchen Widerspruch zu stossen. H. führt sich als „scholaris" des Bischofs ein, was zur Unterscheidung von Andern genügte; auf seine etwaige fremde Herkunft brauchte er nicht ein-

---

[1] Vergl. Einleitung zur Ausg. p. 30.

zugehen, da er derartige Angaben über Leben, Herkunft u. s. w. der einzelnen Priester mitten in seiner Erzählung nicht zu machen pflegt. Bei Johann und Philipp, bei welchen allein Abstammung und Umstände, die ihre Bildung zu christlichen Priestern herbeiführten, angegeben sind, geschieht es erst nach der Erzählung ihres Märtyrertodes.

H. könnte also gleich in den ersten Jahren des Bischofs in seine Umgebung gekommen, nach Deutschland gebracht, 1203 aber zur Fortsetzung seiner Bildung wieder zurückgekehrt sein. Wie er seine Ankunft in Livland jetzt nicht bestimmt andeutet, so auch die frühere Reise nicht; und dass die letzte genauer und lebhafter geschildert wird, erklärt sich vollständig durch den grösseren Eindruck, den sie selbst durch ihre Abenteuer auf ihn machte (VII. 1—4), während er bei der ersten nach Deutschland noch sehr jung gewesen sein musste. Auch bei Annahme der lettischen Herkunft liesse sich also ein genügender Zeitraum finden, der seine Bildung, wie die deutsche Anschauungsweise ermöglichte. —

Ein ganz entschiedener deutscher Standpunkt könnte durchaus nicht Wunder nehmen, niemals als Beweis gegen die fremde Abstammung gelten; noch weniger der des Priesters, da die Macht bekannt ist, mit der die Kirche ihre Mitglieder sich assimilirte. Dazu lassen sich hier am wenigsten Beispiele finden, aus denen sichere Schlüsse auf die Nationalität zu ziehen wären. Der Gebrauch des „nos" ist bei ihm kein eng begrenzter. [1]) Z. B. XIV. 10: „(Rutheni de Plescekowe) qui tunc erant nobiscum pacem habentes," bezeichnet es wol die Gesammtheit der livländischen Deutschen und ihrer Untergebenen; X. 15: „(Thoreidenses rogant sacerdotem suum ut eos expediat in civilibus causis) quod nos dicimus in jure seculari" etc. mag es eine ausserordentlich weitgehende Bedeutung haben. Etwas bestimmter auf die Deutschen ausschliesslich scheint es sich nur XXV. 2 zu beziehen: (Attendite etiam, qui advocatias in Livonia geritis) ne opprimatis ... Livones et Letthos, sive quoscunque neophytos ...., qui nomen Christi ... deportaverunt hactenus ad alias gentes, et adhuc portabunt nobiscum." Die Hinzufügung der Neophyten lässt aber keinen sichern Schluss zu, indem Liven und Letten nicht in ihrer Eigenschaft als Völker, sondern als Neubekehrte den „nobis" entgegengestellt sind. Als christlicher Priester konnte H. sich jenen unmöglich beizählen, auch wenn er der Geburt nach ihnen angehört hätte. Anzuführen wäre wol XXIII. 9 (p. 240 unten): „Et ideo Teutonici de longe post tergum sequentes" etc. Unter den „nos primi" scheinen Deutsche verstanden; sie werden sogleich den Letten entgegengesetzt. An keiner dieser Stellen bezeichnet sich der Verfasser direct als Deutschen.

---

1) Die Bemerkungen Hansens hierüber (Einleitung p. 16) scheinen unrichtig. H. wendet das „nos" freilich in seiner eigentlichen Bedeutung an, doch, wie es letztere durchaus erlaubt, und wie die Stellen im Text zeigen, oft in sehr umfassendem Sinne. Auf der andern Seite erscheint es auch statt des ego, so XI. 4: sicut nobis relatum est. Dem entspricht, dass er von sich als dem Verfasser, fast immer im Plural redet, so IV. 6: neminimus; XXIX. 9: vidimus, intelleximus; XXX. 1: conscripsissemus; nur XX. 2 heisst es: reputavi, und dicam. Der einmalige Wechsel zeigt am besten, wie der Plur. hier für den Sing. gebraucht ist.

Den Standpunkt eines Letten nimmt H. nicht ein, wie das unter allen Umständen erklärlich ist. Damit berühren wir aber einen Punkt, der entschieden für die fremde Geburt spräche, falls nur der Ausdruck „de Lettis" auch dahin zu deuten wäre. — Jenes Verhältniss wird eingehender zu besprechen sein, da es in Verbindung mit den vorliegenden Fragen zugleich die Wahrheitsliebe H.'s betrifft.

Jordan findet mit Recht die Worte XVIII. 5: „Livones et Letthi qui sunt crudeliores aliis gentibus" etc. bezeichnend für die Stellung des Verfassers. Doch liesse sich das hartklingende, aber gerechte Urtheil noch immer bei einem seinem Volke von Jugend auf Entfremdeten begreifen. Und durch wie viele Bemerkungen in entgegengesetzter Richtung wird dasselbe aufgewogen! Eine bestimmt ausgeprägte Zuneigung für die Letten, die der Verfasser jenes Aufsatzes nicht berührt, zieht sich durch das ganze Buch. Sie wird, da unser Autor ein mal deutsch denkt, nur gegenüber den andern Eingebornen, z. B. den Liven, hervortreten können. Nirgends finden wir über diese ein lobendes, oder nur etwas günstigeres Wort; überall ist von ihrer Hartnäckigkeit, Bosheit, Arglist, Tücke, Treulosigkeit die Rede; [1] keine ihrer Handlungen, Bitten oder Vorschläge an die Deutschen wird ohne den Zusatz erwähnt, es sei dies in übler Absicht geschehen. [2]

Ganz anders lauten die Worte über die Letten! Oft wird hervorgehoben, wie sie weit williger als die Liven sich bekehrt, dem Glauben unwandelbar treu geblieben seien, allen hinterlistigen Planen gegen die Deutschen und das Christenthum ferngestanden hätten. Noch heidnisch und den Deutschen nicht verbunden, weisen sie mehrmals die von Geschenken begleiteten russischen Aufforderungen, ein Bündniss gegen jene einzugehen, zurück, während die bereits getauften Liven unverzüglich Folge leisten. [3] Freilich giebt H. zuweilen praktische Motive an, die zu jenem Verhalten und der Aufnahme des Christenthums bewogen hätten: vorher von ihren Nachbarn verachtet und unterdrückt, vielfach äussern Nachtheil duldend, hofften sie durch die Deutschen gehoben und vertheidigt, jenen gleichgestellt zu werden. [4] Dies aber gilt unserm Schriftsteller offenbar nicht als einzige und nicht als eigentliche Ursache der den Christen freundlichen Haltung und raschen Bekehrung; vielmehr vindicirt er ihnen häufig eine Hinneigung zu den Deutschen, eine höhere christliche Erkenntniss und christlichen Sinn, die innerer Ueberzeugung entsprungen sind. Schon vor der Taufe „billigen sie das Leben der Christen" und wünschen deren Heil (X. 3). Auch in der Folge erscheinen

---

1) Cap. I. erscheint ihre astutia, pertinacia, iniquitas, dolus; IV. 6: malitia; X. 15: gens enim Livonum quondam erat perfidissima; XIV. 5: Tunc Livones quidam de Adya, jam dudum baptizati, perfidiae suae felle repleti etc.

2) II. 1, bei Meinhards Bestattung, „et Episcopo qualicunque Livonum planctu et lachrimis sepulto" etc.

3) X. 3; X. 12.

4) XI. 7: Der Priester Alobrand kommt zu den Letten. „At illi gaudentes de adventu sacerdotis, utpote a Letthonibus saepius vastati, et a Livonibus semper oppressi, et per Teutonicos sperantes relevari ac defendi, cum gaudio verbum Dei recipiunt." Aehnlich XII. 6: „Erant enim Letthi ante fidem susceptam humiles et despecti" etc.

sie der neuen Lehre eifrig ergeben und machen ihre Handlungen von derselben abhängig: aus Glaubensrücksichten verweigern sie den heidnischen Esten Frieden, fordern diese auf, mit ihnen an Einen Gott zu glauben. [1]) In dem Eifer für die christliche Sache werden sie den Deutschen völlig gleichgestellt. Auf dieses Alles hin kann der päpstliche Legat Wilhelm nicht nur den freiwilligen Uebertritt zum Christenthum, sondern ebenso sehr die Hingebung loben, mit der viele der Ihrigen ins Märtyrerthum eingegangen seien. [2])

Die offenbare Vorliebe für den Stamm der Letten führt unsern Schriftsteller in einigen Fällen noch weiter — bis zur Beschönigung minder lobenswerthen Verhaltens.

Liven und Letten sind es, welche (XIV. 8) zu unvorsichtiger Verfolgung der abziehenden Esten bewegen; sie müssen wiederum zusammen beim Sichtbarwerden zahlreicher feindlicher Schaaren sich zur Flucht gewandt haben, denn wir sehen die Deutschen später allein. Trotzdem hatte H., dem die Verbindung „Livones et Letthi" sonst ausserordentlich geläufig ist, nur die ersteren fliehen lassen; erst später, da auch die Deutschen den Rückzug angetreten haben, kommen wieder die Letten vor. Durch Verschweigen des Namens soll unsere Aufmerksamkeit von ihrem schimpflichen Thun abgelenkt werden. Nur die Berücksichtigung des Zusammenhangs zeigt den Sachverhalt. Ein anderes mal nennt er freilich fliehende Liven und Letten, aber auch die Hälfte der Deutschen ist dabei betheiligt (XXII. 3).

Bei den letzteren, die er doch vor Andern hochstellt, sehen wir ihn kein ähnliches Verfahren einschlagen. Und es ist auch keine eigentliche Bevorzugung diesen gegenüber, da in den Fällen, wo das Benehmen der Letten so bemäntelt wird, er sie allein von einem Makel zu reinigen sucht, der den Deutschen überhaupt nicht anklebt. Jene sollen nicht über sie erhoben, ihnen nur angenähert, nicht den Liven gleichgestellt werden.

Ganz dieselbe Beobachtung ist bei einem andern Ereigniss zu machen. Obgleich die Letten an dem grossen Aufstand von 1212 (XVI. 3, 4, 5) anfangs entschieden betheiligt erscheinen, indem sie mit den sonst so verhassten Liven den Bund gegen die Herrscher schliessen, Caupo auch ihnen seine Verwendung verspricht, verschwinden sie aus dem ganzen folgenden Bericht. Nur mit den Liven werden Friedensunterhandlungen gepflogen, nur diese bilden die Besatzung der Burg, in das sich die Empörer zurückziehen. Und doch darf man aus der Erzählung selbst schliessen, dass auch die Andern den verschiedenen Berathungen und kriegerischen Vorgängen nicht ferugestanden haben. Die Anwesenheit Russins, des so oft genannten Häuptlings, dessen Fall erwähnt wird (p. 172 Mitte), weist mit Bestimmtheit auch auf die von mehren seiner Volksgenossen hin. Später, nach Bewältigung der Empörung, werden ebenfalls einige Letten von den Russen betroffen (XVI. 5).

---

1) XII. 6 (p. 123 oben); XV. 7, Anfg.
2) XXIX. 3.

Der Untergang eines Mannes, der eine so grosse Rolle gespielt, konnte nicht wol übergangen werden, und wir halten den Chronisten überhaupt für zu wahrheitsliebend, um ganz zu verschweigen, wie die Letten das Bündniss mitgeschlossen und schliesslich mit zu den Strafen herangezogen wurden: aber eine gewisse Schwäche ist ihm vorzuwerfen, während des eigentlichen Verlaufs jenes ihm so abscheuerregenden Aufstands — die Empörer kehrten zum Heidenthum zurück — an sie mit keinem Worte zu erinnern. Selbst eine grössere Betheiligung der Liven würde das gänzliche Verschwinden der Andern nicht genügend erklären. H. will sie uns eben zeitweilig vergessen machen. Zu dieser Verhüllung ihres Abfalls stimmt das ihnen von Wilhelm von Modena gespendete Lob. Der Schriftsteller lässt sie hier die Sacramente des Glaubens niemals verletzen (XXIX. 3).

Wir glauben freilich, dass sich alles Angeführte auch mit der angenommenen deutschen Geburt unsers Autors vereinen lässt. Die Abneigung gegen die Einen, die Vorliebe für die Andern, mag zum grossen Theil bei der herrschenden Nation allgemein verbreitet gewesen sein. Man wird von jenem schwer kämpfenden Deutschthum nicht erwarten, und am wenigsten bei dem glaubenseifrigen, vom fortwährenden Widerstand einer heidnischen Bevölkerung gehemmten Geistlichen, die Sachlage unbefangen aufzufassen, die äussern Umstände gehörig in Rechnung zu bringen, welche den mächtigen Stamm der Liven, dem das Christenthum zuerst schwach und gebrechlich entgegentrat, veranlassten, am Heidenthum hartnäckiger zu hangen; auf der andern Seite die Gründe, welche die eines äussern Halts bedürftigen Letten zum neuen Glauben hinzogen. Es ist erklärlich, dass bei diesen christlicher Sinn erblickt, sie begünstigt, die Andern missachtet und benachtheiligt werden. Eine wenn auch noch so äusserliche Thatsache deutet die an sich wahrscheinliche engere Verbindung der Eroberer mit dem ihnen willfährigeren Stamm an: ist bei einem Kriegszuge die Trennung der Streiter in mehre Heersäulen nothwendig, so gehen Liven und Esten ihren besondern Weg, während Deutsche und Letten regelmässig zusammen weiterziehen. [1]

Manches, was in der Art unsers Schriftstellers über die allgemeine Zu- und Abneigung hinauszugehen scheint, möchte sich durch die langjährige Wirksamkeit desselben als Priester der Letten erklären. Der Fall steht nicht vereinzelt da, dass sich ein derartiges näheres Verhältniss zwischen Taufenden und Täuflingen gebildet hat,[2] das dann zu dem Verfahren H.'s führen konnte — in nicht immer gerechtfertigter Art für seine Schutzbefohlenen einzutreten.

So bieten sich keine weitern Momente, die der lettischen Abkunft H.'s

---

[1] Dies sieht man bei jeder grössern Unternehmung; XXIII. 9 heisst es noch ausdrücklich: „Teutonici vero cum Letthis solito more sibi viam mediam usurpant." Die Gewohnheit besteht natürlich ebenso sehr in der Vereinigung der Deutschen und Letten, als in der Wahl des mittleren Wegs.

[2] Etwas Aehnliches wird sogar zwischen den Liven und ihrem Priester Alobrand angedeutet. Als jene sich im Aufstande befinden, heisst es XVI. 3: Et misit Episcopus primo Alobrandum sacerdotem, qui eos baptizaverat.

geradezu widersprächen, vielmehr einzelne, die dafür ausgebeutet werden könnten. Wollte nun aber zu jener früheren Annahme zurückkehren, so müsste zunächst die Möglichkeit erwiesen werden, dass das Beiwort „de Lettis" auch diese, und nur diese bezeichne, nicht blosse Variation des Namens „der Lettenpriester" sei. Dass ein solcher Beweis zu führen sei, muss geleugnet werden, aber in Umständen, die ausserhalb des Ausdrucks selbst liegen, können wir kein ausreichendes Hinderniss dafür entdecken.

Excurs III.

Ueber Echtheit der kaiserlichen Bestätigung vom 27. Januar 1212 (L. U-B. I. No. 19).

Die Echtheit dieser Urkunde ist, wol namentlich wegen des höchst verdächtigen Ausdrucks „archiepiscopum Rigensem," angegriffen. Da seit Voigt, welcher (Preuss. Gesch. I. 425, Anmerkg. 3) nur kurz bemerkt, wie das Versehen leicht hätte vorfallen können, da der rigische Bischof die Rechte eines Erzbischofs ausgeübt, für oder gegen die Authenticität nichts vorgebracht ist, fassen wir kurz alle die positiven Momente zusammen, die entschieden zu Gunsten der Urkunde sprechen.

Der Fehler liesse sich möglicher Weise auf jene Art erklären und wundert kaum bei der Unordnung, die schon damals in der kaiserlichen Kanzlei herrschte. Dazu existirt die Urkunde nur in einer Copie aus dem 15. Jahrhundert, so dass jenes Wort auch erst vom Abschreiber, der eine Verbesserung anzubringen gedachte, herrühren könnte. Riga war damals schon lange Metropole und seiner kurzen bischöflichen Periode erinnerte man sich nicht mehr. [1] Von jenem erklärlichen Fehler abgesehen, findet sich nirgend etwas Anstössiges. Anfang und Schluss sind allerdings — doch jedenfalls erst in

---

[1] Die Inhaltsangabe eines andern Transsumpts vom 31. Juli 1283, das sich im Würtembergischen Staats-Archiv befindet, lautet (Mitthlgg. zur livl. Gesch. II. 500, No. 1) freilich auch: „Otto IV., Romanorum imperator, Conventui Christi militum, salva conventione inter ipsos ac Archiepiscopum Rigensem ... facta, possessiones confirmat" etc. — Vergl. auch Regg. z. L. U-B. I. No. 554.

der Abschrift — verstümmelt, aber alle acht namentlich aufgeführten Zeugen erscheinen wiederholt in andern Ausfertigungen des Kaisers, aus den Jahren 1209 — 1212 (vergl. Böhmer, Regg. Imp. 1198 — 1254). Der Ort der Ausstellung „apud Laudan" (Laudam) passt in das Itinerar des Ausstellers, nur muss mit Böhmer die Urkunde auf den 27. Januar 1212 gelegt werden, was auch Bonnell, Chronogr. Commentar, p. 65, aus Gründen der Chronologie für nothwendig hält.

Mehrfach unrichtig ist das Datum 1211 (in L. U-B., und bei Voigt), da der Kaiser sich zu dieser Zeit noch in Unter-Italien befand, der „Episcopus de Estlandia" in der Urkunde, damals als solcher noch gar nicht existirte, [1] die drei letzten Zeugen endlich (die Grafen von Schwerin, Harzburg und der Markgraf von Baden) in Ottonischen Urkunden nicht vor dem 16. Juni 1211 vorkommen.

Der ganze Ton lässt ein Document jenes Kaisers erkennen. Sehr ähnlich ist es z. B. einem 1213 für den Deutschen Orden ausgestellten. [2] Das Aeussere, soweit es erhalten ist, ergiebt zum mindesten eine echte Vorlage, und der Inhalt beweist jene Eigenschaft für die vorliegende Fassung. Obgleich sehr vollständig werden die Ordens-Besitzungen wiederum so allgemein, ohne Specialisirung bestätigt, dass sich spätere unbegründete Ansprüche — der einzige Zweck einer Fälschung — nicht darauf hätten stützen lassen. Zu bemerken ist die vorsichtige Wahrung der mit den Bischöfen abgeschlossenen Verträge. — So beweisen Form und Inhalt zusammen die unzweifelhafte Echtheit des Ganzen.

Excurs IV.

Ueber die Urkunden König Heinrichs vom Jahre 1225.
(L. U-B. I. No. 64, 67, 68.)

Durch die erste dieser Urkunden ward Bischof Hermann von Dorpat vom Reich belehnt, durch die beiden andern das Gebiet seines Bruders Albert, dann das seine zur Mark erhoben. Von ihnen hat die für Albert aus-

[1] II. XV, 4; auch Bonnell l. c.
[2] Origg. Guelf. III. 819, No. 310.

gestellte (No. 67) eine eigene Geschichte gehabt, und ist vielfach besprochen worden. [1] Wegen des bei der Datirung fehlenden Jahres Christi, ist sie bald Heinrich VI., bald dem Luxemburger zugesprochen, meist aber nach 1224 gelegt, wofür sich auch Napiersky in jener Abhandlung (§. 20) ausspricht. Mit umfassender Berücksichtigung des königlichen Itinerars nimmt Böhmer, Regg. Imp. 1198—1254, mit Recht für sie und die gleichlautende Bischof Hermanns (No. 68) den 1. December 1225 an. [2]

Auch für die von ihm nicht aufgeführte Belehnungs-Urkunde Hermanns (No. 64), welche als Zeitangabe den 6. November 1224 trägt, wird das folgende Jahr zu beweisen sein, und damit ein neues Argument für die richtige Datirung auch der beiden andern gewonnen werden. [3] Es wird dort nämlich der persönlichen Gegenwart des Bischofs gedacht, der sich indess Ende 1224 und Anfang 1225 in Livland befand. [4] Im November 1225 hielt er sich dagegen in Deutschland auf, [5] wo er mindestens bis in den September 1226 verweilte. [6] Dies Jahr stimmt denn auch mit dem Aufenthalt König Heinrichs am 31. October in Wimpfen, wo die Urkunde ausgestellt ist. Danach kann die Urkunde 68, die erst eine Folge von 64 ist, nicht vor 1225 fallen, und von 67 ist es durchaus nicht anzunehmen.

Auch die Echtheit der für Albert ausgestellten Urkunde (67) und damit indirect die der beiden andern, mit ihr eng zusammenhängenden, ist öfters bestritten. Schon Napiersky (l. c. §. 7) hat sie vertheidigt, doch ist den von ihm angeführten Kaiserbestätigungen und der des Lübecker Bischofs aus dem 14. Jahrhundert, wie auch einer Uebereinstimmung der verschiedenen Abschriften kaum Gewicht beizulegen. Anerkennungen unechter, besonders verhältnissmässig alter, Documente kamen häufig genug vor; die Copien könnten ja insgesammt auf dieselbe Fälschung zurückgehen.

Die Urkunden (wir berücksichtigen hier alle drei), welche sich bei ihrer theils ungenauen, theils falschen Datirung, so gut dem nächststehenden Jahre einreihen lassen, enthalten aber Einzelheiten, welche, abgesehen von dem keineswegs verdächtigen Hauptinhalt, bestimmt zu ihren Gunsten sprechen. So weiss 64 von dem Aufenthalt Hermanns in Deutschland; dieselbe Urkunde, wie auch 68, giebt das Gebiet des Bischofs genau und ganz in Uebereinstimmung mit den Verträgen des vorigen Jahres an; [7] dies gilt

---

1) Vergl. Napiersky, De diplomate quo Albertus, episcopus Livoniae, declaratur princeps imperii Romano-Germanici etc. 1832. §. 5 und 8; §. 9—17.

2) Aus den Regg. geht hervor, dass der König sich am 1. December 1224 nicht bei Nürnberg (wo die beiden Urkunden ausgestellt sind), sondern in den westlichen Gebieten, zwischen Toul und Hagenau, aufgehalten hat.

3) Bonnell, Chronogr. p. 45, thut dies bereits, ohne aber Gründe anzugeben; aus dem Datum der beiden andern Urkunden aber folgt nicht ohne Weiteres auch für diese 1225.

4) H. XXVIII. 8 und mehre Urkk., so L. U-B. I. No. 73.

5) Schon im August 1225 und noch im Mai 1226 lässt er sich in Livland durch einen Procurator vertreten; vergl. L. U-B. III. No. 74 und 87 a.

6) Annal. Coloniens. Max. ad a. 1226: Ipso anno Henricus Coloniensis electus in archiepiscopum ... Coloniae in vigilia Mathei apostoli ... consecratur, praesentibus omnibus suffraganeis suis, nec non et Jacobo Aconensi et Herimanno Lealensi episcopis (M. G. S.S. XVII. 840).

7) Vergl. L. U-B. I. No. 61.

auch bei der für Albert ausgestellten (67),[1] welche dazu durch Erwähnung von ganz „Livonia et Lettia". die als dem Rigischen Bischof zustehend betrachtet werden, sichere Kenntniss der Uebereinkunft von 1210 (L. U-B. I. No. 16) zeigt. Ausser für sich selbst, spricht aber jede, bei dem Zusammenhange mit einander für die übrigen. Die dem Hermann bei der Belehnung ertheilten Rechte (64) erweitern sich leicht zu denen von 68; die letzteren, bei der Markerhebung bewilligten, setzen wieder die Belehnung voraus. No. 67 ist dann 68 ganz analog, so dass es unmöglich scheint, Eine der Urkunden anzufechten, ohne die andern anzuzweifeln. Zusammen genommen geben sie noch ein neues Moment für die Echtheit: Hermann erhält zunächst die Belehnung, dann folgt die Erhebung seines Bisthums zur Mark; bei Albert tritt gleich letztere ein, mit Rücksicht auf seine frühere Aufnahme in den Reichsverband durch König Philipp (H. X. 17).

Mit so sicherer Wahrung alles Thatsächlichen würden Fälschungen kaum angefertigt sein.

---

1) Vergl. L. U-B. I. No. 68, wo die Albert 1234 zertheilten Landschaften genau bezeichnet sind.

Berichtigungen.

Seite 3 Zeile 17 von oben lies reverenda persona für reverepnda ersona.
- 6 Anm. 1 fehlt der Hinweis auf Excurs 2.
- 9 Anm. 1. Die Behauptung, dass der Wirkungskreis Heinrichs zum Lande Tolowa gerechnet sei, wird durch II. XI. 7 bestätigt, wo es von den Letten an der Ymer heisst: ... cum aliis Letthigallis de Tholowa etc.
- 9 Zeile 1 von unten lies XV. 1 für XVI. 3 Ende.
- 11 - 5 - oben lies am 11 für am 1.
- 18 - 18 - oben streiche 3).
Zu Seite 23 Anm. 1 vergl. Seite 65 Anm. 1.
Seite 31 Zeile 8 von unten lies cum für sum.
- 32 - 1 - unten lies XIV. 8 für XIV. 2.
- 45 - 14 - oben lies Liebhabereien für Liebereien.
- 117 - 1 - oben lies der für de.
- 121 - 9 - oben lies bei für be-.
- 123 - 11 - oben lies äussert, für äusserst.
- 137 - 14 - oben lies „nos für „nos:.
- 140 - 1 - oben lies Zustände für Zustände,.
- 157 - 18 - oben lies die für den.

www.ingramcontent.com/pod-product-compliance
Lightning Source LLC
Chambersburg PA
CBHW030613040726
47497CB00008B/2958